小学生激励性评价改革的理论与实践

——基于深圳市荔湾小学的探索

主　编　李　莹

副主编　李　星

朱　彦

郑爱辉

新 华 出 版 社

图书在版编目（CIP）数据

小学生激励性评价改革的理论与实践：基于深圳市荔湾小学的探索 / 李莹主编 . -- 北京 ： 新华出版社，2022.3

ISBN 978-7-5166-6219-9

Ⅰ . ①小… Ⅱ . ①李… Ⅲ . ①小学教育－教育研究 Ⅳ . ① G622.0

中国版本图书馆 CIP 数据核字（2022）第 043703 号

小学生激励性评价改革的理论与实践：基于深圳市荔湾小学的探索

主　　编：李　莹

责任编辑：李　成
封面设计：树上微出版

出版发行：新华出版社
地　　址：北京石景山区京原路 8 号　　　　　　　　邮　　编：100040
网　　址：http://www.xinhuapub.com　　http://www.xinhuanet.com
经　　销：新华书店
购书热线：010-63077122　　　中国新闻书店购书热线：010-63072012

照　　排：树上微出版
印　　刷：湖北金港彩印有限公司
成品尺寸：170mm×240mm
印　　张：24.75　　　　　　　　　字　　数：380 千字
版　　次：2022 年 3 月第一版　　　印　　次：2022 年 3 月第一次印刷
书　　号：ISBN 978-7-5166-6219-9
定　　价：68.00 元

序

自 2001 年国家第八次课程改革启动以来，我国的教育事业快速发展，取得了令人满意的成绩。同时，在发展的过程中，我们又面临一系列的问题。其中，教育教学评价就是一个长期存在的现状性问题，也是事关未来的发展性问题。习近平总书记对此提出了明确的要求：要健全立德树人的落实机制，扭转不科学的教育评价导向，坚决克服唯分数、唯升学、唯文凭、唯论文、唯帽子的顽瘴痼疾，从根本上解决教育评价指挥棒问题。中共中央、国务院印发了《深化新时代教育评价改革总体方案》，要求各地各学校结合实际认真贯彻落实。

在粤港澳大湾区，有一所成立不到四年的小学 —— 深圳市南山区荔湾小学。学校的办学理念是"教育就是成就"，学校通过实施"成就教育"，追求学生、教师、家长和学校的共同发展。李莹校长在学校成立的第一天开始，就把教育教学评价改革放在首要位置。她说，要办好一所学校，必须要从评价改革入手，落实习近平总书记对教育评价改革的要求。她认为，如果不从评价改革入手，通过评价促进日常的教育教学行为，就很难真正实现成就每一个孩子的教育理想。尽管小学教育教学评价改革是一道难题，但这个难题我们必须面对，必须解决。

李莹校长是这样说的，也是这样做的。她和全体教师一道，依据发展性、多元性、全面性和尊重性的原则，制定了一系列切合学校实际的评价方案，做到了评价主体多元，评价形式多元，评价结果多元。既重视终结性评价，也重视过程性评价，既重视书面测试，也重视表现性评价。其中，颇具学校特色的"荔湾赞""荔湾豆""湾豆收获季"等形式深受学生、家长好评。由于学校抓住了评价改革,并以评价改革为杠杆,推动了学校的发展。在短短的三年多时间内,学校取得了优异的成绩,成为老百姓满意的优质学校,也是深圳学校办一所优一所的典型。

目前,荔湾小学的评价改革项目被深圳市教科院列为重点课题。荔湾小学的评价改革取得了一定的成绩,但改革依然在路上。本书记录了李莹校长和她的伙伴们在评价改革中的所思和所为,努力与付出,尽管还不成熟,还不完美,甚至还有幼稚之处,但他们毕竟迈出了第一步。期待他们在以后的日子里,继续探索,不断完善。

是为序。

禹　明

2021 年 2 月 28 日

目录
CONTENTS

第一章

小学生激励性评价改革的理论与实践

——基于荔湾小学的探索

深圳市南山区荔湾小学自2017年建校至今，一直在进行学生激励性评价改革的实践探索。在此过程中，荔湾小学形成了一套较为完整的学生评价方案，学生的核心素养得到了发展与提升，教师的专业素养及观念得到了加强与转变。同时，荔湾小学也多次受邀对外分享激励性评价改革的经验，荔湾的评价改革既收获了家长及学生的肯定，也获得了各方专家及兄弟学校的广泛认可。在三年有余的不断探索的过程中，荔湾教师在校长李莹的引领下，秉持"教育就是成就"的办学理念，通过理论学习、亲身实践、虚心请教、认真反思，不断深化对小学生激励性评价改革的认识，不断更新学校激励性评价改革的具体方案。展望未来，荔湾小学将继续在实践中不断检验成果，在探索中不断丰富创新，始终将小学生激励性评价改革作为学校重要课题钻坚研微。

一、激励性评价改革的背景

（一）适应教育部对学校评价改革的要求

学生评价是课程实施的重要组成部分，由于其本身具有导向和教育作用，对促进学生的成长和发展有着重要的意义。《基础教育课程改革纲要（试行）》明确指出：建立促进学生全面发展的评价体系。评价会实际和学生生活经验相联系，重视考查学生分析问题、解决问题的能力，部分学科可实行开卷考试。

教育部《关于中小学评价与考试制度改革意见》指出：教师要在教育教学的全过程中采用多样的、开放式的评价方法（如行为观察、情景测验、学生成长记录等），了解每个学生的优点、潜能、不足以及发展的需要。

教育部《中小学教育质量综合评价改革的意见》指出：更加注重发挥评价的引导、诊断、改进、激励等功能，改变过于强调甄别和简单分等定级的做法，改变单纯强调结果和忽视进步程度的倾向，推动中小学提高教育教学质量、办出特色。遵循教育评价的基本要求，评价内容和评价方法科学合理，评价过程严谨有序，评价结果真实有效，不断提高评价的专业化水平。

教育部《关于推进中小学教育质量综合评价改革的意见》指出：要以学生发展为核心，实行科学多元的中小学教育质量评价制度，扭转单纯以学生考试成绩和学校升学率来评价中小学教育质量的倾向。

2018 年 9 月 10 日，习近平总书记在全国教育大会指出："要深化教育体制改革，健全立德树人落实机制，扭转不科学的教育评价导向，坚决克服唯分数、唯升学、唯文凭、唯论文、唯帽子的顽瘴痼疾，从根本上解决教育评价指挥棒问题。"为深入探讨和解决当前教育评价中存在的各种问题，必须确立科学合理的教育评价导向，建立健全教育评价制度和治理体系。

2019 年教育部工作要点中，第十七项即深化教育评价体系改革的目标任务：推动构建更加科学有效的教育评价制度体系，着力破除教育评价中存在的"五唯"问题，促进党的教育方针、立德树人根本任务落实到教育的各阶段、各环节、各方面。

2020 年中共中央、国务院印发的《深化新时代教育评价改革总体方案》指出要改革学生评价，促进德智体美劳全面发展。树立科学成才观念。坚持以德为先、能力为重、全面发展，坚持面向人人、因材施教、知行合一，坚决改变用分数给学生贴标签的做法，创新德智体美劳过程性评价办法，完善综合素质评价体系，切实引导学生坚定理想信念、厚植爱国主义情怀、加强品德修养、增长知识见识、培养奋斗精神、增强综合素质。

结合十九大对我国的教育改革发展提出的新要求：努力让每个孩子都能享有公平而有质量的教育。所以，就我国当前的基础教育课程改革而言，学生评价已经成为落实公平而有质量的教育目标的一个关键环节。

（二）落实《义务教育课程标准》的需要

各学科《义务教育课程标准》强调，要积极推进评价考试制度改革，强化评价在教学诊断和促进学生发展中的积极作用。要以课程标准为依据确定科学的评价标准，尤其要重视基础知识与基本技能、过程与方法、情感态度和价值观等课程目标的全面落实。改进评价方式和方法，注重过程性评价，在注重对基础知识和基本技能考查的同时，特别重视对具体情景中综合运用知识分析和解决问题能力以及实践能力的考查。因此，从不断提高学校教学质效的角度看，评价改革应得到重视。

（三）当前小学评价现状改革的需要

虽然，随着课程改革不断推进，"一考定天下"的传统评价态势有所减弱，但是，放眼各学校的评价，仍旧存在很多弊端：一是评价目标偏离，多数评价的仅仅是为了考察学业知识和能力的达成度，关注班级的人均分、优秀率、及格率；二是评价内容片面，只重视评价学生的学习结果，没有评价学生的学习过程；只重视学生的学业成绩，不关心学生的情绪情感和态度；只重视学生的语数英评价，不重视体音美的评价；三是评价主体单一，只有教师评价，没有学生个性、同伴和家长的多方面多角度的联动参与；四是评价方法单调，一般采取笔试的形式，没有动手操作、语言表达、合作创造等形式的评价。

所以对评价结果带给孩子的影响不是诊断和改进，更不是成长和发展。这些问题严重影响了学生的生命成长，离"公平而有质量的教育"的美好愿景相距甚远。诚然，每一个学生都是一个鲜活的生命，用单一的评价标准去评价他们势必是不科学也不公平的，为了让每一学生都有发展、学有所获、学得快乐，我们亟须通过评价改革去促进每个孩子的成长。

（四）推进学校办学理念达成的需要

荔湾小学作为一所有理想、有情怀的新办学校，以"教育就是成就"作为办学理念，不断建设与发展学校"成就教育"，努力让每个孩子都得到发展与成长。如果不能从评价改革入手，抓住教育管理的缰绳，通过评价去促进日常的教育教学行为，那么就很难真正达到"成就每一个孩子做最好的自己"的教育理想。成就教育以成就学生可持续发展为前提，以成就每一个学生全面发展为要求，以成就学生个性化成长为目的。

教育的目的在于为社会发展培育合格的人才，所以，成就教育不仅关心学生现时的知识积累，更加关注学生适应未来社会发展需求的必备品格和关键能力，构建起学生成长的生态；教育的宗旨在于发展公平而有质量的教育，追求每一个孩子都能健康成长和全面发展，不断提升教师、家长的获得感和幸福感；教育改革使管理者本位向以学习者为中心转变，我们坚持儿童立场，在让学生全面发展的前提下，提供促使学生个性化发展的课程、激发学生主动探究的项目学习方式，使每一个儿童都能幸福地成为自己最期待的样子。

荔湾小学"成就教育"既面向每一个学生的全面发展，又重视学生的个性成长；既关注现时知识的积累，也注重适应未来的能力培养。学校以"学生是唯一，需要即课程"为出发点和终极目标，构建基础课程、兴趣课程、荣誉课程、德育课程协同发展的"荔湾成就课程"体系，落实中国学生发展核心素养目标，为学生可持续发展奠基。

秉承"学生是唯一，需要即课程"的课程观，荔湾小学构建了包含基础课程、兴趣课程、荣誉课程和德育课程四大模块的"荔湾成就课程"体系。课程体系的建设也要求学校推行相配套的学业评价。因此，推进学校评价改革也成为落实"成就教育"理念的重要一环。

二、激励性评价改革的理论依据及文献综述

（一）理论依据

1. 多元智能理论

多元智力理论认为：各种智力只有领域的不同，而没有优劣之分、轻重之别，也没有好坏之差。因此，每个学生都有发展的潜力。这就需要教师拥有大爱情怀，在以促进学生发展为终极关怀的参照下，从不同的视角、不同的层面去看待每一个学生，充分挖掘、激发孩子的优质品质，并用优质品质带动薄弱品质，实现正向迁移。教师测评学生再也不能以传统的文化课学习成绩为唯一的标准与尺度，而要在实际生活及学习情境中，从多方面来观察、记录、分析和了解学生的优缺点；允许学生用多种方式展示其学习结果；允许学生用某个领域的优秀操作弥补其在其他领域的不足，实现个性张扬、百花争艳。

2. 后现代主义

在后现代主义看来，这个世界是开放的、多元的。每一个孩子是一个独一无二的个体，只有当这个灿烂缤纷的现实世界无限包容每一个孩子，孩子的奇思妙想才能充分展现。开放和包容在很大程度上能激发孩子的无限潜力，是孩子个人发展的动力源。后现代主义以其兼容并蓄的宽容态度和尊重个性主体性的宽广胸怀给生活在这个世界中的每个人开放了生命的空间。

3. 人本主义

人本主义强调人的尊严、价值、创造力和自我实现。人本主义教育思想强调教育的功能，教育的目的即人的目的、人本主义的目的是人的自我实现，以促进学生全面发展为目标，最终达到自我实现，培养精神世界、认知水平、情感全面发展的"全人"。而人本主义在教学内容上则主张满足需要，开发学生个性潜能。在进行教学评价时，着眼于学生的内心世界、评价过程中的情感体验、人格素养的养成有利于逐步提升学生的自我管理能力，促进学生的人格养成。

4. 积极心理学

"积极"最早是由拉丁文"postium"翻译而来,主要指的是潜在的或者真实且拥有建设性的意思。积极心理学关注的是感恩、爱、乐观、坚毅、善良等人生中美好的一面。积极心理学相信每个人身上都有美好、善良的种子,人性中存在的美好与积极是生活的核心。积极心理学包含积极的情绪体验、积极的人格特质和积极的组织系统三方面,通过教育等逐步改善人们的主观幸福感、培养积极的人格、营造积极的成长环境对于每个人的发展都有至关重要的影响。

(二) 文献综述

自新课程以来,一些学者特别是一线教师开始意识到教师激励性评价在激发学生学习积极性、促进学生健康成长以及教师教学工作方面的重要性。通过搜集、整理、归纳大量的文献资料,国内关于教师教学激励性评价行为的研究主要有以下几个方面。

1. 关于激励性评价概念的研究

由于研究者对激励性评价研究的视角和方法的差异,对激励性评价的理解也有所不同。总结以往文献,研究者们对激励性评价含义的研究大体如下:

赵学勤在《中小学管理》2002 年第 11 期《激励性评价的标准和策略》中指出:"激励性评价是以激发学生内在需要和动机,鼓励学生自觉主动提高自身全面素质为目的的一种价值判断活动。"

丁长亮在 2006 年西北师范大学硕士论文《中学物理课堂教学激励性评价的研究与实践》中指出:"激励性评价教育不仅仅是教育方法,更是教育思想。"

谷冬梅在《新课程》2012 年 2 月下旬《浅谈激励性评价在历史教学中的应用》中指出:"激励性评价就是在教学中,教师不失时机地给不同层次的学生以充分的肯定、激励和赞扬,使学生心理上获得自尊、自信和成功的体验,激发学习的动力,并积极主动地学习。"

彭丽、刘芳在《当代教育理论与实践》2014 年第 9 期《小学音乐课学生激励性评价探索》中指出:"激励性评价是指在教学过程中,教师综合运用多种评价方式,根据学生差异及时地给予充分的肯定、赞扬和鼓励,让学生获得自尊、自信和成功的体验，从而激发学生的学习动机，提高学习兴趣，促进学生积极主动学习的一种评价策略。"

综上所述，激励性评价既是一种教育理念、教育思想，又是一种教育策略和评价活动。激励性评价的主体多数是从教师层面发生的，还是从学校活动层面，都是要激发学生的内在需要和动机，提高学习的兴趣和热情，从而促进学生积极主动地学习。

2. 关于激励性评价在学科教学中的研究

胡建群在《现代教学》2010 年 Z1 期《运用发展性评价点燃学生数学学习的激情》中谈道：上海奉贤区教师进修学院附属小学数学组近年来对小学生数学学习发展性评价进行了初探，运用评价功能点燃了学生学习数学的激情，也促进了学生数学能力的发展。其主要的方式是作业评价、实践评价、考试评价。

王建梅在《小学科学》2013 年第 10 期《运用激励评价让课堂升级盎然》中指出："在小学语文教学中，注重激励性评价机制的建设，关注学生发展过程中的点滴细节，通过教师精心预设，可让语文课堂变得生机盎然，让语文课堂真正成为学生智慧火花闪耀的舞台，小学生在这样的课堂上，自信快乐，思维洞开，从而确实实现语文教学的终极目标。"

邵宜章在《吉林教育》2017 年第 34 期《小学英语多元化模式的探究与实践》中指出：在新课程小学英语教学评价中，以小学生的学习主体作用和学习发展为依据，注重运用激励性评价方式进行教学，不仅能够增强学生学习英语的兴趣，还能够提升学生的学习自信心，提高学习效果。在评价中，要力求实现评价内容多元化，评价主体多元化，评价标准多元化。

王霞在《教育实践与研究》2007 年第 5 期《让激励性评价成为小学生学科探究的动力源》中指出："科学课本身的特点决定了它的灵魂就在与探究，在探究中发现科学的本质。作为新时代的科学教师要适应时代的要求，不断更新自己的教学观念，善于运用一些激励性的评价和语言把更多的时间和自主性交还到学生的手里。让激励性评价成为小学生科学探究的动力源。"综上所述，激励性评价在不同年段不同学科教学中的确起到了非常重要的作用，它能激发学习动机，增强学习兴趣，提升学习自信心，提高学习效果，也能让师生关系更为和谐，让课堂氛围更为温暖。但是，几乎所有的激励性评价都是基于教师个体的实施，极少有从学校整体评价体系去建构思考的。如果每一个教师的评价都是各自为政，势必会给孩子带来混乱，也不利于学校整体激励性评价氛围的形成。

3. 关于激励性评价在德育中的研究

严永明在《小学教学参考》2007 年第 30 期《用激励性评价的方式改变小学生的学习习惯》中指出：" 激励性评价作为一种信息反馈，对学生的行为活动有着很重要的激励作用。因此，激励性评价方法，对建构小学生数学学习的习惯不失为一种好的方法。"

吴静静在《新课程》2014 年第 3 期《用激励性评价矫正小学生的不良心理行为习惯》中指出： " 用激励性评价矫正小学生的不良心理行为，符合小学的年龄特点和心理特点，是一种行之有效的方法。"

秦春香，魏婷在《好家长》2017 年第 55 期《小学班级管理中激励性评价存在的问题及对策研究》中指出：" 激励性评价对于小学班级管理的意义在于营造良好的班级风气，发展良性的班级管理方式，增强班级组织的凝聚力，学生形成积极向上的心态，构建和谐的师生关系。"

由此可见，激励性评价不仅对孩子的学业素养的提高有很大的促进，对孩子的文明礼仪、品德习惯很心理健康都会带来积极的作用。正如黄积才在《新课程研究》2014 年第 1 期《让评价具有点石成金的智慧》中所说："有的评价可以是孩子健康成长的密码，能给孩子巨大的鼓舞，获得巨大的力量，开启孩子绚丽、幸福而荣耀的人生。有的评价可能是孩子健康成长的咒语，能毁灭孩子的自信，给成长以巨大杀伤力，使孩子穷尽毕生精力都无法从伤害中得到恢复。"

4. 关于激励性评价其他方面的研究

在以往的激励性评价主体中，多数是教师主体，有的有家长参与，个性参与，同伴参与。如陈桂玉在《小学科学》2013 年第 5 期《激励性评价在教学中地运用》时指出："小学英语教学实施激励性评价是场持久战，应该有效地把它延伸到课外，建立起良好的家校关系。因为父母是孩子地监护者，也是最直接、最可信赖地教育力量。"

对于激励性评价的类型，主要有语言激励、体态激励、分层激励、情感激励、标志激励、竞争激励、目标激励、形象激励。如贺敏在《小学语文教学》2014 年第 5 期《中低年级激励性评价策略》中指出：教师在教学中智慧地进行激励性评价需要运用积极性语言评价、神态评价、"奖赏评价"、自我评价和互相评价、建立"评价小天地"。

关于激励性评价时机的研究，分为瞬时评价、延缓评价。

当然，在激励性评价行为实施的过程中，也有一些问题存在：一是评价目的偏离，二是评价内容片面，三是评价主体单一，四是评价方式单调，五是滥用激励，忽视差异，六是忽视过程性评价。根据以上对查阅文献资料的梳理，我们发现激励越来越多的人开始关注学生激励性评价研究，首先是美国哈佛大学心理学教授加德纳于 1938 年提出多元智能理论，并形成专著《智能的结构》，对智能及性质和结构的研究理论进行了详细的阐述。这一理论一经提出，全球教育界反响热烈，其中表现尤为突出的是美国教育界，美国学校陆续实施该实验，已经取得比较显著的效果。我国教育界也都极其重视，纷纷重新定位传统评价中"一把尺子衡量所有人"的评价标准，"一考定终身的"评价方式。激励性评价就是在这样的背景下逐步重视。

大量实践研究表明，激励性评价不仅对孩子的学业素养的提高有很大的促进，对孩子的文明礼仪、品德习惯和心理健康都会带来积极的作用。它能激发学习动机，增强学习兴趣，提升学习自信心，提高学习效果，也能让师生关系更为和谐，让课堂氛围更为温暖。但是，几乎所有的激励性评价都是基于教师个体的实施，极少有从学校整体评价体系去建构思考的。如果每一个教师的评价都是各自为政，势必会给孩子带来混乱，也不利于学校整体激励性评价氛围的形成。因此，从学校层面去建构一个更加完善的激励性评价系统就显得尤为重要。

三、激励性评价改革的实施过程与评价方案

（一）实施过程
1.多方研讨，确定激励性评价制定的原则
（1）发展性原则

根据荔湾小学"教育就是成就"的办学理念，学生激励性评价要以促进每一个学生发展为目的，要为每一个学生的发展服务，评价关注的不仅是学生的现实表现，而且应该重视每一个学生的未来发展，重视每个学生在原来已有水平上的提高。要在评价主体、评价内容、评价方法、评价工具、评价反馈等方面突出教育评价的发展性功能，充分发挥评价的激励、导向和促进发展的功能，使评价的过程成为促进学生发展与提高的过程。所以制定指标时，要根据学生发展的阶段性确定不同发展水平的指标，循序渐进地提出合理要求。评价要坚持用发展的眼光看待学生，给予发展的机会，搭建发展的平台，激发学生主体自我发展的意识，让不同层次的孩子都有发挥潜能的机会，取得成功的机会。

（2）多元化原则

荔湾小学学生激励性评价要同教育、教学活动紧密结合，多视角、多维度、多层次、多侧面地认识学生的不同差异，多渠道搜集信息，以达到促进评价对象发展的目的。多元化原则包括评价内容、标准、方法、主体等的多元化。评价内容既要有学业，也要有德育，既要有平时听说读写唱演练，也要有考试测验。在评价标准方面，既要统一要求，基本保底，又要尊重差异，上不封顶，用"多把尺子"衡量。在评价方法上，既要有传统的纸笔测验，又要有荔湾特色的"荔湾赞""荔湾豆""荔湾喜报""荔湾班级币""湾豆收获季"欢乐兑奖台等创意评价。在评价主体上，要有多主体参与评价，把自我评价、同伴评价、家长评价和老师评价相结合，达成立体交互合作。

（3）全面性原则

荔湾小学学生激励性评价要着眼于学生的全面和谐发展。对学生进行评价时，要体现教育目标的全面性，评价必须全面实施各项评价内容，综合运用各种手段和方法，促进学生各方面、各学科核心素养的全面发展。学生评价必须反映学生学习和发展的全部信息，必须贯穿于学生学习生活的全过程，全面、全员、全程采集和利用与学生发展有关的评价信息。

（4）尊重性原则

荔湾小学学生激励性评价要以学生为出发点，坚持"以生为本"的原则，无论处在什么年龄阶段，无论具备什么个性，都应赋予他们受尊重的权利。心理学家威廉·詹姆斯说过："在人的所有情绪中，最强烈的莫过于被人重视。"每一个学生内心深处都渴望被认可，哪怕是一个6岁的一年级孩子。所以，在实施评价时，要站在尊重孩子的视角，客观、真诚地去评价他们。同时要尊重不同孩子的差异需求，尽量为不同的孩子量身定制不同的评价方式，比如延迟性评价、复活式评价、自己申请式评价。

2. 分组研讨，确定激励性评价内容，让评价内容成为每个孩子闪光的舞台

荔湾小学激励性评价的实践研究是在上学期的期末测评方式基础上进行的完善，本学期，各年段、各科组首先认真研读《义务教育课程标准》，德育处认真研读区《德育工作要求》，兼顾了形成性评价和终结性评价的不同方面，梳理出各学科、各年段的激励性评价内容，然后集中研讨，最终确定评价内容。

3. 设计激励性评价过程，让评价过程成为不断体验成功的学习过程

在设计评价过程时，在充分考虑过程与方法、学习态度、情感与价值观三维目标的基础上，设计出荔湾小学评价湾豆学业的"荔湾赞"赞印和"荔湾豆"豆印，"荔湾喜报""荔湾奖状""成长记录册""湾豆收获季"集豆册，开展以"湾豆收获季"为主题的学期集赞和期末集豆活动，制定测评的规则和原则。

评价过程分为四个阶段：基于形成性评价的集赞活动 —— 基于各学科各学段终结性评价的专项闯关式评价 —— 基于跨学科融合的活动式评价 —— 基于全部评价结果的湾豆奖品大兑换活动。由于考虑细致周到，评价过程也会成为孩子的学习过程，评价的每一个环节都能带给孩子们成长与收获。

4. 召开家长会、教师会，设计并解释形成性评价中"荔湾赞"及终结性评价中《"湾豆收获季"集豆册》的使用方法，让评价成为搭建多方沟通的桥梁。

在荔湾激励性评价中，根据评价主体的不同，分为学生自我评价学生同伴评价、教师评价和家长评价，每一个评价主体的参与都需要提前了解、认同，才能提高参与的积极性和有效性。

评价项目和细则较多，只有让学生、家长和老师心里有数操作起来才能得心应手，各项活动开展起来才能有条不紊。

5. 全面开展荔湾小学激励性评价实践，让评价成为教师学习的加油站

各教师在学校激励性评价的理念指导下，创造性地落实评价的过程，首先从学业评价和德育评价两个方面去研究，然后从不同学科、不同年段角度去进一步研究激励性评价的细节问题，提出修改建议，不断完善。

6. 观察、反思、修正、完善，让激励性评价成为常态，让评价成为孩子学习的加油站，统计数据、全面分析，形成体系并升华为理论，让荔湾的激励性评价成为有价值的样本。

在学业水平评价过程中，教师要充分观察学生的行为，如学生的参与热情，学生的幸福程度，学生的学习效果以及各方面的能力展示等，不断反思，不断完善，让多元评价成为常态，让"湾豆收获季"成为学生的向往。

（二）评价方案

荔湾小学的激励性评价主要包括形成性评价和终结性评价两部分。形成性评价即过程性评价，终结性评价包括以活动实践为主的表现性评价和期末试卷评价。各评价内容主要依据各学科《义务教育课程标准》各学段目标而制定。

1. 形成性评价

形成性评价是对学生日常学习过程中的表现、所取得的成绩以及所反映出的情感、态度、策略等方面的发展做出的评价，是基于对学生学习全过程的持续观察、记录、反思而做出的发展性评价。

表1 各学科基本评价项目

评价项目	评价主体	评价方法	评价标准
每日课堂	教师	1）建立评价表格，每月一次贴在学生课本第一页； 2）每天（或每次）课后进行评价； 3）定期进行统计，和家长反馈	1）分"认真倾听"、"积极发言"两项考核内容； 2）每达到一项要求奖励一颗"荔湾赞"； 3）期末根据获赞总数进行折算
课堂作业	教师	1）建立评价表格； 2）每天进行记录； 3）定期和家长反馈 A+（5分）全部正确、书写工整；	A（4分）全部正确，但书写不工整；或者书写很工整，但有1处错误； A-（3分）有2处错误； B（2分）有3处错误； C(1分)有3处及以上错误； D（0分）未上交。
家庭作业	教师		
	家长	每天在孩子作业后对完成的态度进行评价并签字	独立思考；完成及时、不拖拉；书写工整。 根据以上要求作出ABCD的等级评价。
小组活动	学生 教师	建立评价表格（附3）； 每次活动进行记录； 定期进行反馈。	积极参与、认真倾听、承担任务、鼓励他人、主动展示
	同伴	每月进行一次互评	

表2 各学科选择性评价项目

项目	评价主体	评价方法	评价要求
兴趣特长评价	学生 家长 教师	自主申报特长评价项目，集中进行班级或年级展示，同伴和老师进行点赞评价。	获得60%的点赞即可得满分。
		根据孩子在体育、艺术、科学等个性特长方面获得的各级各类奖励或荣誉进行评价。以上两项任选其一均可进行评价。	获得区级及以上奖励均可得满分。
成长记录		选择本科学最有创意的日常作品，进行自评、互评。	根据科目及年段特点自行确定本学科及本年段的统一评价要求。

以上各项在期末以满分 5 颗豆的标准进行折算，各项加在一起的总豆数按各学科总评价的 10% 进行折算。

2. 终结性评价

各个学科的课程标准对终结性评价都有明确的概念界定及评价建议：《语文课程标准》指出"语文课程评价应该改变过于重视甄别和选拔的状况，突出评价的诊断和发展功能"。《小学科学课程标准》指出："终结性评价指在进行一阶段的科学课程学习之后进行的评价，其目的主要在于让社会、家长、学校及学生本人对学习的质量和水平有一个具体、确实的了解，以确认学生学习所达到的水平。终结性评价的期限一般是以学期或者学年、学段为界。"《英语课程标准》指出："小学阶段的终结性评价应主要采用与平时教学活动相近的方式进行，合理采用口试、听力和笔试相结合的方式，考察学生基本的理解和表达能力，重点考察学生用英语做事情的能力。终结性评价的成绩评定可采用等级制或达标的方法，不宜采用百分制。"

荔湾小学的终结性评价结合学校办学理念，根据课程标准的评价建议进行确定，分为表现形式评价和期末卷面测试两部分。

（1）表现性评价

表现性评价是指在期末，通过客观测验以外的行动、表演、展示、操作、写作等更真实的表现来评价学生口头表达能力、文字表达能力、思维能力、创造能力、实践能力。各学科需根据课程标准的年段要求，设计生动有趣的活动，对学科中的基础知识和基本技能进行分项考核，有针对性地提高学生的学科核心素养。表现形式评价中各项以满分 5 颗豆的标准进行计算，各项加在一起的总豆数按各学科总评价的固定比例进行折算。

（2）期末卷面测试

荔湾小学的卷面测试根据课程标准对于评价的建议，确定卷面测试的指导原则，即以促进学生学习，改善教师教学为目的，着重发挥其检验、诊断、反馈、激励的功能。我们从考察学生能力的角度出发，进行命题。并且在考察中，更注重实用性的考察，区别于传统的死记硬背式的笔试考察。

例如，四年级语文卷面测试中的阅读题，以学校社团活动时间表为题干，阅读材料与学生校园生活紧密相连，同时又考察了学生从阅读材料中捕捉有用信息的能力。

(一)

学校为了丰富同学们的课余生活,组织了社团活动。请根据图表,回答问题。

社团名称	课程时间	参加条件	上课地点
茶艺茶道	每周一下午	仅限五年级以上同学参加	四(1)班
轮滑	每周一、三、五下午	自备轮滑装备	操场
国际象棋	每周二下午	有国际象棋基础者优先	四(2)班
乒乓球	每周二、四下午	凡有兴趣者都可参加	体育馆

＊注:请大家于本周六9:00至21:00内,用学号登陆校园网完成选课。课程先报先得,每班30人。

1. 正在上四年级的小明不能参加_____。而四(4)班的王静同学只有周二有空,她只能参加_____。(2%)

2. 根据表格对下面的说法做判断,正确的打"√",错误的打"╳"(4%)

①从图中可以看出,每周开课一次的社团只有茶艺茶道。(   )

②同学可以在本周六8:00开始选课。(   )

③没有国际象棋基础,也有机会上国际象棋课程。(   )

④小明选上了轮滑社团,每周要到操场上三次课。(   )

3. 热爱运动的小轩没选上乒乓球社团,你会怎么安慰他?(2%)

_____。

(三) 表现形式评价项目确定原则

1. 科学性。各学科各年级所设计项目必须与本学科本年级课程标准中的教学目标一一对应,保证评价的科学合理。

例如一年级数学评价项目:

评价项目	评价方法及评价标准	评价方式及评价主体	考核能力点
扑克速算大王	1) 一副扑克牌,分成两叠,每次各抽1张,要快速说出整个加法和减法算式及结果; 2) 得数在20以上的题目学生可以选择重新抽,学生三次游戏; 3) 完成一次游戏可得3个荔湾豆	游戏活动 家长评价	掌握20以内的加法,不退位减法,速算综合能力

2. **趣味性**。对小学生而言，趣味性是使之保持学习兴趣和求知欲望的法宝。我们的评价与传统纸笔测验相比，方法应更多样化，增强孩子参与评价的主动性。

例如四年级数学评价项目：

评价项目	评价方法	评价方式及评价主体	考核能力点
薛定谔的球	学生在不透明的箱子里随机摸出 5 个球，根据球的颜色判断箱子里是白球多还是红球多，言之有理即可得 5 颗湾豆。	游戏活动	感受简单的随机事件；初步感受可能性有大有小
		教师评价	

3. **实践性**。评价项目都应严格按照课程标准设置，充分考虑各年级孩子的生活环境和生活经验，尽量以活动的形式呈现，突出对具体情景中综合运用知识分析和解决问题能力的考查。

例如二年级语文项目：

评价项目	评价方法	评价方法及评价主体	主要评价能力点
我是荔湾小导游	1）小组 4 人合作，每人选择学校一处美景进行现场介绍； 2）参观学校每一处景物，能用自己的语言有顺序、具体、介绍每一处景物的特征； 3）介绍过程中仪态大方，声情并茂，以小主人的身份介绍学校的景物； 4）教师评价，评价"最佳荔湾代言人"	现场表演	能讲述自己感兴趣的见闻，态度自然大方，有表达的自信心；尽快熟悉新学校的环境和场馆设施；具备合作与协调能力、表达与表演能力
		自评 家长评价 小组评价	

4. 统整性。设计项目尽量建立多学科联系。

例如三年级科学及信息技术学科项目"我是绘图小能手"，以"我眼中的世界"为题，利用绘图软件进行创作。将科学和信息技术评价相融合，既评价科学学科中"用科学语言、概念图、统计图表等方式记录整理信息，表述探究结果"等多方面的能力，又评价计算机绘图软件操作能力。

评价项目	评价方法及评价标准	评价方式及评价主体	考核能力点
我是绘图小能手	以"我眼中的世界"为题，利用绘图软件进行创作： 围绕主题进行构思，作品中必须包含动物和植物（如蜗牛、蚂蚁、蚯蚓、花草等）且动植物大致结构正确，可以包含少量创作； 合理灵活地运用多种画图工具进行绘画 针对主题配以适当文字，表达图画含义 评价标准： 1. 正确描绘动物结构（1颗豆） 2. 正确描绘植物结构（1颗豆） 3. 构图清晰美观（1颗豆） 4. 作品有一定创意（1颗豆） 5. 主题突出（1颗豆）	作品呈现 自评 教师评价	具备实验设计的能力和控制变量的意识；能够大胆质疑，从不同视角提出研究方案;用科学语言、概念图、统计图表等方式记录整理信息，表述探究结果的能力

5. 思辨性。评价项目既要引导学生的分析、推理、判断等思维活动，又能展现孩子对事物的情况、类别、事理等的辨别分析。比如五年级语文项目"我是荔湾辩论王"。

四、荔湾小学实施激励性评价改革的成效

（一）认识性成果

1.学生始终是教育教学活动中的主体

（1）学生真正成为评价主角，知识与能力齐丰收

荔湾小学的激励性评价改革为学生搭建了一个更好地展示自己的舞台，评价过程中，学生在评委面前落落大方，通过听、说、读、写、画、演、唱等多种形式，阐述知识路径，运用卓越思维，充分展示出自己的学习水平。在评价考核项目中既有对学生知识掌握情况的考察，又有对学生表达能力、概括能力等多种能力的考核。学生在新的评价方式中真正成为评价的主角，在收获知识的同时也收获了能力。

（2）一切为了学生成为更好的自己

在充满仪式感的开幕式中，在众多家长义工的无私奉献中，在老师们细致入微的安排中，在列队答题、与评委互动的过程中，学生不断地感受到什么是爱与尊重，这是纸笔测试无法给予的。另外，在期末兑奖前，老师也会对学生进行专门的提醒指导，例如：要求孩子提前计划三个兑奖方案，帮助孩子建立社会适应能力，沉着应对现场突如其来的变化；指导孩子既要享受收获的喜悦，也不要忘记感恩等等。无数令人欣喜与感动的场景证明，孩子的诚心、孝心与爱心，远比考100分更有分量、更加重要，这正是荔湾想给予学生的。

2.教师观念的改变

（1）教师学生观的改变

对于教师而言，也许以前很少想到过学生会期待上学，期待测评，角落里那个不说话的一年级孩子竟然能背60首古诗。荔湾小学的激励性评价改革，在全面评价学生的同时，也让每一个老师重新思考定位自己的教学观、教育观、人才观。让老师更加全面地关注到每一个孩子，发现每一个孩子身上的闪光点，从而帮助孩子朝着更好的自己成长。

（2）教师教学观的改变

荔湾小学激励性评价改革并非针对期末测评的实践，而是贯穿于整个学年教学活动的一项教育教学实践。这不仅是因为激励性评价包含了形成性评价与终结性评价两部分，还因为激励性评价所考核的项目、内容正是教师平时教学中所教的内容。在激励性评价改革的实践中，教师结合教学内容确定评价项目与评价内容，在教学过程中根据需要带领学生达成的目标进行教学反向设计，在为自己日常教学提供方向的基础上，也提高了教学的质量与效率。

3.重新认识家长在学生学习过程中的角色

（1）家长在学生学习过程中的参与性

多元的评价方式不仅使学生成为真正的评价主角，也扩大了学生考核评价的参与群体：评价由以往单一的教师评价转为包括学生评价、家长评价、教师评价及自我评价在内的多元评价方式。这样的多元评价方式在一定程度上能够进一步激发学生的参评兴趣与动力，同时能够让平时找不到方法参与孩子学习过程的家长在辅导中"有法可依"，即参照明确细致的考核评价方案对孩子的知识学习进行查漏补缺。新的评价方式也让家长有机会在期末测评中有机会看到孩子的进步，借助家长考官的角色深入了解孩子学习的内容、需要掌握的能力等。

（二）操作性成果

1.弥补传统评价中"唯分数"的缺陷，促进学生全面均衡发展

在评价结果呈现方面，我们改变了只有分数的传统做法，设计出"湾豆收获季"集豆册、"荔湾奖状"、"成长记录册"，以及"荔湾赞"赞印和"荔湾豆"豆印，开展以"湾豆收获季"为主题的学期集赞和期末集豆活动，让孩子们在评价的每一个环节通过积攒"荔湾豆""荔湾赞"等方式获得成长与收获。

（1）评价改革全面强化了学生关键能力的培养

各学科的测评项目包含了课程标准规定的所有内容，尽力不遗漏知识点，所以测评覆盖面广、持续时间长。为此，我们引入家长和同学评价，使测评过程成为亲子教育、互助交往的平台；多个评价主体，也使测评更为全面客观。虽然过程很复杂，但是我们用行动告诉孩子这是荔湾节奏，也就是引导孩子用"早春行动"理念提前规划，传统活动、大型活动热闹非凡，但是期末考试前一个月，只有认真、安静地梳理本学期所学，踏踏实实进行各项测评，才能充分享受收获的喜悦。

（2）激发了学生学习动力，极大减轻了期末考试心理压力

荔湾小学坚持单项评价与纸笔测试并重，我们更多感受到的是轻松、愉快和期盼，湾豆儿们把评价当作节日、当作挑战，信心十足。测评过后，有的孩子对自己的成绩不满意或者没有达标，就积极准备，主动要求复活，再测一次、两次、甚至三次，直到达到自己所期待的成功。孩子们主动学习、不轻言放弃的状态与一张试卷造成的传统焦虑形成了鲜明对比。

（3）促进了学生对学习过程的关注，养成了良好的学习习惯

我们在每个学期开学初就会提出形成性评价的总要求，要求每个年级、每个学科抓实教研活动，各学科每周末公布下周知识卡；教师必须关注孩子平时所表现出来的学习态度、学习习惯，及时评价并记录。我们发现，在荔湾形成性评价的督促下，所有孩子很快认同荔湾文化、遵守荔湾要求，在课堂倾听、表达、作业等各方面都有长足进步，他们身上也很快展现出了我们所期待的荔湾气质。

（4）多学科参与并融合，让每个孩子都能找到成功的机会

在测试中，每个年级搭建的数十个评价项目平台都进行了语数英体音美信息科学大融合，一项测试经常是多个学科的全面能力展示和知识检验。

2. 形成了一套较为完善可借鉴的评价方案

自建校至今，荔湾小学已经历了多轮评价改革的实践，在探索过程中，我们不断完善各学科评价改革方案，规范方案呈现形式、细化评价标准、明确评价主体，逐步形成了一套较为完善的可供借鉴的评价方案。具体表现如下：

（1）可供参照的评价原则

荔湾小学在激励性评价改革的探索实践的过程中，结合学校"教育就是成就"的办学理念，基于学生核心素养的发展，确立了学生学业评价的四大原则：坚持用发展的眼光看待学生的发展性原则，多视角、多维度、多层次、多侧面地认识学生不同差异的多元化原则，着眼于学生的全面和

谐发展的全面性原则，以及坚持以生为本、以学生为出发点的尊重性原则。

（2）明确细致的评价标准

在探索过程中，教师不断根据实践对各个项目的评价标准进行调整、细化，让评价标准更加合理，同时也不断地促使评价标准朝着更符合学生关键能力发展的方向完善。而从考核的具体操作角度出发，各学科各项目不断细化的评价标准也为家长和学生在准备考核项目的过程中提供了更有方向性、更加明确的参照。

除了制定更加细化的评价标准外，在经过一年多的实践后，各个学科、各个年级组针对需要家长参与考核的项目还研讨制定了《考官手册》，通过明确考核内容、考核操作方法、评分标准、注意事项等内容，不断提升家长考官考核的公平性。具体实施中，教师会在本学期考核方案确定后，根据项目需要制定规范的考官手册，考核前进行考官培训，解读考核标准、统一操作流程。尽最大努力确保考核过程的严谨性、客观性以及标准的统一性。

（3）可操作性的实施方案

完善的可供借鉴的评价方案还表现在荔湾小学的评价方案附有配套的考核评价表、湾豆集豆册、考官手册等。成套的评价实施方案具有极强的可操作性，如同电子产品的说明书一般，哪怕是新入职的教师，在完整地学习完这一套评价实施方案后，也能够根据方案独立地进行学生考核评价。

五、荔湾小学激励性评价改革的反思与展望

荔湾小学激励性评价改革的初衷是为多评价学生的一把尺子，发展学生的综合素养。所有的评价改革设计、实施等内容都基于初衷进行，在探索实践过程中，我们也一直坚守着初心。因此在探索实践过程中，荔湾教师边做边反思，通过问卷、访谈、座谈会等多种形式收集学生、教师、家长及专家等各方意见与建议，在不断提出需要思考及改善的内容的同时，也在不断根据各方建议完善评价改革方案，优化实施操作，以求让评价改革真正有利于孩子的全面发展。

在前期的探索中，我们发现实施评价的过程中存在一些需要完善的内容，比如，形成性评价需要更加科学、各项评价项目的操作过程需要更加细化、学生评价结果的转换比较单一等等。发现问题后，老师们不断研讨，解决问题。比如，针对如何让形成性评价更加科学的问题，每个年级、每个学段、每个学科对于"形成性评价"在侧重点、关注项目等方面根据不同年龄学生的特点进行了区别，调整项目考核形式及内容，以更好地适应不同学段学生的身心特点。针对如何细化各项评价项目的操作过程这一问题，老师们在不断学习、加深自己对于课程标准的解读，进行集体教学研究的基础上，不断模拟项目考核的操作，在每一次考核结束后进行反思研讨，针对操作中存在的问题思考解决方法，补充完善考核方案。

在最初的评价改革探索中，学生评价结果主要在期末阶段转化为兑奖形式的物质奖励：用自己赚得的荔湾豆兑换喜欢的奖品。在后期的实践中，老师们根据不同年级学生的身心特点，为各班设置了"梦想照进现实"板块。学生可使用本学期所集的荔湾豆及班币兑换相应的"精神礼品"，如：与班主任共进晚餐、爸爸妈妈为自己实现一个心愿、与校长妈妈合影机会等。这些举措的实施受到了学生、家长及教师的广泛好评，也成为我们继续探索、不断完善的动力。

评价改革的探索实践中也存在着一些目前尚无法解决的问题，比如将

信息化平台的建设提上日程，充分利用新技术，依托深圳市、南山区的优势开发信息化评价平台，从而有效减轻老师们机械、重复的评价负担。在评价考核的过程中，如何更好地做到让学生在玩中学、更大化地帮助学生减轻负担，如何永葆孩子们对评价的参与热情，尽最大努力消除物质奖励等带来的负面影响等都是我们仍需要继续探索的课题。

评价改革是一项严肃、严谨的系统性工程，荔湾小学所做的一切仅仅只是起步，"路漫漫其修远兮"，荔湾将不断在理论上优化方案，在实践中检验改革，砥砺前行，臻于至善。

第二章

各学科小学生激励性评价改革的探索

小学语文

"星星发亮是为了让每一个人，有一天都能找到属于自己的星星！"安东尼·埃克苏佩里在《小王子》一书中这样写道。人这一生就是不断地遇见，更多更好找寻属于每个人自己的星星。学习语文亦是如此 —— 遇见诗词，遇见经典的智慧；遇见汉字，遇见文化的滋养；遇见故事，遇见生命的美好。

在"快乐语文嘉年华"期末评价中，小湾豆们摇身变为文化使者，穿梭于经典传统诗词和精美现代文化的河流中。他们时而吟诵传统经典，与先贤对话，和智者交流；时而在课本剧里演绎故事，尽情展现，形神兼备，绽放光彩；时而书写如醉如痴的汉字形之美，描出神奇汉字韵之美；时而化身为小小朗读者，用抑扬顿挫的声音诵读着灵性的语言，感悟着文字的力量，展现着丰富奇妙的韵律美；时而变成语文小精灵，查字典、讲故事、小导游、辩论手、小讲师、小作家……这些全都不在话下。小湾豆们的语文能力就在这样丰富多彩的项目中一个个开启，一项项推进，一步步落实，一样样展现，一层层提高。近一个月的项目活动，让小湾豆们听、说、读、写样样精通，语文综合素养也在不断提高，"书写大王""查字高手""朗读家""表演家""小作家"……这些小专家们也应运而生，个个变成好学、乐学的美"荔"少年，都不断寻找属于自己的那颗闪亮的星星！

带着这样的美好，带着这样的温暖，带着这样的力量，让我们一起走进语文教师的视角，看看她们眼中的激励性评价改革。

改革三载结硕果，创新评价谱新章

——荔湾小学语文科组"快乐语文嘉年华"学业评价改革报告

刘伟伟

【摘要】为全面贯彻党的教育方针，贯彻《南山区中小学学业质量评价指引》，践行荔湾小学"教育就是成就"的办学理念，我们荔湾小学语文科组根据课程改革和新型培养目标的要求，致力于学生学业评价改革，设计出了《荔湾小学语文学科组"快乐嘉年华"学业评价改革》方案，从评价目标、评价主体、评价方式、评价成果四个方面进行改革创新，从而全面推进激励性评价改革，提高了学生的语文核心素养。

【关键词】评价目标　　评价主体　　评价方式　　评价成果

为全面贯彻党的教育方针，贯彻《南山区中小学学业质量评价指引》，践行荔湾小学"教育就是成就"的办学理念，落实立德树人的根本任务，我们荔湾小学语文科组从 2017 年 9 月办学初期，便开始进行学业评价改革的思考和研究，并同时启动荔湾小学"湾豆收获季"激励性评价改革，全面进入改革实施阶段。语文科组通过仔细研读《南山区中小学学业质量评价指引》《义务教育课程标准》，明确了评价改革的出发点是立足于教育的规律和学生生命成长的规律；明确了学校的办学定位是学校发展与学生培养相一致的目标；明确了荔湾学子应该具备未来的人才素养和全面发展的需求。现针对语文科组"快乐嘉年华"学业评价改革三年来的方案部署与具体实施做出以下总结。

一、聚焦评价目标，制定评价改革新方案

语文是一门学习语言文字运用的综合性、实践性课程。《语文课程标准》明确指出："评价的目的不仅是为了考查学生达到学习目标的程度，更是为了检查和改进学生的语文学习和教师的教学。"我们荔湾小学语文科组根据新课程改革的理念，紧扣评价改革目标，将评价的着力点定位在促进学生语文综合素养的提高与发展上，确立以形成性评价和终结性评价两个维度为评价改革的突破点，设计出《荔湾小学语文学科组"快乐嘉年华"学业评价改革方案》，从而开始有计划地落实评价目的，推进激励性评价改革，提高学生语文核心素养。

学业评价改革具有明确的导向性，评价目标对教育者与被教育者起着"指挥棒"的作用。语文学科"快乐语文嘉年华"学业评价目标的改革创新主要突出以下几个特点：第一，全面贯彻语文课程标准及学生核心发展目标，落实学校"教育就是成就"的办学理念。第二，全面关注学生的人格成长，以表现性评价记录日常学习生活，强化学生语文学科的学习态度、学习习惯以及学科关键能力的培养；减轻语文学习的课业负担和心理压力，促进学生对语文学科的兴趣及个性特长的发展；做到以学生成长为出发点，为不同的孩子量身定制不同的评价方式。第三，引导教师积极探索课堂教学的有效形式与施教策略，促进教与学的根本性转变；强化学科核心素养的培养，使评价与教育、教学活动紧密结合，多视角、多维度、多层次、多侧面地认识学生的不同差异；多渠道搜集信息，促进学生的个性发展。第四，着眼于学生的全面和谐发展，丰富语文学科的评价考核形式，全面实施评价内容，拓展语文学科教学与评价的深度变革。

总体来说，语文学科"快乐语文嘉年华"学业评价改革注重激发学生语文学习的兴趣，强化了学生态度和习惯的培养，明确了学生关键能力的培养方向，突出了与其他学科的跨界与融合，促进了学生综合素养的提升。

二、拓宽评价主体，构建评价改革新模式

评价主体多元化是当前评价改革的重要理念和方向。新的课程理念要求我们，在课堂评价主体上要打破教师一统天下的现状，开展教师评价、学生自评、学生互评等主体多元化评价。《语文学科"快乐语文嘉年华"学业评价改革方案》彻底打破了评价主体的单一性、封闭性。评价主体坚持生生评价、小组评价、家长评价、教师评价相结合。（如表 1.1 所示）
表 1.1 荔湾小学二年级 2018—2019 学年度第二学期语文测评项目统计

表 1.1 荔湾小学二年级 2018—2019 学年度第二学期语文测评项目统计

评价项目	评价呈现形式与评价主体	备注
绘本绘写我来秀	一周一画／学生自评／学生互评／教师评价	
荔湾星星主播台	打卡小程序／学生自评／家长自评	
荔湾书房读书王	读书笔记本／小组评价／教师评价／家长评价	
荔湾课堂赞赞赞	课堂记录表／小组评价／教师评价	
荔湾电影推荐师	视频录制／学生自评／教师评价／家长评价	
安徒生文学创作大师	绘本纸张／教师评价／家长评价	
记忆宝盒大揭秘	命题试卷／现场考核／教师评价	
识字大王竞选记	命题试卷／学生自评／家长评价／教师评价	
荔湾传统文化小讲堂	现场展示／学生自评／小组评价／家长评价	
综合测评显身手	纸质试卷／教师评价	

由此可见，在二年级第二学期 10 个项目的测评过程中，教师、学生、家长都纳入到了评价主体，并且以学生为主体参与的评价项目有 7 个，以家长为主体参与的评价项目有 6 个，以教师为主体的评价项目有 8 个，充分体现评价者与被评价者之间民主平等的关系，既有利于更加全面地评价学生的语文学习，减轻老师的负担，又能调动学生学习积极性，优化家长对孩子的教育及了解，有效促进了家校共育。

评价主体的改革不仅体现在评价主体对象的改变，还体现在评价方法对评价主体的指导上。通常情况下，每个项目在开展之前对评价主体做以下培训与指导：第一，依据项目选择不同能力的学生、家长参与评价，发出邀请，列出评委名单。第二，项目开始前，集中对学生、家长进行培训，对测评过程中的疑点、难点、不明确地方进行解读，规范评价标准，制定《小考官操作手册》。第三，评价活动过程中，每个年级的科任老师互相监督，制定《年级项目推进表》，各司其职，由项目负责人统筹安排、协调沟通，尤其是遇到问题时组织科组成员协商，共同保证项目活动的顺利进行。第四、做到及时评价，依照评分标准对学生考核情况进行评价、登记，并反馈给学生和家长。

语文学科"快乐语文嘉年华"学业评价改革一方面尊重了学生的主体地位，指导了学生进行自我评价和反思，另一方面让同伴、家长参与了评价，使其成为多个主体共同参加的交互活动，促进了学生的全面发展，提高了学生的综合素养。

三、丰富评价方式，开创评价改革新局面

语文学科的评价体系设置着眼语文课程的核心目标，即培养学生正确地理解和运用祖国语言文字进行交际的能力。语文学科评价体系力求做到科学规范，使评价过程成为学生不断体验成功的学习过程，兼顾过程与方法、学习态度、情感与价值观三维目标，在评价方式改革创新方面突出以下几个特点。

（一）表现性评价与终结性评价相结合

表现性评价具体指每日课堂、每日作业、小组合作，以及相关成绩的记录，是在对学生学习全过程的持续观察、记录、反思之后而做出的发展性评价，这方面评价结果以 10% 的比例折算在学生学业评价成绩内。"终结性评价"环节，通过听说读写、游戏闯关等项目评价方式将本学科知识与能力方面进行 360 度无死角全面检测，这方面评价结果以 90% 的比例折算在学生学业评价成绩内。（如图 1.1 所示）

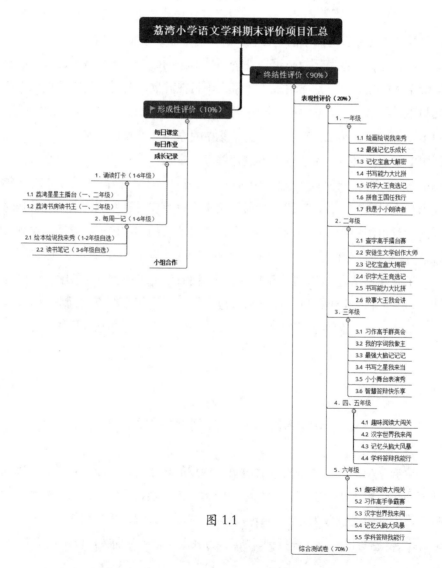

图 1.1

（二）评价内容与评价过程相结合

语文学科"快乐语文嘉年华"学业评价改革的评价内容不仅涉及对学生语文知识的识记、理解、运用的考察，而且包括对学生语文学习能力、特长等方面的评价考察；不仅强化了传统评价方式中容易忽略的说话、写字、朗读、课外阅读及实践活动等内容，还包含了学生的情感、态度、价值观及自学能力、合作能力、表达能力等，这些都是此项评价方式最大的改革创新点。因此，在方案制定过程中，我们先是组织全体教师研读课标，设计与之相对应的知识能力点的考核活动，集中讨论，验证项目可行性，确保"项目活动"实效性，形成每学期的学业评价测评方案。在方案中，既落实国家课程标准必须达到的教学目标，此为下要保底；又有适合本学科本学段的具有发展性、挑战性项目为发展目标，此为上不封顶。同时，兼顾学生自主、合作、探究能力的发展目标。如《2018—2019 学年度第二学期语文学科"快乐语文嘉年华"评价改革实施方案》先后 7 次易稿，最终确定方案指导评价过程的实施。（如表 1.2 所示）

表 1.2 二年级具体评价项目内容及评价方式（节选）

形成性评价					
评价时间	项目	评价要求	评价标准	评价内容	评价呈现形式与评价主体
2019/2/16-2019/6/30	绘本绘写我来秀	1) 使用图文形式记录自己成长的故事；2) 运用自己的语言书写故事；3) 正确使用常用的标点符号	在期末根据学生获得 A 的次数，按照一定比例折算为荔湾豆，上限为 5 颗豆	绘画与表达能力、写话能力、观察力、想象力、正确使用标点符号的能力、恰当运用词语的能力	一周一画本
					同学评价教师评价
	荔湾星星主播台	1) 每日坚持阅读，并通过打卡小程序进行朗读打卡；2) 做到正确、流利、有感情地朗读	以打卡次数计算：0-100天按每10天1颗豆进行折算	阅读与朗读能力	打卡小程序
					学生自评

终结性评价				
2019/6/10	荔湾电影推荐师	1) 学生可根据兴趣任选一部电影，为该电影录制推荐视频； 2) 使用清晰的语言明确地表达推荐理由	1) 语言流畅，讲解清楚，步骤明确，具有明显的指导性（5颗豆）； 2) 语言流畅，吐词清晰，有步骤，有指导性（4颗豆）； 3) 吐词欠清晰，步骤欠明确，具有某些指导性（3颗豆）；	口语表达能力	视频录制学生自评／教师评价／家长评价

由此可见，二年级下册语文依据课标中识字、写字、阅读、口语交际、写作、综合实践六个方面的阶段目标，设立"识字大土竞选记""书写能力大比拼""荔湾电影推荐师""记忆宝盒大揭秘""绘本绘写我来秀""荔湾传统文化小讲堂"6个项目。每个项目的评分分值设定为5颗荔湾豆，划分为5颗豆、4颗豆、3颗豆三个等级，并设定相应的评分标准，评分标准随着分值减少而降低要求。如上图考核项目《荔湾电影推荐师》，设立三个等级评分标准，充分尊重每个学生的个性发展，充分体现评价改革对学生的促进与发展。每个项目紧密结合课标要求学生掌握的知识能力点展开评价。评价过程具体且科学，全面体现了对包括学生思想品德、行为习惯、知识能力等在内的综合考量，真正地促进了学生的全面发展。

（三）语文与其他学科相结合

学科跨界的本质是整合、融合。语文科组学业评价 41 个项目中有近 20 个项目体现学科之间的整合与综合，涉及美术、音乐、体育、信息技术等 6 个学科，打破了学科界限，实施跨学科资源的开发与利用。项目的设计与落实给每个孩子搭建多元发展的平台，促进每个学生的多元智能发展。

四、聚拢评价结果，绘制评价改革新篇章

实践是检验真理的唯一标准。荔湾小学语文科组学业评价改革方案制订完成后，具体的实施与推进就尤为重要。通常情况下，我们指定设计此项目的老师为主要负责人，测评形式、内容、时间及资料的准备均由该老师负责，其他老师协助其共同完成。其一，语文科组对所有项目进行梳理，列出一个项目进度计划表，每周进行公布，以提醒并帮助有序推进项目按期进行。其二，我们采用"科组长、备课组长牵头＋导师制"相结合的模式，依据项目进度，实时进行研讨、部署、安排及指导，并及时记录与分享，力求每个项目顺利进行。周密的项目推进安排保证了评价效果，不仅激发了学生的学习动力，还极大地减轻了期末考试的心理压力；不仅促进了学生综合能力的发展，还加强了学校与家庭的良好沟通；不仅促进了学生对学习过程的关注，还养成了良好的学习习惯，形成了健全的人格。其评价结果主要有以下几个特点。

（一）成绩与奖励糅合并行

从成绩方面来讲，评价改革强化了学生语文关键能力的形成。首先，从期末考试前一个月，语文学科各学段全面启动评价项目，科任教师带领学生认真梳理本学期所掌握的各项知识，然后进行考核。测评过后，如果有的孩子对自己的成绩不满意或者没有达标，就再给出时间积极准备，及时复习，准备"复活"，再测一次、两次、甚至三次，最终达到自己所期待的成功，使自己在各项目测评中提升听说读写的综合能力。其次，所有项目评价结束后，按照项目分值进行折算，汇总到《语文科组"湾豆收获季"学业质量报告单》，按照 85～100 分为优秀（A 级）、70～84 分为良好（B级）、60～69 为及格（C 级）、59 分以下为不及格（D 级）评定出每个学生不同学科的等级。接着，结合语文科组评价的项目设置荣誉奖项，以评选的等级作为主要参考，评选出每学期的"诵读之星""写作小明星""创意小作家""语文学习之星""进步之星""荔湾阅读星"等荣誉称号的学生，以此展示学生的学习成果，激发学生的学习动力。

另外，在表现性评价过程中，每日课堂、每日作业、每日阅读的评价，均给予"荔湾赞"印章，集中累积，并进行竞换"荔湾豆"，然后与各项目专项评价获得的"荔湾豆"一起汇总，在期末时进行"湾豆收获季"兑奖活动。学生用自己的辛勤劳动换取喜欢的礼物，内心满满的成就感，是评价改革成果的最好展现。

（二）作品与成果整合并行

《"湾豆收获季"集豆册》是荔湾小学学业评价改革在结果上呈现出的一种方式，它以成长记录的纸质存放形式记录着学生成长与收获。语文科组充分利用成长记录过程中各项目考核的成果，将其作品丰富化、系列化、成果化，进行大力推广，形成专辑作品，具有较好的推广和保存价值。其常见形态有两种方式：第一种，写字类作品。写字类项目优秀作品在学校宣传版及班级宣传栏进行展出，同时让学生互相评价，互相借鉴，互相学习。如一至六年级设置的"书写能力大比拼"是看拼音写词语的考核项目，将规范美观，正确书写的作品进行张贴，不仅展示了中华汉字的艺术美，还展示了中华传统文化的魅力。写作类优秀作品更不用说了，不仅树立了学生的自信心，还拓展了学习的空间与资源。第二种，口语表达类作品。口语类项目包括朗读、朗诵、小导游、小讲堂、课本剧表演等，每个学段在开展项目时，科任老师已对各个学生进行详细的指导，再经过学生的反复排练，最终呈现出较为完整、成熟的作品进行全年级展演。每个年级形成主题化、系列化的优秀作品，并进行梳理，汇总，用图片与文字制成秀米，再录制成精美的视频进行整合，形成主题式的特色精品节目。最后在班级公众号、学校公众号进行推广，使之成果作品化，扩大作品的影响力，更好地体现了评价改革的成果化。

（三）个性与发展融合并行

评价活动的持续开展，使学生不断提高自身的学业能力，更为学生的个性与发展提供了有力的促进。学生成为评价主角，孩子在评委面前落落大方，通过听、说、读、写、画、演、唱等多种形式，阐述知识路径，运用卓越思维，充分展示出自己的学习水平，这种享受喜悦的学习体验，将是学生以后更好地学习与生活的动力源泉。比如，二年级的某个男生有着明显的写字能力障碍，因此每每不能正确书写的他便捶胸顿足，但是他在背诵方面具有超强的记忆能力，所以在"记忆宝盒大揭秘"考核一举夺魁，赢得了该项目的全部奖项，而这方面的成功又反过来促进了他对于写字的信心和耐心。

正是这样的学业评价改革，潜移默化地增强了学生的学习意识，科学有效地保证学生动静相宜的成长节奏，扎实稳步地提升了学生的综合学习实践能力。我们的评价改革，让每个学生在不同能力方面都得到了不同程度的发展，让每个孩子得到了爱与尊重，让每个孩子都得到了进步与成长，让每个孩子都成就了最好的自己。

我们荔湾小学语文科组通过"快乐语文嘉年华"评价改革的研究与实践，探索了经验，尝到了甜头，增强了信心。改革正在进行，我们仍须努力！

多元评价巧妙招，语文学习增光彩

—— 论多元评价在语文课上和期末测评的运用

夏菡蕊

【摘要】在中国的传统应试教育中，对学生的评价往往是以教师尤其是班主任为主体，主观上注重学业成绩，这种静态的外在评价不仅未能充分发挥出激励作用，反而在一定程度上限制了许多学生个性特长及才能的充分发挥，减少了学生取得成功的机会，也不利于轻松和谐的班集体的形成。在全国上下全面开始实施新课程的背景下，我认为评价不仅要关注学生的普通学习成绩，而且要发展和发现学生多方面的个体潜能，了解学生发展中的心理和生理需求，帮助学生认识自我，健全人格，促进学生在学习和生活中稳健的发展，帮助学生体验不同方面的成功，充分发挥评价的教育机制。

【关键词】湾豆收获季　　语文课堂　　多元评价

《语文课程标准》中指出："语文课程评价的目的不仅是为了考查学生达到学习目标的程度，更是为了检验和改进学生的语文学习和教师的教学，改善课程设计，完善教学过程，从而有效地促进学生的发展。不应过分强调评价的甄别和选拔功能。"因此，新课程下的小学语文课堂教学评价应坚持以生为本，以促进学生人格的完善发展为根本目标，注重评价方式的多元化，充分发挥多样性评价的导向和激励功能，充分发挥各种评价方式的作用，从全面、全面的角度，关注学生在学习、生活和人际关系中的情感、态度和价值观，逐步形成以学生健康心理人格全面发展为核心的多元化评价体系。教师、同伴和自我评价是促进学生自我教育和自我发展的有效途径。在当前的教学理念中，大力提倡实行学生自我评价、学生互评、师生互评相结合的多元化评价。为了加强师生之间的交流，我们可以更好地促进被评价者的自我反思、自我内化和自我发现。教师要努力以温暖的语言、激励的目光、平和的语言和积极地态度来激起学生主动参与学习生活中，能在学习生活中充分发挥主观能动性，达到自己的期望值，发现和发展学生多方面的潜能。通过多元化的评价让学生能在评价中一次次发现自己的改变，从而享受学习的乐趣，增加学习信心和自信，拒绝自卑焦虑的情绪；通过多元化的评价让学生主动发现自己的不足，了解前进的方向，改变学习态度和学习方法；通过多元化的评价拉近师生关系，缓解传统教育过程中教师与学生立场不同，不善于沟通而导致的反向关系，使学生和老师换着角度了解彼此，使学生能"亲其师而近其道"。

一、终结性评价和形成性评价的整合

《语文新课程标准》指出："形成性评价和终结性评价都是必要的，但应加强形成性评价。提倡采用成长记录的方式，收集能够反映学生语文学习过程和结果的资料。"期末笔试是非常必要的，它可以检查学生一个学期的学习情况，反映学生在此期间的学习特点，也能让学生、老师和家长通过成绩看出学习方面的部分不足，从而改变学习方式。但不能唯分数论。在荔湾小学，湾豆在一学期甚至整个小学阶段所表现出来的学习成果，都是通过专门的集豆册来记录。集豆册上每科成绩和每项过程性评价的结果都清晰明了，每科检测内容分门别类展示出来，这样能够比较全面地表现学生的学习、生活情况，湾豆的每次进步在集豆册中可以得到很好的展示。根据评价新理念，终结性评价不仅以期末质量检查的方式进行，而且以学生的笔试成绩为依据，划分成绩等级，而且还把更多的精力放到学生平时的表现，从平时入手，从细微入手，在平时的学习生活中做到分项考查，增强学生基础知识与基本学习技能的评价，注意学习的深度和学习的广度；同时，为了激励学生在学习中主动参与评价，讲究评价方式多样性，让学生觉得过程性评价是件很开心的事，这样，学生才能在评价中获得自信，积累自信，培养积极进取的精神，促进学生的全面成长。评价既是对上一次活动的总结，也是下一次活动的动力、方向和出发点。评价不仅仅只对学生的成绩进行评价，而是要发挥评价的积极导向功能，注重发展的功能。延长评价时间，能随时促进和增强学生的成就感，满足学生自我发展的需要，激发学生自我发展的动力，使每个学生都能在原有的基础上得到充分的发展。

二、定性评价和定量评价的结合

新课程标准中明确指出了定性评价和定量评价的结合原则。教师在每学期的期末都会根据这学期的学习情况和期末考试情况对学生进行一次客观的评价，评价的结果应尽可能全面公正地反映学生这学期在个体世界观、价值观和学业水平等方面的成长。依据这个要求就必须将形成性评价和定量评价结合起来，对湾豆这学期的语文学习过程性评价和考试结果加以分析，在集豆册中客观地描述湾豆各方面的情况。终结性评价不仅以期末质量检查的方式进行，而且以学生的笔试成绩为依据，划分成绩等级，忽略分数的唯一性，使老师更多的精力关注学生平时的表现，从平时入手，从细微入手，在平时的学习生活中做到分项考查，增强学生基础知识与基本学习技能的评价，注意学习的深度和学习的广度。同时，为了激励学生在学习中主动参与评价，讲究评价方式多样性，让学生觉得过程性评价是件很开心的事，这样也能让学生在评价中获取信心，积累自信，培养积极的进取心，促进学生的全面成长。目前课堂教学评价形式唯一，手段呆板，不能客观全面地反映学生学习的真实情况。因此，在评价方法上力求多样化、灵活化，在评价内容上实行分项目、分等级制，重视学生课堂语文生成的即时性评价，已成为教学改革的重要内容。例如：学期结束，根据学生这学期的学习情况打豆数，我不光之看最后的期末分数，而是将学期内的课堂表现、平时作业、周记、单元测评和课堂记录表中记录的情况综合起来，加以分析。

例如荔湾小学的"快乐语文嘉年华"中，将各种形式的测评都加入其中，比如 2017—2018 年度的期末测评方案（如表 1.3 所示）。

续表 1.3　2017—2018 年度的期末测评方案

评价形式	测评时间	测评内容	测评标准	测评方法及评价主体	主要测评能力点
形成性评价	2018 年 2 月—7 月	绘本绘写我来秀	1. 能用绘笔记录自己的成长故事。 2. 能用自己的语言说出自己的收获。 3. 学会用自己的话书写故事，学会使用常用的标点符号。	作业本 自评 家长评价 小组评价 教师评价	绘画与表达能力
	2018 年 2 月—7 月	荔湾星星主播台	1. 每日朗读打卡。标准：正确、流利、有感情地朗读。 2. 以打卡次数为计算。0～100 天按每 10 天为一颗豆来折算。 3. 录制作品参加期末星星主播台评选。	现场主播 自评 家长评价 教师评价	说话与表演能力
	2018 年 2 月—7 月	荔湾书房读书王	1. 每周阅读书房阅读秀活动进行记录，评价。根据记录每 50 分折算一颗豆。 2. 依据《阅读存折》阅读记录进行评选。每 50 分折算一颗豆。	评价表 小组评价 教师评价	阅读与表达能力
终结性评价	2018 年 4 月 10 日	查字高手群英会	1. 通过查字典比赛，使学生进一步掌握音序查字典的方法，达到熟练的程度。 2. 能在规定的时间内迅速准确地查出指定的字。 3. 激发学生使用字典这一工具书的兴趣，养成勤查字典的习惯。	竞赛活动 自评 教师评价	识字与操作能力
	2018 年 6 月 14 日	记忆宝盒大解密	1. 正确背诵《经典诵读》全部内容。 2. 同桌互查，进行评价。 3. 每背会五首得一颗豆。	集豆册评价表 家长自查 互查互评 小组互查	阅读与背诵能力

续表

评价形式	测评时间	测评内容	测评标准	测评方法及评价主体	主要测评能力点
终结性评价	2018年6月19日	识字大王竞选记	1. 每80个汉字为一级，共400个汉字，全部正确认读共获得5颗豆。 2. 提醒三次后，读错1～3本级别不能获豆。 3. 认读时不催促，不做提示，把读错或不认识的字用笔圈起来。 4. 少于3个豆进行二次考核。	集豆册评价表 自评 家长评价 教师评价	识字与积累能力
	2018年6月26日	书写能力大比拼	1. 正确书写本册教材200个汉字。 2. 借着拼音正确拼读，正确书写。 3. 掌握汉字基本笔画和常用的偏旁部首，能按笔顺规则写字。 4. 写字姿势正确，汉字书写正确、规范、整洁、字居格中，不歪斜。	命题 自评 教师评价	写字与运用能力
	2018年7月3日	小小舞台表演秀	1. 小组商议自选故事，有内容，有人物，有情节（每个小组不得超过5人）。 2. 根据故事，创作剧本，自行彩排，现场表演。（做到人人有角色，人人有表演）。 3. 组内自评，评出"最佳小演员"奖。	现场表演 自评 小组评价 家长评价	倾听、表达与表演能力
	2018年7月6日	综合测评显身手	1. 准备期末测评命题考卷。 2. 统一考核、统一阅读。 3. 按等级进行核对奖励。	命题 教师评价	语文综合能力

三、师生评价、生生评价与自我评价的融合

新课程标指出"实施评价，应注意教师的评价、学生的自我评价与学生间互相评价相结合"。如果教师是教学过程性评价中的唯一主体，掌握着整个评价决定大权，学生评价结果完全按照老师的个人意志，这对大多数学生很不公平。学生作为学习的主体，却只能被动成为被评价的对象，无法参与整个评价过程。这种以教师为单一主体的评价方法会压抑学生学习的主动性，学生始终处于学习的被动的地位，无法在学习中得到主动的感觉，被动地接受着学习，压抑了学生参与评价的热情，评价的效果自然会受到不良的影响。在小学语文的教学过程中进行评价，可以选择多种评价方式。但是在现实中，学生评价模式仍然停留在传统的以分数为主的纸笔测试。大多数老师都是根据学生的学习成绩来评价学生的日常表现，忽视了对学生过程性评价，使得评价内容和学生本体大不相同，就连期末评语都与学生不相符合。从教育的历史长河来看，多元课堂评价方式终将代替传统的单一唯分数论的评价方式，并在促进学生全面发展中发挥着积极的促进作用。教师在教学中要从多种方面组织学生进行随时的自我评价和生生评价，对学生的学习不应该只看有没有掌握好当堂课的学习基本内容，更重要的是看他在这个学习过程中的学习的态度，所付出的精力，所用的学习方法，持久的耐心，甚至是永不言败的勇气。把教师评价、学生自我评价、学生互评有机结合起来，可以帮助学生从多方面把握自己的现状，帮助学生了解自己，树立信心，有利于学生的健康发展和稳步进步，促进学生的全面发展。自我评价是学生自我意识的重要组成部分，是个人能力结构中非常重要的能力。引导学生积极主动参与到评价过程中，热爱集体活动，敢于展示自我，是培养学生自我意识和自主学习能力的重要途径，是促进学生实现真正的自主学习，达到"授人以鱼不如授人以渔"目的而采用的重要方法。学生是学习的主体，教师应充分发挥学生集体的力量，调动集体的力量，让全体学生参与评价，通过生生互评互相促进。在教学《项

链》一文时,我让九个学习小队根据课文内容把握好朗读语气自己进行练习。当第一组的同学上台表演朗读后,其他同学积极主动地进行评价。有的同学说:"他们没把在沙滩上玩耍的快乐心情读出来。"各组互相评价完毕后,再让大家自由朗读,使学生整体朗读水平立刻在原有的朗读基础上有了比较大的提高。

我在教学《棉花姑娘》时,组织学生用课本剧的形式来理解课文内容,解读人物内心。学生表演时背好了台词,顺利地完成了表演,但由于学生初次上台表演,体态和神情不太自然,扮演角色的学生总是笑场或面露怯意,不能完全进入角色。表演完后,我先要求表演的同学进行自评,说一说表演时的感受,对表演的人物是如何理解,接着又引导学生进行互评,经过学生的相互点评,大家都较全面地指出了表演中的成功和不足之处。在朗读表演要求较多的课文中,在学生自评之后,应该鼓励学生进行主动的互相评价,可以开展同桌互评,小组互评及全班范围内对学生进行评价。如朗读、背诵、作业,可以开展互评和自评相结合的方法。"你觉得自己做得怎么样?""你认为他做得怎样?""好在哪里?""如果是你,应该怎么做?""还有哪些要改的,怎么改?"从而鼓励学生进行自评和互评,在评价中提高评价能力,全面发展素质。

四、结语

在学业评价上,我们荔湾小学充分利用了多元评价的方法,充分发挥主观能动性,让孩子们脱离一张试卷定一学期的传统规则,而转化为以多元促学习,以多元促成长。将素质教育、全面发展落实到学习的方方面面。学生学业成绩综合评价改革刚刚起步,还有很长的路要走,改革的阻力也很大。但只要我们致力于每个学生的发展,有什么困难呢?相信全面、多元而且有针对性的评价一定会成就学生前进的勇气。希望多元评价一路顺利多彩,希望学生的人生长路越走越稳健,越走越欢乐。小学课堂教学评价必需尊重每个学生的个体差异,学生的发展是全面性的,所以需要多元化的评价机制来鼓励学生、鼓舞学生,提高小学语文课堂教学的有效性,提高课堂的生动性和学生的参与性，发展学生的心智。让学生在一种民主、和谐、自主、轻松的评价空间里与教师、同学进行切磋，在心灵上进行融合，在思维中进行碰撞，在生活上点燃学习的激情，以激情之火点燃更多同学的学习热情，星星之火可以燎原，期待多元性评价能更加充分地在学习生活中进行。

深化评价研究，实施多元评价

—— 基于荔湾小学"湾豆收获季"期末测评活动的思考

游欣欣

【摘要】评价不仅要关注学生的学习成绩，而且要发现和发展学生的多方面的潜能，要发挥评价的教育功能，促进学生在原有水平上的发展。荔湾小学深化评价研究，开展"湾豆收获季"期末测评活动实施了多元化的评价，从多方面、多维度评价学生，帮助学生认识自我、建立自信，有利于学生个性的健全和潜能的激发，促进学生的全面发展。

【关键词】多元评价　　综合能力　　全面发展

《基础教育课程改革纲要》明确提出建立促进学生全面发展的评价体系。在评价时，评价不仅要关注学生的学习成绩，而且要发现、发展学生的多方面的潜能，了解学生发展中的需求，同时还要发挥评价的教育功能，促进学生在原有水平上的发展。

为全面贯彻党的教育方针，贯彻《南山区中小学学业质量评价指引》，贯彻荔湾小学"教育就是成就"的办学理念，落实立德树人的根本任务，荔湾小学从办学初期，就开始深化评价研究，进行学业评价改革的思考和研究，并同时期启动荔湾小学"湾豆收获季"激励性评价改革，实施多元评价。

荔湾小学开展的"湾豆收获季"期末测评活动中实施了多元化的评价，既关注学生的学业成绩，又发现和发展学生的潜能。既有书面测试检查学生对知识技能掌握的情况，也运用了多样化的测评方法，评价学生的综合能力以及实践能力。这样使学生能从多方面来把握自己的现状，有利于学生个性的健全和潜能的激发，促进学生的全面发展。

一、提高评价认识 —— 改变评价方式的迫切需求

传统的评价单纯以考试分数来衡量学生的发展，忽视了激励的功能，忽视了学生个性发展的差异，忽视了评价主体的多元和多向。按照传统的一张试卷评价学生，不能全面反映学生的学习状态，不能满足大多数学生的学习发展需求，不利于调动学生学习积极性。评价分数无法作为衡量学生能力的唯一标准，测试往往是考察对事实性知识的死记硬背，禁锢了学生的创造性思维。

荔湾小学依据《义务教育课程标准》和《南山区中小学学业质量评价指引》，认真研读《21世纪学生发展核心素养研究》《义务教育课程指引》等相关文件书籍后，深化了评价研究认识，决定实施"湾豆收获季"激励性多元评价。注重在开展评价活动中，明确发展性、多元化、全面性、尊重性原则（如图1.2所示）。

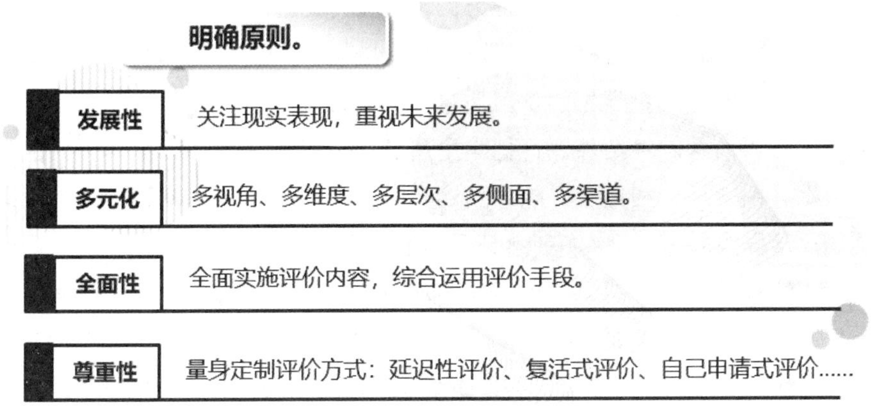

明确原则。

发展性	关注现实表现，重视未来发展。
多元化	多视角、多维度、多层次、多侧面、多渠道。
全面性	全面实施评价内容，综合运用评价手段。
尊重性	量身定制评价方式：延迟性评价、复活式评价、自己申请式评价……

图 1.2

要改变传统评价的方式，首先要改变师生及家长对评价作用的认识。为此，荔湾小学定期召开了教师培训会，组织教师学习教改理论，让老师充分理解、体会新的评价标准，不断完善各学科的评价考核方式和内容，使评价改革得到教师的理解和认同，激起师生参与学科评价的热情。同时学校召开校级家长会对家长讲解评价改革的目的、意义及作用，家校联手参与"湾豆收获季"期末测评活动，为评价改革拉开了序幕。

二、改变评价方式 —— 实施多元评价的基本前提

荔湾小学在"湾豆收获季"期末测评活动中，以激励为手段，以发展为目的，在评价过程中，力求评价内容全面化，评价方法多样化，评价主题多元化，让每个学生都有进步的渴望，都能经历进步的过程，掌握进步的方法，感受成功的喜悦。

湾豆收获评价季采用形成性评价与终结性评价相结合的方法。形成性评价包含每日课堂、每日作业、成长记录和小组合作，终结性评价每个学科老师根据不同学科的特点，采用了灵活多样的学业评价形式，精心设计多元考核项目，改变将纸笔测验作为唯一评价手段的现象。形成性评价把评价重点放在评价学生学习过程方面，注重考查学生在整个学习过程中学习态度、学习表现、目标达成情况等多个方面，评价过程和教学过程融为一体，全方位地考量学生的学习质量，教学评价更为全面，与综合素质评价理念不谋而合。终结性评价把学生所获得的学习成功作为综合素质的评估依据。两者评价相结合，除了关注学生学习过程，还考察了学生的学习结果，这样的多元评价较好地实现了评价最优化。

"湾豆收获季"期末测评活动中注重激励和学生评价。为了激励课堂上认真倾听、积极发言、遵守纪律、合作有序等方面表现出色或有进步的同学，学校精心制作了"荔湾赞"印章，老师通过课堂表现给同学们盖章，让每节课成为学生们展示自我、享受成功的快乐舞台，同时"荔湾赞"也作为学生过程性评价中每日课堂的评价依据。期末评价在学生间看展自评、互评活动，是以学生为主体的教学理念的体现。在期末评价中，还包含小

组合作的评价项目，老师会引导学生进行自评和互评，培养学生自我反思、自我认识的意识和能力。学生在期末学业水平多元评价后，人手一本集豆册，在整个学期内从学习过程、成长记录、项目测评等多个方面收集湾豆章。这是一种全面、综合、多元化的学业水平考核方式，每一个学生可以参加几十个评价项目，而不是简单的"一卷定成绩"。

"湾豆收获季"多元评价还改变了教师的单向评价，转向教师评价、家校共评、生生互评的结合，这也要求教师在教学中就要以激发学生的学习兴趣为基本点，以提高学生自主学习能力为核心，以培养学生的创新意识与能力为重点。在这样的多元评价中，教师的角色也转变为引导者、创新者，教师不再以单一的试卷成绩评价学生，而是更多地在学生的日常学习中去观察、记录。在这个过程当中，教师、学生、家长都纳入评价主体，体现评价者与被评价者之间民主、平等的关系，既有利于更全面地对学生的学习评价，减轻老师的负担，又能调动学生学习积极性，加强家长对孩子的教育，促进家校共育。

三、实施综合评价 —— 坚持科学评价的重要保证

"湾豆收获季"期末测评活动综合评价包括形成性评价、终结性评价和评语三部分。形成性评价与终结性评价占比为 10% 和 90%。终结性评价包含了表现性测评和期末卷面测评，其中形成性测评占 20%，活动主要呈现在"湾豆收获季"期末测评活动中展示考核项目，期末测试评级占 70%，主要以区里统一组织的期末考核为主要内容。

以语文学科为例，"湾豆收获季"期末测评活动评价内容不仅涉及对学生的语文知识识记、理解、运用的考察，而且包括对学生语文学习能力、特长等方面的评价考察。随着评价活动的持续开展，学生不断提高自身能力及要求，更为教师改革教学提供了有力的数据。比如，"识字能力大比拼"这个项目上，有的孩子不能一次通过认读 450 个汉字，老师们便会给出一周的时间点，让孩子挑战自我，进行复活。孩子在一遍一遍的复活过程中，既加强对没有学会的知识的巩固，又较好地锻炼了意志力，激发浓厚

的学习兴趣。评价内容的设置既强化了传统评价方式中最容易忽略的说话、写字、朗读、课外阅读及实践活动等内容，又包含了对学生情感、态度、价值观及学习能力、合作能力、表达能力等的评价。全面化的评价内容体现了对于学生思想品德、身心健康、行为习惯、礼仪、创新能力、合作能力等内在的综合考量，有利于真正地实现学生的全面发展。"湾豆收获季"为学生提供了自由的成长空间和内涵丰富且多样性的学习资源，开展了各类校园文化活动，陶冶了学生情操，让学生极大地展现自己多方面的才华。学生们在这样的评价中体验着成功的喜悦，并在反思中不断成长，从而获得满足感与幸福感。

四、结语

荔湾小学的期末"湾豆收获季"期末测评活动实施多元评价，承认学生在发展过程中的个性差异，通过评价，真实反映学生的综合素质状况，促进学生的全面发展，让他们适应社会主义现代化建设对人才素质的新要求。在评价改革注重激发学生的学习兴趣，强化学生态度和习惯的培养，强化学生关键能力的培养方面，突出与其他学科的跨界与融合，促进学生综合素养的提高。通过评价，促使学生在原有基础水平上的提高，悉心发现学生潜能，发挥学生特长，帮助学生正确认识自我。更重要的是，多元化的评价方式，让学生接受真正的素质教育，让学生终身受益。

畅游诗海情悠悠，触摸生命意无穷

—— 在"湾豆儿"心中播撒下诗意的种子

李霏

2020 年，

不平凡的一年。

2020 年，

太多人、事根植于我们的记忆。

2020 年，

学会尊重，普通人平凡的力量……

一、诞生，因为特殊

2020 年 2 月 17 日，疫情期间普通的一天，周遭的世界依然过于安静。这一天，又是那么特别。一大早，荔湾小学各班的"空中课堂"热闹开讲了，视频里老师和孩子灿烂的笑脸，瞬间驱散病毒投下的阴霾。线上的相聚时光，传递的不仅是知识，更有安定人心的温暖和希冀。

虽然不知道疫情几时结束，线下的重逢又在何时，但在开学初的语文组教研中，"湾豆儿收获季"的测评项目设置已提上日程。如何在开展线上教学这一特殊背景下有效进行"湾豆儿收获季"？这是摆在老师们面前的一个前所未有的考验。基于学科知识，对学生学业水平进行多元评价，让"测评的过程成为学习的过程"，是测评项目设置的一贯宗旨。在"空中课堂"这一迥异于前的学习模式中，如何做到既提升学生语文学习能力，多元评价学生的学习效果，又不增加老师教学和学生学业负担？巧妙设置测评项目，将测评与学生平日所学、所练紧密挂钩，是最有效的途径。

在对教材的反复分析琢磨中，"轻叩诗歌大门"这个诗意的名字跳入眼帘。这是四下教材中的综合性学习内容，围绕现代诗展开教学及实践，要求学生在学习、收集现代诗的基础上，学会合作编小诗集，并尝试原创小诗，举办班级诗歌朗诵会。这一综合性学习对学生的合作能力，搜集、整理资料能力以及原创诗歌的能力都有一定的要求。把这一综合性学习与语文期末测评活动结合起来，学生平日学习的过程、学习成果就是测评的项目考核内容，岂不一举两得，事半功倍？

于是，四年级下学期语文测评项目——"畅游诗海情悠悠"诞生了！

测评项目分为两部分：

（一）诗集内容：50分
学生能结合现代诗单元的学习，创编小诗并汇编成原创诗集；
要求：
能用诗歌记录生活，抒发情感，诗集中原创诗歌篇数不少于15首；
立意要求：内容积极、主题突出，构思新巧，情感饱满。
文字表达：不写别字，用词准确，语句通顺，内容连贯，童真童趣、饱含真情实感；
意境营造：想象丰富，具有诗歌的韵律美和意境美。

（二）现场朗诵：50分
朗诵会上，朗诵一首自己最满意的原创诗歌；
要求：
朗诵展示以书友队为单位，朗诵时能用合适的语气朗读，表情、体态自然大方。

二、践行，因为喜爱

测评项目确定后，如何实施是关键。因疫情囿于家中，孩子们与外面世界的交流被阻隔，过剩精力无处释放，情绪焦躁，与父母的冲突增多。就用优美的诗歌去平复心情，给过剩的精力找一个诗意的出口吧。

我开始带着孩子在现代诗海徜徉，那些跨越国界，直击人心的情感，文心与文字兼美。在一遍遍的吟诵中，孩子们体会到冰心《繁星·春水》中纯真的童年、伟大的母爱；叶赛宁《白桦》描摹出的最美自然画卷；艾青在《绿》中告诉我们万物的神奇……不知不觉中，诗歌陶冶、润泽了我们的心灵。

仅仅停留在诵读、欣赏，远远不能满足孩子们在诗歌世界里的探求。用诗歌去排遣烦闷，抒发情感，是孩子们心中所愿。那就用诗歌去记录生活中平凡的点滴，书写自己的心声吧。

因为喜爱，不少同学学会了用诗意的、美好的心情去看待周围的事物，用积极乐观的心态去与人相处。

冷·暖

四（1）班梅西

今早，

冷风微凉，

我穿上一件薄薄的衣服，刚好！

妈妈硬给我披了一件厚厚的外套，扣上！

原来——

世界上真有两种冷，

一种是我觉得冷，

另一种是妈妈觉得我冷。

挺好，

不仅身体暖和，

心，也暖暖的了。

平日里可能一触即发的争执，在诗意熏陶下，孩子用诙谐的语调，调侃地写出了对妈妈关爱的理解。

图 1.5

图 1.6

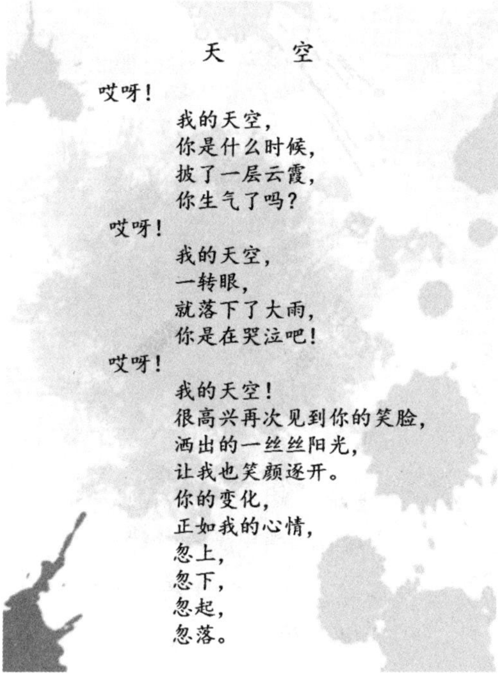

天　　空

哎呀!

我的天空,
你是什么时候,
披了一层云霞,
你生气了吗?

哎呀!

我的天空,
一转眼,
就落下了大雨,
你是在哭泣吧!

哎呀!

我的天空!
很高兴再次见到你的笑脸,
洒出的一丝丝阳光,
让我也笑颜逐开。
你的变化,
正如我的心情,
忽上,
忽下,
忽起,
忽落。

图 1.7

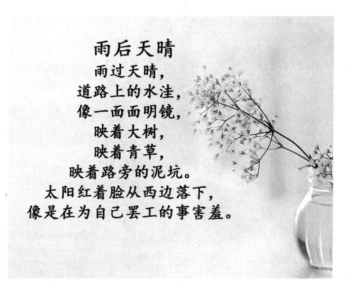

图 1.8

孩子们学会用美丽的眼睛看世界，一切是那么明丽神奇，连刮风、下雨也变得有趣了。

抗疫英雄

每当我们背起书包去学校时，

我们都会想起，

那年，

有多少白衣天使都为疫情而牺牲。

当我们在教室里看书时，

我们会想起有多少人为了我们现在的生活而死去。

他们的生命之火，

在我们心中一直亮着。

（苏炜轩 4 月 17 日）

若无英雄们义无反顾的抗疫，哪来莘莘学子的未来？孩子们用稚嫩的笔写下对英雄的礼赞。

诗歌写作就这样持续融入学生的生活中去，孩子们及时记录下对生活的观察和感悟，在慢慢积累中完成了诗集的创作。

诗集有了，还要让孩子们在"班级诗歌朗诵会"中用合适的语气，自然大方的表情、体态展示出来。因为无法预知复课时间，无法确保到校后能否有充沛的时间准备，我们决定这次活动以学生为主。四年级孩子已经具有相当的行动力和组织力，老师的工作重点是布置、指导学生进行前期的各项准备工作。通过学生主动报名，老师酌情筛选的方式确定了导演组，我退居幕后，让导演组的同学负责全面统筹，及时与书友队队长沟通，老师提供必要支持。唯有老师适当放手，学生的潜能才会闪光。

三、收获，因为坚持

5月11日，阔别了四个月之后，"湾豆儿"们终于回到荔湾校园。此时，距离6月底的"湾豆儿收获季"期末多元评价活动只有不到一个半月的时间。这有何惧！我们品诗、写诗、悟诗已坚持了四月有余。期末测评成为四年级所有"湾豆儿"们的收获季——"畅游诗海情悠悠"项目全部获得满豆数（满分）。

因为坚持把诗歌品析和创作落实到平日的学习中，我们收获了百余本学生精美的小诗集。有个人原创诗集，也有集书友队智慧的经典诗篇摘抄；有精心誊抄的手工版，也有图画绚丽的电子版。每一本的封面、封底，甚至目录都充满巧思，让人惊叹。

图 1.9   图 1.10

图 1.11

图 1.12

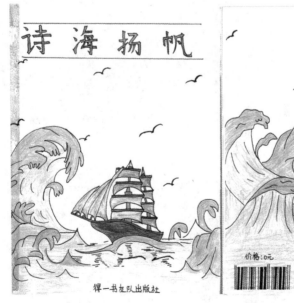

图 1.13

图 1.14

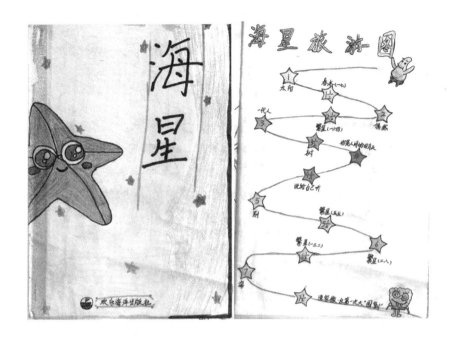

图 1.15 图 1.16

因为坚持，还收获学生家长们的感激和认同，在他们的眼中，孩子的小诗能像晴天一样照亮心情。

图 1.17

在家长们的心里，孩子们读诗品诗那可爱的样子，那至纯至善的诗心弥足珍贵。

几个十岁的孩子，每天捧着几本厚厚的现代诗集，乐此不疲地吟咏。那个样子真好看。"黑夜给了我黑色的眼睛，我却用它来寻找光明。""我是天空的一片云，偶尔投影在你的波心。"这样字字珠玑的经典之作，或许，他们并不十分懂得。但是，这又有什么关系呢？愿意亲近，主动撷取，积极成集，让我们看到孩子们的一片诗心，这诗心如冰心玉壶，透彻清明。传承如炬，照亮永恒。

——四（2）班庞煜霖妈妈

因为坚持，最大的收获是孩子们能力的快速提升。测评活动中，最让人惊艳的是孩子们的"班级诗歌朗诵会"，孩子们也收获了满满的成就感。看看四（1）紫竹班导演组孩子独立完成的诗歌朗诵会的主持词吧：

紫竹班班级朗诵会

主持人：陈奕璇、梅西、付梦洋、阮一凡

第一部分：开场白
陈奕璇：尊敬的老师和评委，
付梦洋：亲爱的同学们，大家好。

陈奕璇：我是本次活动的主持人陈奕璇。
梅西：我是本次活动的主持人梅西。
付梦洋：我是本次活动的主持人付梦洋。
阮一凡：我是本次活动的主持人阮一凡。

陈奕璇：在这暖意融融的季节，

付梦洋：我们迎来了火红的五月，

阮一凡：迎来了期盼已久的相见，

梅西：也迎来了富有诗意的传统文化节。

陈奕璇：今年年初，一场突如其来的疫情席卷了整个中国。

梅西：疫情并没有影响我们对于学习的热情和诗歌的热爱，就算在家我们也没有松懈，依旧在坚持。

付梦洋：虽然疫情如此的猛烈，但是我们依旧保持着对学习的热情和对诗歌的热爱。

阮一凡：英国诗人华兹华斯说过："诗是强烈感情的自然流露，它源于宁静中回忆起来的情感。"

付梦洋：接下来，就让我们共同感受紫竹班里那些诗人的内心世界，尽情地读诗品诗吧！

第二部分：节目表演

（略）

第三部分：结束语

陈奕璇：感谢先登书友队给我们带来的精彩表演。

梅西：美好的时光总是短暂的，但是它会变成我们永不泯灭的回忆。

付梦洋：感谢诗给我们带来了无穷的乐趣，让我们在诗的梦里漫游。

阮一凡：诗人冰心说过：童年啊！是梦中的真，是真中的梦，是回忆时含泪的微笑。

陈奕璇：我们现在苦恼的童年正是大人怎么也回不去的童年。

梅西：让我们好好利用这段时间尽情作诗吧！

付梦洋：今天的活动到此结束

阮一凡：谢谢大家！

在朗诵会上，每个孩子都深情地吟诵出自己最满意的原创诗歌。以下是四（1）七色光书友队的朗诵稿，所有诗歌均为学生原创。

赞万里河山颂华夏情长

一幅幅篇章，就如春日的百花，散发着馥郁的芳香。
一曲曲颂歌，又如夏日的繁星，闪烁着夺目的光芒。
在这一片幸福美好的生活中，我们奋发图强，吟咏歌唱。
我们用诗歌赞美万里河山，我们用诗歌颂扬华夏情长。

（串词）在仲春与暮春之交，春光明媚、桃红柳绿，我国有个传统节日——清明，此时万物生长，皆清洁而明净。

《清明》

作者：王梦涵

在清明的早晨，
每一滴晨露都像是洁白的珍珠。
在清明的中午，
每一滴雨珠都在欢笑。
在清明的夜晚，
每一颗星——
都在尽它最大的努力闪烁着。

（串词）清明时节雨纷纷，不管是狂风暴雨，还是蒙蒙细雨，雨后的记忆，总是清新、宁静。

《雨后》

作者：孙蓝妮

雨后，
草尖有珍珠，
蓝天把乌云吹跑，
路上行人脚点地
直到雨干。

（串词）雨停了，天晴了，多彩的春天又披上了一层神秘的面纱。

《雨后》

作者：阮一凡

雨终于停了
湖上披上了一层面纱，
显得美丽而又神秘，
湖中的小鱼抬起了头，
望向天空，
寻找光明。

　（串词）雨后的天空像大海一样蓝，更像一块澄澈的蓝宝石，一尘不染。到了晚上，晴朗的夜空中闪烁着明亮的星星。

《星空》

作者：邹絮涵

晚上到了，孩子们欢快地叫着：

快来呀，我们去看星空了！

星空出来了，天上密密麻麻的星，

如同闪亮的夜明珠，

照亮我们前行的路。

星空像一片浩瀚的海洋，

好像摘下来看看它的样貌，

如果我是那颗星，

我想看遍整个宇宙，整个地球，而那颗星还在天上。

（串词）浩瀚的天空下，连绵起伏的山峦镶嵌在天边，一重一叠，倚在天的怀抱中。

《山》

作者：张仕灏

山——

小小的山和高高的山

凹凸不平

上上下下

就像骆驼的驼峰

跟着地球走

山——

巍峨挺拔延绵不绝

身载万物生机

山——

气势磅礴沉稳肃穆

庄严得令人万人敬仰!

（串词）今年春节，我国遭受新冠病毒袭击。全国各地的白衣勇士不惧生死，逆行而上，驰援疫区，为国家和人民做出巨大的贡献。如今疫情退散，春光明媚，花香鸟语，是因为有白衣卫士为我们保驾护航。

《春光有你》

作者：李美孜

多么灿烂的世界，

也会有无氧的黑暗。

你们却汇成了阳光，

照亮没有光的地方。

你们又聚成了能量，

带给人们新的希望。

此时花儿尽情绽放，

只因有你的春光!

（串词）春风细雨润华夏，万里河山换新颜。

《天晴的时候》

作者：胡展豪

在天晴的时候，

大雨和狂风停歇了；

乌云和闪电消失了；

一道彩虹架起来了。

小鸟在两朵可爱的白云之间快乐地飞翔着；

知了在树丛间欢快地鸣叫着；

小蚯蚓从泥土里探出头来，

咦，看看这世界……

它们又开始快乐地生活了！

（结束语）我们在这里相约致敬：敬山河无恙！大爱无疆！

坐在台下的我，望着台上熠熠生辉的孩子们，唯有感动、唯有自豪。与诗为友，与诗为伴，让我们用美的眼睛看世界。孩子的心灵是自由的，孩童是天生的诗人，此次测评活动中，孩子自主自觉迸发出的诗的灵性是那样夺目，闪耀所有人的双眼。

畅游诗海情悠悠，触摸生命意无穷。用兴趣和成就感在"湾豆儿"的心中播撒下诗意的种子，学会用美丽的眼睛看世界，使他们拥有诗意的童年，成就属于自己的诗意人生。

多元评价促成长，活学乐用"玩"古诗

—— 荔湾小学湾豆收获季语文期末测评

肖莎莎

【摘要】传统的语文课堂教学功利性太强，忽视了学生的主体体验，导致很多孩子对古诗又惧又怕。荔湾小学从多角度、多侧面对学生进行多元评价，在语文课堂中实施多元评价，赋予语文课堂新的内涵，激活学生的学习积极性和内在潜力。本篇以语文学科古诗学习为例，展示荔湾小学多元评价的魅力与特色。

【关键词】多元评价　　评价改革　　古诗学习

在我们的语文课堂教学中，很多老师发现，随着孩子年龄的增大，年级的升高，越来越多孩子在课堂中放下了高高举起的手，在课堂中保持沉默。特别是语文课，随着年级升高，古诗古文的学习占比也在增大。怎么把枯燥的语文学习变有趣，化被动学习为主动学习；语文老师应该教什么；怎么教才能引起关注；语文应该怎么去评价才能引起学生、家长、学校乃至社会的关注，这些更是荔湾小学的每一位语文老师在深切思考的问题。

2013 年，教育部曾出台《关于推进中小学教育质量综合评价改革的意见》，其总体目标是：以学生发展为核心，实行科学多元的中小学教育质量评价制度，扭转单纯以学生考试成绩和学校升学率来评价中小学教育质量的倾向。从《义务教育课程标准》来看，各学科都要求积极推进评价考试制度改革，强化评价在教学诊断和促进学生发展中的积极作用。要以课程标准为依据确定科学的评价标准，尤其要重视基础知识与基本技能、过程与方法、情感态度和价值观等课程目标的全面落实。改进评价方式和方法，注重过程性评价，在注重对基础知识和基本技能考查的同时，特别重视对具体情景中综合运用知识分析和解决问题能力以及实践能力的考查。

荔湾小学在研究了《教育部关于推进中小学教育质量综合评价改革的意见》以及《21世纪学生发展核心素养研究》，同时研读了《义务教育课程标准》以及南山区教育科学研究中心颁发的《南山区中小学学业质量评价指引》相关文件的基础上，开始思考如何进行有效的教学评价，于是荔湾小学建立了特有的评价模式——湾豆收获季。

传统的语文课堂教学重视知识传授、关注学生对知识的掌握，功利性太强，忽视了学生的主体体验。这些都导致学生参与感不强，兴趣不浓。荔湾小学"湾豆收获季"激励性评价是从评价方式着手，通过评价方式的改革指导课堂教育教学改革，提升学生的学习兴趣，促进学生自主学习，主张在乐中学。新课程背景下，湾豆收获季的多元评价相对于传统评价静态的一次性的操作方式，更提倡用多把尺子衡量学生，重视学生的个性差异和学习潜能。打破以往"学而则优，分高为上"的单纯以分数评定优劣的传统固有评价方式，从多角度、多侧面对学生进行多元评价，开始了一种全新、多维、立体的评价方式的尝试和探索。在语文课堂中实施多元评价，就是要赋予语文课堂新的内涵，给孩子一个深情的学习催化剂，激活学生的学习积极性和内在潜力。

语文是一门工具性的课程，是我们认知的工具，听说读写蕴含其中，字词句篇蕴含其里。语文又是一门人文性的课程，这就是语文教育对学生情感态度和价值观的影响。怎么都躲不开的听说读写，却是孩子们"怕"和"惧"的根源。特别是古诗的学习，孩子们更是又害怕又头疼。抓住孩子们学习古诗的特点，荔湾小学的老师借助平时课堂的激励手段，通过"湾豆收获季"测评项目将古诗学习融入其中，在日常教学中春风化雨，润物无声。让孩子自己感悟语文之美，亲自领略"飞流直下三千尺，疑是银河落九天"的庐山瀑布的壮美；"窗含西岭千秋雪，门泊东吴万里船"里杜甫草堂春景的明丽。孩子们如同小小探索家一般，亲自发现语文中蕴含着的无限自由和生命律动，徜徉其间，浸润其中。

一、多元引导，感受诗的意境

朗读，是我国古代学习文章的重要方法。在小学课堂的学习中，我们也要重视这个学习方法，把读的机会让给孩子们。"书读百遍，其义自见"，学生们自读自悟，远远要比教师喋喋不休讲解的效果好。但如果只要求孩子们死记硬背，会感到枯燥乏味，时间久了也会对古诗失去兴趣。于是荔湾小学语文科组运用许多有效的方法，创设多种情境，拉进古诗与生活的距离，使学生易于朗读，乐于背诵。

（一）音乐伴读：融诗入乐，在音乐中学习古诗

有时候古诗的意境，确实是"只可意会不可言传"。但是在课堂上，适当地运用音乐，往往容易引起学生共鸣，让学生更容易融入诗的意境之中。比如在学习《送别》这首送别诗时，加上送别的轻音乐和声情并茂的古诗范读，学生一下就被拉进那个动情场景。通过想象达到"触景生情"。在课堂上，老师会将学生分为小组的形式进行合作诵读，或是分为男女生比赛朗读，在当堂课进行过程性评价，"最美小组"会获得相应奖励。这使孩子们在课堂上动力十足。

（二）情感融入：以演悟情，在朗读中学习古诗

有感情地朗读，是引导学生理解诗句意境最有效的方式。有感情地朗读，其实也是再创造的好途径。学生通过朗读时的音调、表情、姿态和情绪，再现诗歌中的艺术形象，感悟诗的意境之美。老师示范往往没有邀请"小老师"的效果好，"小老师"到讲台上示范后，还可以请下面的同学当"小小点评家"从而达到双向效果。老师的点评重要，但来自同学的夸奖或者意见更为重要，是推动孩子成长的一个关键点。

（三）最美诵读：依格律诵读，通过吟诵积累古诗

突出吟诵，把握诗歌的音乐美，引导学生展开想象，培养学生的创造意识。古诗文经典诵读，意在突出"诵"。中国的诗词一向都不只是"朗读"，

而是"吟诵"。荔湾小学与"最美诵读"团队合作，就连学校的铃声都是古诗词吟诵，孩子们在生活中处处是"语文"，点点滴滴积累，方方面面渗透，孩子们的学习变得更有趣，更简单了。孩子们平时会在 app 上自主打卡，还可以进行同学互评，互相点赞。到了"湾豆收获季"时，会根据平时打卡次数进行湾豆兑换。孩子们平时打卡练习全凭自觉，但由于集体的力量，孩子们会互相鼓励，效果不错。

二、诗画结合，展现诗的意境

（一）教师构建：简笔画示范，开启孩子幻想世界

所谓"诗中有画，画中有诗"，大多古诗词都十分具有画面感，描写自然风景的诗是如此，怀古咏史的诗亦是如此。吟一首诗，赏一幅画，当诗词和图画配合，一诗一画，就是一场诗词的大"绘"。在教学过程中，教师根据低年级学生的年龄特点，用简笔画的形式来给孩子们构建诗歌的意境，化"虚"为"实"。充分利用"诗中有画"的特点展开教学，启发孩子自由想象，从诗句中发现新的世界。

（二）思维导图：发散性结构，从古诗中汲取营养

有很多古诗，本身就是一副优美的图画。一年级的孩子们最爱的美术如果走进语文课堂，引入古诗教学，将会大大提高学生兴趣，事半功倍。使用思维导图的分解，把古诗词图形化、场景化，让孩子们更直观地欣赏到诗词之美，感受到诗词之趣。如诗如画，亦画亦诗，利用西方的思维导图解读中国古诗词艺术，让孩子从古人的智慧和情怀中汲取营养，涵养心灵。一年级的孩子们喜欢画画，尤其喜欢自己做主天马行空地"创作画"。于是在学习古诗时，抓住古诗"诗中有画"的特点，让孩子们画一幅"思维导图"来表现诗的内容和意境。"每周一画"是孩子们最期待的作业展示环节，一周学习一个主题的四首古诗，周五就根据这个主题自由创作思维导图来重复记忆。老师会将大家的作品制作成小视频在班级展示。老师的点评以及同学们的惊叹就是孩子们最好的奖励。

三、启发想象，揭示诗的意境

古诗往往简洁清晰，篇幅短小却又意蕴丰富。低年级的孩子要充分理解诗中意境，了解诗句的言外之意，单单靠汉字拼凑还不够。要靠想象去进行补充和领悟，去联想去构建诗中的画面。

在荔湾小学的语文课堂学习中，教师经常引导孩子上台来"演一演"，通过扮演诗中场景来体验诗歌的内涵。比如在学习李白的《静夜思》的时候，我先让孩子们理解了诗意，知道了作者是身处异乡，独自生活。这时我请孩子们闭上眼睛，想一想："今天，爸爸妈妈都出差了，家里一个人也没有，窗外黑黑的，四周静悄悄……你独自一人在家都那么孤独，那么想念爸爸妈妈，再想想李白独自一个人在他乡，看到家乡的月亮却不能回家的心情是怎么样的呢？"孩子们脱口而出："非常孤独，非常思念故乡，想念自己的爸爸妈妈！"最后孩子们亲自在台上进行表演。

荔湾小学"湾豆收获季"语文学科的"小小舞台表演秀"测评环节就是以小组为单位，以《经典诵读》内容为载体，孩子们走上讲台，用动作语言来展示自己理解的诗歌世界。比起单薄的文字，孩子们对于"动起来"的诗歌更有兴趣，更易理解。同一首诗歌，每个孩子的理解可能也有不同，孩子们通过自己的演绎，还可以和同学进行交流，获得不同的领悟。

四、重视拓展，将古诗乐学活用

语文期末评测的"记忆宝盒大揭秘"环节是孩子们最期待的一项活动。每天都在学习、都在背诵的古诗，突然变成了一个个闯关游戏，自己化身小勇士去披荆斩棘，孩子们都会摩拳擦掌跃跃欲试。而且最有趣的是，考官不是每天上课的老师，而可能是坐电梯的时候经常能见得到的楼上阿姨，可能是某个隔壁班同学的爸爸。这种仪式感和有趣的过程，像是在"拆盲盒"，让孩子们不会觉得这是在"考试"，而是生活中的"小彩蛋"，这就大大降低了孩子们对于"期末"的紧张感，化紧张为期待。

每次在课堂中，只要有"小老师"带读环节，一定是孩子们最积极最活跃的时刻。于是我们干脆把古诗课堂的学习教学教给孩子们，课前十分钟，让孩子们担任"古诗云讲堂"的小老师。这可是一个非常艰巨的任务，要当老师，就必须自己先熟悉，先学会。于是孩子们自己摸索古诗节奏，解释诗意，查阅古诗创作背景以及诗人介绍。而在同学们担任小老师进行讲解的时候，学生的兴趣会更加高涨，学习更加认真。家长的反馈也良好，纷纷表示能给孩子们一个展示的舞台太好了！"古诗云讲堂"不仅仅在学习上对孩子们有促进作用，甚至还开辟了展示自己的新路径。我们惊喜地发现，在学校里比较内向、寡言少语的同学，在担任小老师的时候居然那么大方那么自信，讲解起来眉飞色舞，简直像换了一个人似的。这可以补充日常课堂中无法得到提高的技能，更给了孩子们一个让老师和同学们"刮目相看"的机会。

五、结语

古典诗词是我们伟大民族五千年灿烂文化的结晶，是我们的宝贵财富。优秀古诗词是小学教育的重要资源，优美的诗词，深刻的内涵，高远的意境，流传的佳句，精湛的语言，是我们取之不尽、用之不竭的宝藏。引导学生走进古诗意境的方法是多种多样的，我们只有结合诗的具体特点，采用不同的方法，引导学生走进诗境，领悟古诗所表达的情感，才能提高学生的语文素养。

如何更好地引导孩子爱学古诗，爱上古诗，做好语文测评，我们需不断探索。在期末评价改革的道路上，我们将与孩子们一起携手前行，无惧挑战，勇往直前！

参考文献：

[1] 崔允漷，王少非，夏雪梅.基于标准的学生学业成就评价 [M].上海：华东师范大学出版社，2008.

[2] 钟启泉.新课程师资培训精要 [M].北京：北京大学出版社，2007.

[3] 教育部基础教育司.新课程与学生评价改革 [M].北京：高等教育出版社，2004.

指向深度学习的小学语文评价多样化探索

—— 以语文测评项目"小小舞台秀"为例

张艳丽

【摘要】目前小学语文期末测试以纸笔测试为主，这种评价方式难以全面客观地评价学生的综合素养。如评价主体单一化，评价指标唯一化，评价形式固定化等，这些问题的症结源于传统纸笔测试重点在于甄别筛选，而指向深度学习的以提升核心素养为目标的多元评价变"甄别"为"诊断、改进和提升"。深圳市南山区荔湾小学语文学科采用开放性多元评价方式，以"一切为了学生的发展"为核心目标，以评价主体多元化，评价指标多元化，评价形式多元化为语文评价改革的创新思路，开展了指向深度学习的小学语文评价多样化探索。

【关键词】语文评价　　核心素养　　深度学习

深度学习是指在教师引领下，学生围绕具有挑战性的学习主题，全身心积极参与、体验成功、获得发展的有意义的学习过程。《义务教育语文课程标准》指出："语文课程评价的目的不仅是为了考查学生达到学习目标的程度，更是为了检查和改进学生的语文学习和教师的教学，改善课程设计，完善教学过程，从而有效地促进学生的发展。"从这个评价目标来看，浅层意义的学习已经不能满足学生发展需要，所以评价要以促进学生深度学习发展为目标。

语文学科的核心素养是"语言建构与运用""思维发展与提升""审美鉴赏与创造""文化传承与理解",传统的语文评价方式以纸笔测试为主,不能全面反映学生的综合素养和发展能力。因此,需要合理构建评价体系,真正关注学生学习过程——态度、情感、能力和价值观,全面客观反映学生的语文学业水平和语文能力,提升语文学科核心素养。

深圳市南山区荔湾小学进行小学语文期末综合素质评价改革探索,以提升学生语文核心素养为目标,开发"湾豆收获季"多样化综合评价方式。该评价方式从评价主体、评价指标、评价形式上进行创新实践,促进学生深度学习的发展。

一、评价主体:变教师单一主体为学生、家长共同参与的多元主体

单一评价主体存在主观性强,缺乏互动,评价结果具有局限性和片面性的缺点。荔湾小学采取家校共同参与的多元评价主体形式,打破单一评价主体,让家长、学生参与到评价中来。学校设置的评价指标中包含家长评价环节,部分需要家长参与的测评项目由负责该项目的老师提前通知家长,招募家长义工,并制定家长考官手册,让家长参与到评价中来。其中"小小舞台秀"就是家长全程参与的测评项目。

(一)"小小舞台秀"测评介绍

"小小舞台秀"是由学生自己选材、编排、演出的课本剧表演,家长提供服装道具支持,协助老师一起指导学生排练。表演以"班级书友队"为单位,一般七人一组。小组可以选择本学期学过的课文,也可以选择课外童话或者其他故事编成剧本,学生通过小组合作,讨论,自由分配角色,打磨台词,经过反复修改后进行排练,最终搬上舞台,向全校师生展示,形成"湾豆"们的舞台秀。

(二)师生共同制定"小小舞台秀"测评要求

讨论剧本选择。老师和同学们一起讨论,制定测评要求指标。各小组自

选表演故事，要求符合小学生年龄特点、内容健康、积极向上；人物特征鲜明，能起到榜样引领作用或者给人以启示；情节有起伏曲折，体现舞台表演的效果。

合作创编剧本。各小组同学根据故事，合作创编剧本，经过老师指导审定进行分角色排练，要求人人有角色，人人有表演。最终的舞台秀还要结合音乐伴奏、舞蹈动作、美术道具等元素，让每一个小演员都能在这个"小小舞台秀"发光、出彩！

研制表演要求。对小演员们的表演要求有：声音响亮、吐字清楚；台词生动清晰、有对象感；肢体动作自然、符合人物特点；表情自然到位、有变化；表演有创意，舞台效果佳。

（三）老师、家长和学生共同参与"小小舞台秀"评价

每学期末，"小小舞台秀"在学校多功能厅进行展演，观众即考官，每个小组按要求完成表演，组员在小组内互相打分；家长根据排练过程中组员的表现，结合表演效果打分；最后老师给予综合评价，给每个小组颁发奖状，并选出"优秀小演员"。每个组员把本项得到的豆数记到集豆册（见图 1.18）上，完成此项测评积分。

"小小舞台秀"评价表

小组名字：＿＿＿＿＿＿＿＿＿＿＿＿＿

节目名字：＿＿＿＿＿＿＿＿＿＿＿＿＿

组员姓名：＿＿＿＿＿＿＿＿＿＿＿＿＿＿＿＿＿＿＿＿＿＿

评价项目	评价标准	优 5颗豆	良 4颗豆	一般 3颗豆	优点	建议
剧本内容	健康积极，情节生动，有意义。					
角色和台词	角色分配合理，台词生动清晰。					
服装和道具	符合故事中角色特点，加强了舞台效果。					
音乐和舞蹈	配乐和舞蹈能配合故事发展，烘托氛围。					
整体效果	演员投入、表现力强，表演富有感染力。					

图 1.18

二、评价指标：变知识一维指标为能力多元指标

传统的考试评价标准依据课标和大纲来设置考试题目，更多的检测学生"记忆"类浅层学习能力；而南山区荔湾小学变"以知识为唯一评价标准"为考核"深度学习能力为主的多元指标"。包括：知识的记忆与存储、联想与结构、活动与体验、迁移与运用和价值与评价。

传统的纸笔测试评价目标是获得考试分数，为了这个目标，每个期末都成为学生和老师备考的紧张时刻，为了提高分数展开"题海战术"。老师和学生们全力以赴，加班加点。但这个带着无数不稳定因素的分数既无法表现一个孩子语文能力的提升，也看不出一个孩子语文素养的水平。可能学生一个学期大量的课外阅读不及临考前的抄抄写写对提高分数更有效。但是对于学生的语文核心素养的提升，大量的阅读无疑比机械的抄抄写写更有好处。因此，荔湾小学改变单一分数的评价目标，以考查学生多元能力为目的，设置语文多样化评价综合方案。语文期末评价不再是单一的纸笔测试，有考查知识的记忆与存储的测评项目，如"书写能力大比拼""生字识记大闯关""头脑记忆大风暴"。而"小小舞台秀"则从联想与结构、活动与体验、迁移与运用、价值与评价等多维角度考查学生语文能力和语文核心素养，并通过该测评项目促进学生语文深度学习。

三、评价形式：变纸笔测验为表演展示

传统的期末评价是单一的静态模式，南山区荔湾小学的期末"湾豆收获季"激活学习主体，鼓励学生进行体验展示。以"小小舞台秀"测评项目为例，学生在选材、编排故事中提升了语文理解能力、表达能力，在团队表演中学会合作，学会思考，学会理解建构，达到深度学习的目的。

三年级二班书香书友队共7名队员，舞台秀测评他们选择的剧本是一个中国传统笑话故事《烧茶》，故事情节虽然并不复杂，但是诙谐有趣，深受小观众们喜爱。在他们编剧本、定角色、彩排的过程中，老师观察到

了每一个孩子的进步和成长。果然，登上舞台那一刻，他们实现了自己的突破，给观众带来了惊喜！

在第一次排练中，每一个孩子的表现都跟平时没什么两样。小童是一个默默无闻的女生，平时不爱说话，上课也安安静静。她的角色是一个趾高气扬的财主，老师当时第一感觉就是，这个孩子能演好吗？为了增强孩子的信心，老师把台词和动作向孩子做了示范，然后让她自己练习。第一遍彩排，小童就突破往常表现。通过老师引导对文本的学习和人物心理活动的探究，小童真正走进剧本，走进角色，实现对文本的深度理解。表演开始的那一刻，她不再是那个沉默寡言的小女生，而俨然是一个财大气粗、不可一世的财主，那举手投足，那夸张的动作和表情，跟平时的她判若两人。试问：如果我们还坚持用考试成绩来评价一个孩子，那该会有多少孩子失去发光的机会啊！

不止小童在"小小舞台秀"发光，还有小月。小月是一个安静的"学霸"，她勤奋认真，一心扑在学习上，但是缺少组织协调能力，也缺少锻炼的机会。在"小小舞台秀"表演中，她演的是财主的管家，这个小故事中的核心人物，表情跨度大，对财主家的小工刻薄严厉，对财主巴结讨好。同时，为了锻炼她的组织协调能力，老师还安排她负责书友队队员的协调和指导。虽然是小事，但是小月做得很细致认真，耐心指导每一个小演员，真是一个名副其实的"管家"。

"湾豆收获季"的期末测评中，这样的案例数不胜数，在"小小舞台秀"这个测评项目中更是涌现出许许多多熠熠发光的"小湾豆"。他们不只在舞台上发光，更重要的是在编剧本和排练的过程中，每一个学生都全身心投入，他们学会了倾听、表达、合作、思考，从一个被测评者变成测评的主人和学习者，真正实现语文核心综合素养的提升。

四、效果与反思

（一）"小小舞台秀"测评优势

1. 满足学生精神需要

苏霍姆林斯基说过："在人的内心深处，都有一种根深蒂固的需要，这就是希望感到自己是一个发现者、研究者和探索者，而在儿童的精神世界中，这种需要尤为强烈。"表演正是一种创造性的精神学习，它满足了儿童的这种精神需要，为儿童在实践和创新领域充分展现个性开辟了广阔空间。

2. 促进学生深度阅读

任何表演都需要在研读文本的基础上去把握并丰富人物形象。没有对文本的细致阅读和深入理解，没有个性化的解读和感悟，就无法表现出阅读的独特感受。由此可见，表演必须在学生对文本深入阅读、理解与感悟的基础上进行，研究如何表演的过程就是深入研读文本、推敲语言、体会情感的体验过程。

3. 激发学生学习兴趣

传统测评都是老师作主，测评内容老师定、评价方式老师定，这样的测评学生不感兴趣，甚至产生畏惧，自然很难起到考查学业水平和促进学习的作用。"小小舞台秀"完全以学生为主体，从学生兴趣出发、让学生全程参与并主导，充分发挥学生的积极性和主动性，让学生从被动的考查对象变成测评的主人，变成积极主动的舞台表演者，极大地激发了学生学习的兴趣。

4. 发挥学生主体作用

在舞台秀中，学生们首先要了解剧本的内容，然后思考和讨论，执行和实践，处理和完善。在每个环节中，每个学生都需要充分发挥自己的主观能动性，自觉地激活原有的知识积累和生活经验，主动选择自己喜欢的角色来充分表现自己，最大可能张扬自己鲜明的个性，淋漓尽致地表达自己。

5. 提高学生表达能力

语言的工具性体现在表达，"小小舞台秀"这项测评就全面地考查并提高了学生的表达能力。这是对学生的测评，更是学生表现的舞台，他们有强烈的愿望去表演欢乐、愤怒和悲伤，并充分展示他们的内心世界。在演的实践中，沉默内向的学生变得活泼大胆，不爱发言的学生能妙语连珠。每一次表演过后，学生都变得更加自信，更加乐于表达。

6. 培养学生合作能力

在表演中，每个书友队为一组，每个小组有一个组长，组长给组员进行分工，剧本台词、服装道具、角色分配以及排练进度，都有专人负责，老师和家长充当幕后支持者。俗话说"台上一分钟，台下十年功"，组员们在排练的过程不断磨合、互相学习，合作能力得到了极大的提升。

（二）"小小舞台秀"测评反思

1. 教师评价主体地位不可丢

舞台表演是一个动态生成的过程，它不应在热热闹闹中失去对目标与主体的追求，也绝不是依葫芦画瓢，所以，教师的评价和指导是舞台秀不可缺少的组成部分。首先，教师对学生选的剧本要把关，确保剧本内容健康、积极向上，鼓励创新。其次，教师还要指导学生理解文本，保证文本内容的正确解读。最后，教师要引导学生研读剧本，把握每一个角色特点，并鼓励学生有自己的创意，保护学生兴趣。

2. 学生互评方式不可少

学生之间的互相评价，既是学生对文本理解的互相交流，又是对文本更深层次的解读，而且有利于培养学生的分析能力、思辨能力和口头表达能力。适时的互动评价有利于学生表演兴趣的提升和测评方式的优化。所以，还要继续完善测评项目的评价方式，尤其是学生之间的互评，使之更加具体简单，直接高效，逐步提高舞台秀质量和测评效率。

"小小舞台秀"表演中，"湾豆"们准备认真充分，表演精彩动人。演员们自信的神态，熟练的台词，到位的动作，惟妙惟肖的表情，打造了魅力十足的生动舞台，成为"湾豆收获季"最大的亮点。这样的测评，挖掘了学生潜在的能力，给学生提供了展现自我、展示特长的平台，锻炼与提升了学生综合素质，同时，让学生在紧张的学习之余，放松了心情，在游戏中更扎实地学习和掌握了课本知识，有助于学生语文核心素养的全面提升，促进了学生深度学习的发展。

"小小舞台秀"以小语课标为指导，指向核心素养的培养，激发学生深度学习为目的，以荔湾小学语文学科开放性多元性评价方式为手段，是语文学科评价体系的全新探索，是语文评价改革创新多样化进程中最靓丽的一道风景。

浅探文本解读三要素及其相互关系

—— 以统编教材小学语文低年段为例

张艳丽

【摘要】为了追求个性化的课堂，出现了对文本的多元解读，但由于对学生、教材认识不足，加上教师自身专业水平的限制，导致文本解读无章法、无头绪，甚至出现误解和偏差。文本解读关系着教学三大核心要素，学生、教材和教师。正确解读文本，必须以生为本，多元解读；紧扣教材，明确目标；教师要立足自身，提升专业。在教学中做到三管齐下，齐抓并举，并认真研究、正确处理三者之间的相互关系，才能打造有生命力、有语文味的语文课堂。

【关键词】文本解读　　学生　　教材　　教师

对语文教师来说，文本解读是一个避不开、绕不过的坎儿。说它是坎儿，是因为文本解读确实有难度，首先，文字的作者想通过这些文字表达什么？选编教材的编者又想通过这个文本让学生学到什么？这些都需要全方位多角度学习揣摩，既要有全局观，又要兼顾文本的文意。而且现在的课程标准和语文课堂又要求教师不能生搬硬套，还要融入自己的教学风格和智慧，让学生提升语文素养，训练语文能力，打造生机勃勃的语文味课堂。这让文本解读变得更加重要和困难。

什么是文本呢，文本定义广泛，一句话、一件事、一个人等被用话语记录下来，都可称为文本。这个定义里，文本主要指文字，但是在教材里，还有很多可以解读的内容，比如孩子们喜欢的插图、课后习题、对话框等。

教学文本解读是教学三大要素，即学生、教材和教师相互作用的过程。从学习科学看，教学文本解读是特殊的学习过程；从思维科学看，教学文本解读是复杂的思维过程；从认知心理学看，教学文本解读是认知结构的重构过程；从现代教学论看，教学文本解读是以学定教的导学过程。本篇从学生、教材、教师三大要素解析"文本解读"。

一、以生为本，多元解读

小学低段的学生，他们的思维认知能力正处于具体形象思维到抽象思维的过渡时期。他们活泼好动，思维活跃，学习兴趣浓厚，对新鲜事物充满好奇。但他们自我控制力弱，注意力集中时间短，针对低段小学生身心发展规律和学习特点，要制定多元化的文本解读方式，让孩子们在课堂上活起来，动起来，充分调动学生学习的兴趣和积极性，把"要我学"变成"我要学"。

（一）读出趣味

统编教材的每个单元都有具体的"语文要素"，并且这些要素是以螺旋上升的形式逐步提出的。比如，一年级上册《秋天》一课，朗读的基本要求是读好"一"的变调；在《雨点儿》一课中，则要求学生朗读课文，注意读好停顿；在二年级下册《千人糕》一课中，首次提出了"默读课文"的要求。因此，在对学生的朗读指导中，教师要立足文本的朗读目标，兼顾以往的学习内容要求，引导学生逐步把语文知识学习到位，扎实训练学生的朗读能力。只有这样循序渐进，关注朗读内容要求之间的内在逻辑关系，才能真正帮助学生建立起完整的内在知识结构体系，逐步提高学生的朗读水平。

小学低段课文短，故事情节简单，如果让低段小学生按部就班一字一句读课文，落实要求，确实有难度。而且单一的反复读会让他们对语文学习失去兴趣，留下学语文就是枯燥地读课文这样的印象偏差。也会出现课文都会背了，但仍然不能理解文本的意思，更谈不上感受语言文字之美了，甚至出现很多一年级小朋友会背课文却不认识生字的现象。所以，老师要使用带读、范读、对读、问答读、接龙读、赛读等高效有趣的方法，指导学生多样化朗读，提高学生朗读水平。

（二）问得巧妙

低年级学生的身心发展规律和认知特点，决定了他们的学习往往是被动的，就像油灯一样不点不亮。有效的提问，是引导学生学习探究的指向灯，是师生互动的重要途径，不仅有利于学生集中注意力，启发学生思维，还能引导学生参与课堂，探究学习内容。

把握好提问时机。可以导入时提问，可以检查预习时提问，可以在引导学生深入理解时提问，还可以在解决重难点时提问。

紧扣文本，设问巧妙，富有趣味。教师提问的质量直接关乎课堂的学习氛围和学生的学习兴趣。老师的提问会把注意力涣散的学生拉回课堂，也会让学生觉得问题太简单而失去思考和学习的兴趣。提问技巧需要积累，因为越是没有预设的，课堂随机生成的，对学生越有吸引力。

分层提问，实现个性化教学。设置不同难度的提问是实现大班制分层教学的好方法，给需要照顾的孩子准备几个简单的问题，让他们也有成就感。开放型题目，可以让爱想象的孩子天马行空的想象力得到释放。

鼓励学生提问。能解决问题是学会了，能提出问题才是会学了。小学低段学生，有时会在课堂上提出一些跟课堂无关的问题。这时老师的引导和评价就很重要，怎么样才能四两拨千斤，既不破坏课堂，又能保护孩子爱提问的兴趣呢？比如科普性强，能在课外书里找到答案的问题，可以这样引导："怎样才能找到你这个问题的答案呢？多读书，找到了记得告诉老师。"而没有固定标准答案的问题，老师可以这样回答："你这个问题老师也不知道怎么回答呢，小朋友们谁想到了，记得下课后告诉我哦。"

（三）说得清楚

学习语文离不开表达，语言表达是低段小学生主要的形式，而且他们非常乐于表达。但是由于这个年龄段儿童受直观和表象思维的限制，他们的语言表达往往是片面的、零散的、缺少逻辑的。怎样让孩子学会表达，把话说好呢？统编教材的口语交际是最好的抓手，只有正确解读，才能训练好孩子会说话，说好话。

口语交际，重在交际，是为了谋求某种理解和沟通，是为了达到与人交往的需要。《语文课程标准》总目标中指出，口语交际"教学活动主要应在具体的交际情景中进行"，"让学生承担有实际意义的交际任务"，所以，教师创设情境并参与其中可以更好地达成目标并让口语交际课堂更有趣。低年级小朋友最容易出现的问题是想说又说不清楚，那么老师就要教方法 —— 说的方法和听的方法。

以一年级下册第七单元口语交际《一起做游戏》为例，以思维导图的形式（见图1.19）指导小朋友进行交流，教师和学生都比较容易理解。

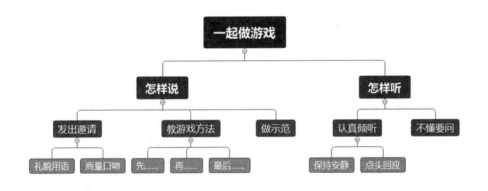

图 1.19

口语交际除了承担了交际的任务，还是口语表达和书面表达的过渡和连接。一年级上册最后一个单元口语交际《小兔运南瓜》就巧妙地训练了学生看图说话的能力，二年级上册第六单元的口语交际是看图讲故事，这样的训练为以后的写作打下了良好的基础。

（四）写得扎实

识字写字是低年段语文课堂的主要任务，如果说识字还能有更多有趣好玩的活动和游戏来激发学生兴趣，写字就显得有些枯燥了。教师可以尝试这样做，写字准备时背一背写字姿势歌，可以帮助学生安静下来，进入写字状态。写字前先观察，总结字形特点等。

表扬和鼓励是最有效的激励方法。主要表扬对象是不爱写字的、写字能力弱的学生。"你这个横写得真直"；"你这个撇写出了笔锋，再长一点就更好看了"；"我看到小张同学在写字，太棒了"；"你都写了一行了，有进步"，等等，比催促有效。

语文课堂最重要的听说读写都落实了，那离课堂目标达成也不远了。但是再好的方法，天天如此，对于精力旺盛、好奇心爆棚的低年段小学生来说，也是远远不够的。所以，想要激活我们的语文课堂，我们还要继续深入解读文本，挖掘故事，继续给我们的语文课堂加料，让我们的课堂经常有惊喜。

（五）演得出彩

苏霍姆林斯基说过："在人的内心深处，都有一种根深蒂固的需要，这就是希望感到自己是一个发现者、研究者和探索者，而在儿童的精神世界中，这种需要尤为强烈。"表演是一种让儿童成为发现者、研究者和探索者的常见形式，这也正好道出了儿童喜欢表演的原因。

表演是低年级常用的学习活动，学生非常感兴趣，但难以控场，而且很多时候只有少数学生参与。其实不然，表演除了常用的少数学生热热闹闹参与的形式，也可以安安静静，全班参与。比如，一年级下册《树和喜鹊》这一课，可以这样设计表演环节。

"从前，这里只有一棵树，树上只有一个鸟窝，鸟窝里只有一只喜鹊。"选两个小演员表演。

"后来，这里种了好多好多树，每棵树上都有鸟窝，每个鸟窝里都有喜鹊。"同桌一个演树，一个演喜鹊。全班都参与进来，边读边演，然后角色互换再来一遍。

这样前面一棵树和一只喜鹊的孤单，后来很多树和很多喜鹊的热闹、快乐，形成鲜明的对比，教师就不用再多讲。

（六）用好插图

解读文本，不能忽略课文的插图。统编教材图文并茂，精美别致的插图满足了低段学生乐于读图的阅读喜好。怎样用好这些插图呢？

首先，插图可以帮助学生认识事物，读懂故事。

其次，插图可以帮助突破重难点。二年级语文上册《纸船和风筝》一课有个难点就是"飘"和"漂"的区分。让学生看插图，说一说纸船是怎么到了小熊的家门口的，风筝又是怎样到了松鼠的家门口的。学生很容易就能记住纸船在水里漂，是三点水的"漂"，风筝是在风中飘，所以是带"风"字的"飘"。

插图还可以帮助学生观察细节，理解难懂词语。在二年级语文上册《狐假虎威》一课中，有许多四字词语，非常生动形象地描绘出了狐狸的狡猾，神气活现，摇头摆尾，大摇大摆。教师可以引导学生看插图理解词语意思，从插图可以看到：小狐狸的尾巴翘得高高的，头抬得高高的，胸脯挺得高高的，连眼珠都是朝上看的。学生一看就明白了，哦，原来神气活现就是这样的呀，接着进行模仿朗读，体会小狐狸的狡猾，点子多，对学生来说就容易多了。

插图的作用还有很多，如：观图诵文、看图复述故事、看图仿说仿写；给故事配插图等。

从学生出发，针对低年段学生特点，多元解读文本，相信语文课堂一定是充满活力和生命的课堂。"一千个读者就有一千个哈姆雷特"，那是否文本解读就可以放任自流，无章可循，无法可依，只关注学生的兴趣，把课堂搞活就够了呢？答案显而易见，并非如此。文本解读是一种特殊的阅读过程，它既要遵循阅读活动的一般原则和规律，更要遵循语文教学设计的特定原则和规律。文本解读是教师、学生和教材相互作用的过程，当我们充分考虑并挖掘了学生可以解读的生长点，还要考虑到教材本身。

二、紧扣教材，目标明确

（一）研读课程标准

《语文课程标准》循序渐进地具体提出了每一个年级段的课程目标和实施建议，所以教师在解读文本、确定教学目标时，先要考虑到本年段课标的具体目标。

教师教学用书详细说明了教科书编写思路，教科书主要内容，本册教学目标，使用教科书要注意的问题。这些都是解读文本的依据，给制定教学目标指明方向。教师教学用书是教师教学的参考用书，编写本书的目的就是帮助教师把握教科书特点，领会编写意图，明确教学要求，并提出教学设计和实施的建议。

（二）立足单元主题

教科书围绕"人文主题"和"语文要素"双线组织单元。除了加强不同年段、不同册次之间的纵向联系，体现由易到难、由浅入深的发展梯度，教科书还着力加强单元内部的横向练习，使各板块内容形成合力，共同促进学生发展。单元各部分内部环环相扣，相互配合，使每个单元形成一个系统。

（三）紧扣课后习题

课后习题是教材文本的重要组成部分，是教材编者针对篇章节特点设置的知识要点、能力训练点和教学的重难点，是学生学习过程中落实基础、提升能力的前沿阵地，也是教师备课时的指南针，亦是课文学习向课外延伸的思维基点。关注课后习题，可以帮助正确解读文本，使语文教学目标明确、设计精炼、训练到位、扎实高效。

一是课后习题指明教学目标。例如，二年级下册课文《雷雨》的课后习题有：1. 我会认：压、蝉、垂、户、扑。2. 我会写：雷、黑、垂、新、扑、乌、压、户、迎。3. 朗读课文，一边读一边想象雷雨前、雷雨中和雷雨后景色的变化。背诵课文。4. 读句子，注意加点的词，再把句子抄写下来。

5. 读一读，说说你见过什么样的雨，当时是怎样的情景。

紧扣这些习题，教师就可以制定出教学目标，教学目标与课后习题一一对应，紧密结合文本特点，又简练明晰，易于操作，凸显了文本的核心价值。

课后习题还可以用作课前预习的依据，课堂导入的话题。借助课后习题可以把握文章内容，落实语言训练，丰富语言积累。

课后习题作为文本的一个重要组成部分，它的价值和地位是不可忽视的，有效地开发利用好这一宝贵资源，可以让文本解读更加目标明确，简单易行。

三、立足自身，提升专业

（一）教师先做读者

说到底，解读文本是教师对教材的理解和把握，所以，正确恰当地解读文本对教师也提出了要求。教师首先是读者，其次是语文教师。是读者，就要阅读和欣赏，要尽量领会作者的原意。阅读一要抓语言，这是核心；二要抓理解；三要关注思维模式。

于永正老师在《我怎样教语文》中写道：在备课时，把"朗读课文"作为重要的环节，会正确、流利、有感情地朗读四五遍课文，读到"其言皆出其口""其意皆出其心"为止，用心揣摩课文的意境、思想感情，力求把课文读"活"。

（二）提升文化底蕴

读好文本才迈出第一步，接着还要看教师自身的知识结构和文化背景。对一篇文本的阅读，要解读得比较正确，接近作者的原意，把文本的意义读出来，确实需要有文化底蕴。

比如《林黛玉进贾府》，刚开始教的时候，我们看不出其中奥妙。比如王熙凤看到林黛玉来了，在老太太面前讲，天底下竟有这样标致的人儿，更何况这通身的气派，不像老祖宗的外孙女，而像孙女。看表面只知道这个人巧言令色，奉承林黛玉，也拍老祖宗的马屁。这是浅阅读，如果深入理解，就不仅仅是这样了。她在老祖宗面前赞美林黛玉这通身的气派，就是老祖宗的血脉。你这通身的气派，是高贵得不得了啊。最妙的是又似孙女儿，又不似孙女儿。她为什么要用这样的语言呢？因为她不能得罪诸姐妹，旁边还有迎春、探春、惜春那么多春呢。王熙凤不愧是荣国府的当家人，她对府里上上下下、左左右右的关系熟透了，既捧了林黛玉，又不得罪众姐妹。要解读这些，就必须有文化底蕴。

（三）教师要参与实践

文本解读还要求老师参与实践。学生要"读万卷书、行千里路"，教师也要去做，去实践。

教学从来都是创造，在课堂上拿着文本，面对学生，用自己的智慧、知识、文化底蕴和人生体验来创造。教师既要仰望星空，又要脚踏实地，给每堂课以生命的启迪、语言文字的营养和思维的碰撞。让语文课成为彰显生命张力的生机勃勃的成长空间。

四、学生、文本与教师之间的互通互融

文本是师生教学的基础，文本解读需要教师引导学生把握文本内容、明确文本思路、关注文本语言、体验感悟文本思想。

学生是学习的主体，教师解读文本应从学生视角出发，遵循学生身心发展规律和认知水平，尊重学生对文本的内在感受，对学生加以积极引导，让学生对文本不只停留在浅尝辄止的层面，而是深入文本内涵，提升思想认识。

教师在引导学生解读文本时，要鼓励学生发散思维，创新求异，引导学生与文本进行深层次对话。教师的教是为了不教，教师的教只是文本解读的一部分，教学的最终极目标是让学生学会解读文本。

特级教师薛根发说："教师解读文本有多深，他的学生就能在课堂上走多远。"教师解读文本要摆脱功利心，欣赏文本，潜心研究，走进文本，既能正确把握文本思想，有自己的独到见解，又能充分考虑儿童学习的特点，帮助儿童阅读文本，理解文本，实现学生的多元解读。

总之，教师要依托文本，深入剖析，构建学生学习的载体，通过研读文本，提升学生学习质效。

评价改革的裂缝，是阳光照进来的地方

——"湾豆收获季"评价改革中的几点问题与思考建议

廖佳颖

【摘要】为促进学生全面发展，促进教育评价公平，荔湾小学立足本土，在深圳南山脚下进行评价改革试验，改进评价方式和方法，注重过程性评价，在注重对基础知识和基本技能考查的同时，特别重视对具体情景中综合运用知识分析和解决问题能力以及实践能力的考查。此举已经过三年实践，取得了一些研究成果，也同样还面临着一些有待改善的方面。

【关键词】多元评价　　教育评价　　评价改革　　全面发展

广义的教育评价是指"对于教育领域中各种相关的人、事、物、制度、观念等的教育价值的评判"。[1] 狭义的教育评价是指依据一定的教育目标和评价标准，对教育活动满足社会和个体需要的程度做出的系统分析和价值判断。[2] 通常笔者们评价的对象包括教师、学生和学校，本篇中的教育评价主要探讨对学生在校内参与教育过程取得的教育效果的评价。

---

[1] 顾明远.中国教育大百科全书 [M].上海：上海教育出版社，2012年，第841页.

[2] 陈效民.简明基础教育评价常用词语汇释 [M].北京：高等教育出版社，2012年，第8页.

一、问题提出

2018 年 9 月 10 日，在全国教育大会上，习近平总书记指出："要坚决克服唯分数、唯升学、唯文凭、唯论文、唯帽子的顽瘴痼疾，从根本上解决教育评价指挥棒问题。"[1] 教育评价是教育工作中极其关键的环节，它既是教育教学效果的呈现，也是教育公平的体现。"五唯"的提出，点明了我国教育评价中存在的问题，而关于学生评价的"唯分数"论一直是我国教育评价中的焦点问题。2010 年颁布的《国家中长期教育改革和发展规划纲要（2010－2020 年）》明确提出，把促进公平作为国家基本教育政策，把提高质量作为教育改革发展的核心任务。[2]

加德纳的多元智能理论早就提出，一个人的能力并非只有传统意义上的智力才能体现，他的语言智能、人际交往智能、空间智能等等，都是综合能力的体现。"湾豆收获季"不仅给了湾豆儿们一个展示的平台，更是在多维度发掘学生们的潜能。

学校是教育教学的主阵地，担负起教书育人的重任，在学校里从哪些方面评价学生？用什么手段评价学生？"教育就是成就"在荔湾小学从来都不是一句空谈。教育评价改革研究从荔湾成立的第一年起就开始落地实施，可以说研究团队从一开始就跃跃欲试、准备充分。"全面发展""素质教育"的口号在社会上喊了很多年，而荔湾小学研究团队敢为人先，真正踏出这一步并在全力实践这一理念。这不只是为本校学生们潜心设计，更是在为更多中国的学生谋福祉。

现行教育改革中非常重要都一个回归就是"推进教育回归学生德智体美劳全面发展的初心"，如何打破传统教育评价一成不变的模式？如何促进教育评价公平？实践中的教育评价改革会出现什么问题？本篇将根据三

---

[1] 习近平.论坚持全面深化改革 [M].北京：中央文献出版社，2018 年，第 472 页.
[2] 涂端午.教育评价改革的政策推进、问题与建议——政策文本与实践的"对话"[J].《复旦教育论坛》，第 18 卷第 2 期，2020 年.

年来荔湾小学所实践的课题"湾豆收获季"——荔湾小学学生期末学业水平多元评价在实践研究中遇到的问题，结合分析荔湾小学实际情况，提出切实可行的改进办法，力求在现有基础上进一步完善该研究方案。

二、勇者敢为人先，进步生于缝隙

（一）"听"为语言理解之先

总体上来看，"湾豆收获季"的各项评价项目基本能够满足设计初所提出的发展性原则、多元化原则、全面性原则以及尊重性原则。以笔者比较熟悉的一年级语文期末评价项目为例，基本涵盖了语文说、读、写各个方面。唯一遗憾的是低年级语文测评中对于"听"的部分涉及较少。虽然中文是我们的母语，从小听到大，理解似乎不成问题。但是对于听力的理解能力更多时候要求的是促进交流和合作，为未来融入社会打基础，这也是在低年级就需要培养和重视的方面。

《语文课程标准》中，一至二年级"口语交际"部分提到"能认真听别人讲话，努力了解讲话的主要内容，""有表达的自信心。积极参加讨论，敢于发表自己的意见"。结合课标要求，笔者认为可以把某些项目设置成"合作"表现形式，让学生自己私下讨论、分工。如"小小朗读家"项目，可以让学生通过现场自由组合或者教师分组的方式，进行配合朗读，学生们在现场利用有限的时间进行讨论和分工，并练习，然后完成展示。这样既丰富了表现形式，同时也能在一定程度上涵盖"口语交际"的课标要求。学生们既能从中锻炼朗读技巧，也能提高口语交际能力。

（二）非物质奖励显特色

每学期末"湾豆收获季"既是学生们检阅成绩的时候，也是兑换心仪礼品的时候，结合平时的形成性评价奖励，学生们攒了一堆豆子（评价过程中以奖励"豆章"的形式代替打分）准备来兑换。物质奖励对于学生们来说是一种吸引，但非物质奖励有时候更是一种情感的拉近和教育的契机。现在有些班级除了可以兑换文具或者玩具等实物，已经在实行"梦想照进现实"兑换活动，即可以满足学生们一些愿望。比如许多班主任采用的奖励内容有"跟教师一起逛校园""自己挑选一周同桌""免一次班级值日"……

在兑换此奖时学生们兴趣颇高，但奖项内容每次也是教师设定。随着学生们年龄增长，建议可以尝试让学生们来设置可以在班级实现的愿望，经由教师审核通过后，可以作为兑换奖励之一，每个人都不一样。在许愿时引导学生从关心、服务学校生活、班级生活、社会生活的角度出发，如自己来上一节课体验当小教师、成为学校某个设施的管理员等等，鼓励学生许愿时并非满足一己私欲。当然要注意不能矫枉过正，为了"奉献"而奉献。

（三）错峰测评减压力

古语云："凡事预则立，不预则废。"每学期初，荔湾小学研究团队就会将本学期每个年级"湾豆收获季"的项目全部定下。根据 2019 年的调查问卷显示，部分学生和家长感到期末的测评项目给备考带来一定压力。笔者认为可以根据实际情况，某些项目从学期中就开始进行，把测评项目逐步"消化"，"错峰"测试，这样到期末的时候，就能缓解一部分的测评压力。

同样拿语文的测评项目举例，如"小小朗读家"和"绘画会说"项目，在平时是可以与课程同步进行的。根据教学进度的松紧，教师灵活安排收集作品的时间。朗读测评项目可以抽课前 5 分钟完成单个人的展示，同时对于观看的学生来说也有欣赏、示范作用。

（四）学科融合大趋势

分科教学原本是为了让学生能够在某一门学科内掌握更专业的知识，但也很容易造成知识"分割"，未来进入社会绝不会单看某一单科能力，而是综合能力的较量。"跨学科"教学应涵盖多个领域和多种认知方式。就测评方式而言，语文高年级中有表演形式的测评，可以考虑结合音乐科组的测评一起进行，共同选定合适的曲目，使这场表演既能展现语言表现力，也能展现音乐素养，可以用现场评核，也可以用视频录制方式。

不过"学科融合"测评方式也对平时教学提出要求。笔者认为想要在现有条件下做到学科融合并不容易，难点在于教师既要研究自己本学科教材，还要通读其他科目教材，才能找到可供结合的点，让每一学科的教学不孤立，真正实现不同领域知识之间的流通，让学生产生知识融合的经验概念。

三、结语

总的来说，"湾豆收获季"已经在荔湾小学实践了五个学期，其中获得了大量宝贵的实践经验和外界认可。随着中国特色社会主义新时代的到来，教育评价体系也在不断发展和完善。"畏惧错误就是毁灭进步"（怀特·黑德）。在荔湾小学，让每一个孩子得到关注，让每一个孩子学有所得，让每一个孩子沐浴在评价公平的阳光之下，是我们教育者的初心。相信"湾豆收获季"评价方案在面对改革实践过程中遇到的困难和问题，不断探索不断改进，终将走出一条光明大道。

多元评价，叩开幸福教育之门

徐千慧

【摘要】若仅仅以"考试成绩"作为学生评价的唯一标准，会对学生发展产生极大的消极影响，最显著的表现是学生身心得不到健康发展，无法体会幸福人生。"湾豆收获季"多元评价从多方面、多维度评价学生，有助于学生的全面发展，能满足学生的情感需求，更有利于和谐师生关系的构建，让学生在评价中获得满足与快乐，也叩开了幸福教育的一扇门。

【关键词】多元评价　　全面发展　　情感需求　　师生关系

中国是世界上最早建立考试制度的国家，由科举制演变而来的终结性评价在我国教育历史的发展中发挥了巨大的作用，和西方的标准化测验类似，中国的考试重在考查学生储备和再现知识的能力，通常在某一阶段的学习结束后，以纸笔测验的方式对学习效果进行检验。

但是标准化测验在推行过程中，其弊端也逐渐显现出来：分数无法作为衡量学生能力的唯一标准；测试往往是考察对事实性知识的死记硬背，禁锢了学生的创造性思维；大规模推广标准化测验既引发了学校间的激烈竞争，也加剧了教师间的恶性竞争……诸多缺陷使得人们开始思考，如果不采用标准化测验，评价应该走向何方？

1930年前后,西方国家提出了"学生评价（studentassessment）"的概念。在随后的几十年间，学生评价理论不断深化，学生评价实践不断拓宽。

20世纪80年代末至90年代初，建构主义学习理论逐渐扩大影响，倡导学习要与现实情境相关联，教学的目标要围绕学生在生活中遭遇的问题。

建构主义学习理论的提出也进一步推动着学生评价领域的改革，同时，美国著名心理学家和教育学家加德纳（H. Gardner）博士于 1983 年在其《智能的结构》一书中首先系统地提出多元智能理论。加德纳指出，智能是多元的，每个人身上至少存在七项智能，即语言智能、数理逻辑智能、音乐智能、空间智能、身体运动智能、人际交往智能、自我认识智能。

在此背景下，多元评价作为一种新的评价方法展现在人们视野。落实到一线教学中，多元评价要求学校、教师在学生期末学业水平考核中从多维度、多方面评定学生的表现。

学生期末学业水平多元评价在荔湾小学被称为"湾豆收获季"，学生人手一本集豆册，在整个学期内从学习过程、成长记录、项目测评等多个方面收集湾豆章。这是一种全面、综合、多元化的学业水平考核方式，每一个学生可以参加几十个评价项目，而不是简单的"一卷定成绩"。

一、从学生的全面发展看"湾豆收获季"

任何教育活动都是综合的，承载着培养学生德智体美劳的职能，而不只是针对某一方面，而学科教学又具多维性、专业性。因此"湾豆收获季"依据义务教育课程标准相关内容设计评价项目，覆盖面广、形式丰富多样，每个学科、不同年级都有所区别，这正是基于学生的全面发展而考虑的。例如五年级的表现性评价体系，共 24 个项目（其中语文 4 项、数学 4 项、英语 5 项、科学 2 项，体育 3 项、美术 2 项、音乐 2 项、信息技术 2 项），既全面兼顾，又各有针对性。评价要求明确、可操作性强，根据其独特的任务和价值，每一个评价项目都设置了具体的项目要求，完成要求即可得到相应数量的湾豆章。这样评价不仅提高了学生的学习兴趣，而且增强了学生的自信心，能全面考核学生听、说、读、写、画、做等能力，也进一步促进学生认识自我。

"湾豆收获季"多元评价是一个从播种到收获的过程。它不仅仅只凭最后的一纸试卷、单个维度来评价学生，而是从多方面对学生的全面发展进行综合性评价。例如五年级语文评价项目"畅游诗海情悠悠"，要求学生自制一本现代诗集。从摘抄到原创，再到整体设计，能全面地考核学生对现代诗歌的鉴赏能力、运用语言文字表达情感的能力和动手制作能力。在这个知识爆炸的时代，信息量剧增导致教育不可能将全部知识教给学生，因此，教育必须从教学生"学会"转向教他们"会学"，从传授知识转向发展智力、培养能力。"湾豆收获季"这一多元评价方法的当代内涵是有目的、有计划地向学生传递系统的科学文化知识和探索问题的方法，打牢学生科学文化基础，发展多维智力，培养学习思维，激发创新意识。

每到期末，学生的集豆册上总能积攒很多个湾豆章，涉及所有学科，每一个章都是对他们的肯定，每一个章都鼓励着他们继续进步。获得满满收获的学生，总是满载欢声笑语，步履轻盈地回家，这种幸福感正是"湾豆收获季"想给予每一个学生的。全面发展的学生是幸福的，是快乐的。

二、从学生的情感需求看"湾豆收获季"

幸福教育，顾名思义是指向幸福的教育。早在两千多年前，古希腊哲学家亚里士多德（Aristotle）就对幸福与教育的关系进行了讨论，认为人的学习行为都以幸福为目的。美国斯坦福大学荣誉退休教授内尔·诺丁斯（NelNoddings）也通过探讨幸福与苦难、需求之间的关系，明确提出了"幸福是教育的目的"这一观点。

过去几十年，在成功学、功利主义、攀比心理等因素的影响下，我国学生评价也曾出现过度关注成功、无视过程、扭曲对比的异化现象，以致被评价者——学生在被评价过程中感受更多的是忽略和冷漠，难以获得幸福感和满足感。功利主义影响下的评价只重视结果的呈现，而不在意学生学习过程和教师教学过程中的价值。学生的学习过程都是咬紧牙关、负重前行，只有少数成功的学生在达成了特定目标时能感受到快乐。但是，这种快乐只是短暂的快感，不是真正意义上的情感满足，因为很快这些学生又会被下一个目标所束缚，进入下一轮的苦战。如果学生情感长期得不到满足，便会对学习产生逆反心理，从而表现出对学习的不积极、不主动。

基于以上考虑，"湾豆收获季"更多地从学生的情感需求出发，旨在让学生在多元评价中获得成就感、满足感与幸福感。"湾豆收获季"评价体系设立了不仅分学科设计了不同的评价项目，更将美术、音乐、信息技术等学科与语文、数学、英语、科学学科融合，一方面满足学生兴趣爱好的建立，另一方面融合多学科内容达到知识的汇通，综合考核学生能力。

德国古典美学家席勒（Schiller）在《美育书简》中指出："有促进健康的教育，有促进认识的教育，有促进道德的教育，还有促进鉴赏力和美的教育。这最后一种教育的目的在于，培养我们感性和精神力量的整体达到尽可能的和谐。"这就强调了学生在课堂之外发展的重要性。"湾豆收获季"为学生提供了自由的成长空间和内涵丰富且多样性的学习资源，开展了各类校园文化活动，陶冶了学生情操，让学生极大地展现自己多方面的才华。学生们在这样的评价中体验着成功的喜悦，并在反思中不断成长，从而获得满足感与幸福感。成就幸福的学生，也是荔湾小学办学的初心，"湾豆收获季"多元评价方法将这一初心落到实处，更好地帮助学生体验幸福。

三、从师生关系的构建看"湾豆收获季"

在传统的教育观中，教师身居主导地位，学生的知识获取高度依赖于教师。教师在课堂上主要是对教学内容进行讲解与分析，学生的主要任务就是接受与练习，师生之间的不平等、非民主关系在传统教育中占据着主流。在这个时期，可以把学生比作一张白纸，而教师就是绘画者，一幅画的美丑取决于教师，进而使学生成了被塑造者，处于被动位置。显然，这样的教育观不利于教育事业的长远发展。

"湾豆收获季"多元评价改变了教师的单向评价，转向教师评价、家校共评、生生互评的结合，这也要求了教师在教学中就要以激发学生的学习兴趣为基本点，以提高学生自主学习能力为核心，以培养学生的创新意识与能力为重点。在这样的多元评价中，教师的角色也转变为引导者、创新者、交流者等。教师不再以单一的试卷成绩评价学生，而是更多地在学生的日常学习中去观察，这就使得教师不仅作为教师，更是作为朋友陪伴学生长大，这对和谐师生关系的构建有着举足轻重的作用。同时，在亦师亦友关系下教师的引导中，学生能获得快乐，变被动学习为主动学习。

和谐的师生关系，使得学生和教师成为朋友，在相互陪伴中共同成长。面对期末，学生不再恐惧，教师不再焦虑，而是师生携手，共同在各类评价项目中感受幸福，获得成功的喜悦。有些项目中，还设计了复活机制，即使第一次没有过关的学生，也可以在教师的帮助下重新复活，在这样的过程中，学生怎能不幸福、不快乐呢？看到每一个学生的成长与绽放，教师更为欣慰，同样体验到成就感、幸福感。因此。"湾豆收获季"在促进和谐的师生关系构建方面，也给每一个参与者带来了幸福的体验。

多元评价是近些年教育关注的一个焦点，也是一项重要的评价改革举措。同时，多元评价也不是全面的、平均的评价，而是有针对性的、把"学生的全面发展"纳入其中的评价方法。多元评价既有相对统一的标准和要求，也能凸显学生在优势领域的特长，彰显学生的个性发展。从荔湾小学近三年的评价实践中，从学生和家长的日常反馈不难看出，在这样的多元评价中，每个学生都能获得自己的成就感。可以认为，"湾豆收获季"让学生在评价中获得满足与快乐，也叩开了幸福教育的一扇门。

参考文献：

[1] 崔允漷，王少非，夏雪梅.基于标准的学生学业成就评价 [M].上海：华东师范大学出版社，2008.

[2] 金娣，王钢.教育评价与测量 [M].北京：教育科学出版社，2007.

[3] 教育部基础教育司.新课程与学生评价改革 [M].北京：高等教育出版社，2004.

畅游诗海尽展诗情

—— 浅谈荔湾小学期末测评之诗歌测评

付晚秀

【摘要】古诗是我国珍贵的文学宝藏，作为中华民族传统文化的精髓，是小学语文教学的重要组成部分，在小学语文学习中具有不可替代的位置。随着时代的发展，小学语文古诗学习的评价应当引导学生在掌握古诗内容的同时，精准领会诗中的诗情美意及诗人的内在情感，让学生从优美典雅的千古名句中汲取精华，引导学生树立积极健康的人生观、价值观和世界观。

【关键词】小学语文　　古诗品读　　古诗评价　　语文素养

一、经典熏陶，从诗歌始

古诗是我国传统文化的精粹，经过千百年的沉淀流传下来的，具有如下的特点：语言优美精炼、想象丰富新奇、韵律朗朗上口、情感动人心魄、哲理深刻入微。《语文课程标准》在第一学段明确提出，要求学生诵读儿歌童谣和浅显的古诗，同时展开想象，获得初步的体验，感受语言的优美。低年级学生学习古诗，对于认识中华文化的丰厚博大，吸收民族文化智慧，提高文化品位和审美情趣，培养热爱祖国语言文字的情感，熏陶高尚情操与趣味，发展个性，丰富学生的精神世界有着举足轻重的意义。根据低年级的学习特点，我们荔湾小学设置了《经典诵读》系列校本课程。《经典诵读》是北京师范大学出版社出版的系列经典教材，分为古诗词、成语、《道德经》《论语》等几个模块，一年级从朗朗上口的古诗开始学习，上下两册共分为 32 个教学周，每周为四首诗歌，都属于同一主题，一共收入了经典诗歌 128 首。学生们能够从一年级开始，大量地吸吮传统经典的营养，获得经典的熏陶。

二、多重评价，灵活应变

根据校本课程的古诗学习，我们荔湾小学设计了多种多样的评价方案。

古人道："读史书使人明智，读诗书使人灵秀。"学习古诗词不仅能使人灵秀，提高人的文化气质，更重要的是使人脱离庸俗和低级趣味，在生活中更加文明和高雅。熟读古诗词不仅能提高学生的文学素养，对提高写作能力也是大有帮助的。"熟读唐诗三百首，不会作诗也会吟"，可见学生学习古诗需要背诵，因为诗词中的美感，总有一天随着学生知识文化的提高，生活经验的增加，自然而然明白。既然背诵古诗这么必要，我们荔湾小学期末测评改革针对古诗校本课程设计的最基础的要求就是背诵。为了保证背诵的效果，我们在形成性评价中设置了每日打卡的环节，利用每日打卡上传背诵视频。在终结性评价中，设置了每一个学期期末要求背诵本学期所学的 64 首古诗，具体细节见表 1.4。

表 1.4　记忆宝盒大揭秘

要求	1. 按照《经典诵读》全部内容正确背诵。 2. 同桌互查，进行评价。 3. 每背会五首得一颗豆。				
篇目	是否背诵	篇目	是否背诵	篇目	是否背诵
月夜忆舍弟		九月九日忆山东兄弟		清明	
元日		滁州西涧		春日	
钱塘湖春行		游园不值		江南春	
春行即兴		晚春		丰乐亭游春	

如果说背诵古诗是建设古诗殿堂的根基，那么将古诗内化做成视频就是古诗殿堂华丽的装饰。在第二学年结束以后，为了温故知新，我们设计了一项测评项目，让学生将古诗做成视频，配上优美的音乐和精美的图片，同时进行生动的讲解。这不仅让学生复习了古诗，同时也真正将古诗内化为自己的东西。学习一个知识的最高水平就是能够将这个知识点讲出来，具体的评价方式如表 1.5 所示。

表 1.5　荔湾古诗小讲堂

2019/6/11	荔湾古诗小讲堂	1) 小组 4 人合作，每人一首诗歌介绍。 2) 对古诗的作者、写作背景、诗句意思以及写作手法进行讲解。 3) 展演过程仪态大方，声情并茂，完整地展示诗歌的内涵。 4) 评选古诗小讲堂"最美使者"。	1) 语言准确、具体、有条理（1 颗豆）。 2) 内容充实、有文化深度、具有知识性（1 颗豆）。 3) 小组成员能够分工明确、积极合作（1 颗豆）。 4) 展示过程中展现文明礼仪、仪态大方（1 颗豆）。 5) 展示具有创造性、富有趣味性、思考性与推广性（1 颗豆）。	合作与协调能力、表达与表演能力	视频展示
					教师评价

荔湾小学公众号上的《荔湾星主播》专栏则是对古诗学习的升华。《荔湾星主播》邀请每个孩子参与朗诵《经典诵读》，时代的潮流瞬息万变，但经典文化的精髓从未改变，经典如同李白笔下的诗篇，豪壮优美。荔湾小学一直把"弘扬中华传统文化"作为前行的方向，荔湾星主播就是每一个湾豆展示经典的舞台，在这个平台上，每 4 个小朋友为一组，分工合作，给大家分别有感情地朗诵《经典诵读》上的每一周主题中的一篇，同时加上自己学习的心得体会，发布在荔湾小学公众号上。

三、用心测评，美的熏陶

一首首古诗，就像是洒落在时间长廊里的一粒粒珍珠，当我们完成了期末测评的古诗环节的时候，我们收获了一条美丽的珍珠项链，学生的各方面能力都有了增长。

（一）增强想象力

学生在制作"古诗小讲堂"视频的时候，能够在理解词语的基础上发挥想象，将诗中描绘的场景还原为生动形象的具体映像，学生头脑中再现的古诗画面，就能够让诗句"活"起来。在古诗画面还原的过程中，学生充分调动已有的学习和生活经验，在抑扬顿挫的朗诵过程中，根据自己的具体情况展开联想，运用自己的语言去表述诗中的韵味。低年级小学生的想象力很丰富，大胆想象不仅可以使学生真切地感受到诗中诗情画意的形象美，也可以使他们更好地体会古诗的情境，陶醉于古诗文化的魅力，感受千古名句的艺术价值，畅游在古诗学习的想象空间中。学生们可以根据作者表达的诗意，有感情地对诗句进行无拘无束地、寓诗于乐地解读，站在诗人的角度来领悟诗句的含义，使得古诗与现实生活对接，最终完全解读古诗所传达出来的思想内容，实现跨越时空的两个不同时代的人的灵魂对接和思维碰撞。

（二）领略意境美

叶圣陶先生提出："作者胸有境，入境始与亲。"当诗歌描绘的景物通过视频的制作，一一展现在学生的面前，他们自然而然地就悟到了，原来诗歌就在我们身边，一道风景，一缕春风、一丝阳光、一轮明月都可能成为诗歌的一部分。有了这样的感悟，学生在今后对诗歌鉴赏中的情感分析和景物描写便不再陌生，处理起这种问题来更是得心应手。

（三）体验情感美

很多古诗，诗人或吟咏性情，或怀古伤今，或借物言志，他们善于在千丝万缕的联系中去发现自己所描写的对象，并把这一对象放在广阔的生活潮流与历史背景中去加以描写和歌咏，充满着社会的内涵，回响着时代的声音，揭示着广阔的生活的规律和意蕴，从而将自己的感受和激动，上升为普通的人生体验。例如唐朝诗人张继的《枫桥夜泊》："月落乌啼霜满天，江枫渔火对愁眠。姑苏城外寒山寺，夜半钟声到客船。"这首诗，通过描写旅途中夜泊枫桥时的所见所闻的残月、乌啼、渔火、钟声等景物，抒发了人生劳顿的惆怅。因此，学生在背诵和理解的过程中，与作者的情感发生共鸣，充分地受到情感美的熏陶。

四、取长补短，精益求精

荔湾小学期末测评改革已经进行了三年，回顾古诗测评的环节，有如下一些思考。

（一）鼓励挑战，智慧"复活"

作为国家课程的补充教材校本课程，古诗测评的背诵环节的设置，既设置了最高背诵 64 首古诗获得满分 5 颗豆的上限挑战，也允许背诵得不太理想的学生能够"复活"。"复活"指的是学生可以在规定的测评时间后，再次复习，再次参加测评，以最好的成绩来计算。这样，既鼓励了有能力的同学，多背诵，多获得"荔湾豆"，也给了一些潜力生补救的机会，让他们能够有更多的时间来准备，跳起来摘到自己能摘到的果子，增强他们对于语文学习的自我效能感，从而提高他们学习语文的兴趣。

（二）诗画结合，品味意境

在以后的古诗测评环节中，我们还可以将古诗测评与培育学生的美学能力相结合，利用诗画结合的方式让学生感受美，领悟美。例如，在《渔歌子》这首诗歌里面，可以让学生根据诗意自配图画，让"西塞山""桃花""鳜鱼""箬笠""蓑衣""斜风细雨""渔夫"这些具体形象都跃然纸上，进而跟随诗人的想象，"鳜鱼"映入眼帘，学生仿佛随着作者的步伐欣赏了一幅引人入胜的渔夫图。让学生根据诗意自己或小组合作作画，进而促进学生审美能力、创新能力的不断发展，促进学生语文综合素养的提升。"两个黄鹂鸣翠柳，一行白鹭上青天。窗含西岭千秋雪，门泊东吴万里船。"全诗一句一景，有动有静，有远有近，宛如一幅浑然一体的美丽画卷。其中，对景物色彩的描绘，有鹂"黄"、柳"翠"、鹭"白"、天"青"、雪"白"，还有诗中暗含的江水之蓝、船木之黄等。这些色彩绚丽的景物，远近高低相映成趣，学生可以根据古诗文和自己的想象涂上匹配的色彩。还有很多古诗都可以采用作画的形式展示，可以让学生任选一首进行作画。

（三）尝试诗歌创作，绘制如诗人生

小学语文的教学主要是帮助学生积累知识，引导学生找到适合自己的学习方法。在诗歌的评价活动中，我们还可以鼓励学生进行诗歌的创作训练。创作诗歌可以提高学生的逻辑思维能力，促进学生的个性发展。学生在创作过程中可以充分发挥自己的想象力，去创造属于自己的诗的王国，绘制如诗般的人生。在诗歌创作中联系实际生活，发挥想象力，将眼前所见、心中所想跃然于纸上。一开始写诗，以通顺流畅为主，在后期的写作联想中需要营造诗歌的意境。

古诗具有独特的魅力，其中蕴含丰沛情感和哲理。小学生通过朗诵诗歌、仿写诗歌，可以感受到诗歌的艺术语言，在美好的诗歌熏陶下养成积极向上的生活态度。在诗歌教学与评价中，应带领学生品味诗歌之美，塑造学生的独特个性，陶冶学生的心灵，让学生在诗歌的海洋中尽情遨游，感受诗歌的美好的境界。

低年级段语文学科过程性评价新探索

吴桐

【摘要】当前小学语文教学评价存在过分强调选拔、忽视发展、评价种类单一等问题，而义务教育语文课程标准明确提出语文课程标准应该改变过于重视甄别和选拔的状况，突出评价的发展功能，因此，荔湾小学积极探索小学语文教学评价新模式，将"过程性评价"和"终结性评价"融为一体，在关注学生学习的过程中，采用动态激励的过程性评价，激活学生学习原动力，提高学生学习自信心。

【关键词】小学语文　教学评价新模式　过程性评价　终结性评价

　　长期以来，小学教学评价一直沿用终结性评价，即期末"算总账"，这种评价方法把本身并不科学的评价结果视为教学成功与否的唯一标准，强调的是甄别、选拔的功能，其目的是选择适宜更高阶段学习的人，在淘汰、选拔的过程中，使大多数学生无法体会到学习的乐趣，无法发现自己的潜能。而过程性评价不是对微观意义上的学习过程的评价，也不是只注重过程而不注重结果的评价，它是学习动机、学习过程和效果的三位一体的评价。过程性评价既重视学习成果的价值判断，也注意到学习的过程是反映学习质量水平的重要方面，强调过程的价值，采取过程性与目标性并重的取向。小学语文进行过程性评价方式及其功能的研究，对于促进教学改革、促进学生语文素养的提高、达成学生发展目标有着积极的意义。

一、分项考试，减轻压力

按照课题研究方案，将传统的一张试卷的终结性评价优化为分项考试的过程性评价。

（一）基本想法

按照传统的一张试卷评价学生，不能全面反映学生的语文学习状态，不能满足大多数学生的学习发展需求，不利于调动学生学习积极性；一张试卷，要求学生在有限的时间内完成，增大了学生的心理压力，特别是当学生时间分配不合理，阅读理解与写作的题目可能顾此失彼，不能反映平时学习水平，容易挫伤学生学习积极性；一张试卷，不利于发现在听说读写各方面有天赋的学生，埋没了学生的潜力。

采用多项考试，有效化解了一张卷给学生带来的压力：一天或两天安排一次考试，就像平时练习一样，少有紧张情绪出现；分项考试，每次考试内容相对单一，便于学生集中注意力，发挥最好水平；平时训练的内容就是考试的内容，练考结合，迎合学生学习的价值取向，利于调动学生积极性；分项考试，大部分学生都能够发现自己一项以上长处，或写字，或朗读，或识字，或背诵，便于多层次人才培养，学习兴趣更加广泛。2019—2020 学年第二学期语文学科期末测评项目汇总如图 1.20 所示。

本学科测评项目分为两部分，分别是形成性评价和终结性评价。

形成性评价与终结性评价占比为 10% 和 90%。

形成性评价包括每日课堂、每日作业、成长记录和小组合作。终结性评价包含了表现性测评和期末卷面测评。其中形成性测评占 20%，其中的活动主要呈现现在"湾豆收获季"期末测评活动中展示考核项目，期末测试评价占 70%，主要是以区里统一组织的期末考核为主要内容。

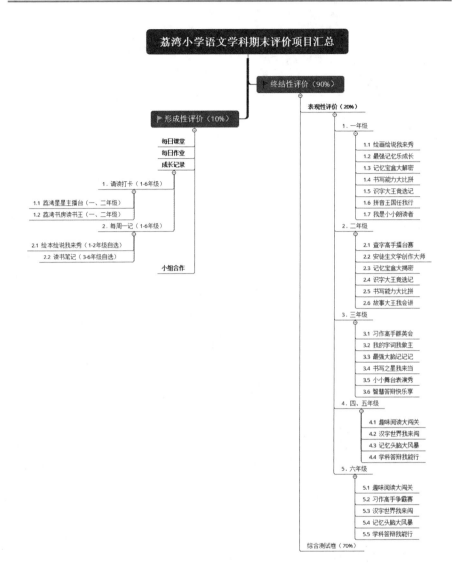

图 1.20 语文学科期末测评项目汇总图

（二）综合评价（湾豆收获季·集豆册）

一个学期结束，要对学生进行综合评价。学生一个学期的成绩并不是期末几项考试的"豆数"，而是结合平时语文学习过程记录，按平时占70％，期末占30％综合得出每一个学生期末的成绩,按豆数填写学生《湾豆收获季·集豆册》。2019—2020 学年第二学期的样表如表 1.5 所示。

表1.5 语文学科期末形成性评价表

	语文	数学	英语	科学	体育	艺术	美术	文明礼仪
每日课堂								
每日练习								
荔湾星星主播台								
荔湾书房读书王								
绘本绘说我来秀								
单元练习								
每日打卡								
体育荣誉兴趣社团								
小组合计								
总计								

二、诊断与激励并重

（一）过程性评价的诊断功能

过程性评价通过分项考试可以更加准确诊断出学生对于语文教学各个环节的掌握程度，针对学生的具体问题具体分析，从而教师可以及时调整自己的教学策略，从而更好实现教学目标，提高教学质量。

（二）过程性评价的激励功能

我们在测评中由单一的教师评价改为学生自我评价、同伴互评、家长评价、老师评价相结合的多种评价方式，在整个评价全过程中，学生受到多方面的关注和鼓励，倍受鼓舞，从而充分调动学生的学习潜力，使学生在语文学习活动中处于一种兴奋状态，从而提高学习的积极性。特别是我们增加了家长的评价，俗话说"知子莫若父"，家长对孩子学习情况的了解不亚于老师，虽说他们的评价可能带有一定的情感因素，但这种情感因素完全可以成为家校配合促进孩子学好语文的积极因素。

三、量化评价，让学生在挑战中体验成功

量化评价是指运用数学、统计学工具，收集、处理评价对象资料，通过量化的分析和计算，进而对评价对象做出价值判断的评价方法。教师可对学生的课堂表现（分为倾听、发言两部分）进行评价，细分到每一节课的学习表现。量化评价的主要目的是给学生一个看得见的标准，客观公正的评价每一位学生，从而调动学生学习的积极性、主动性。

语文课堂量化评价表如表 1.6 所示。

表 1.6 语文课堂评价表

	周一		周二		周三		周四		周五	
第 2 周	倾听	发言	倾听	发言	倾听	发言	倾听	发言	倾听	发言
第 3 周										
第 4 周										
第 5 周										
第 6 周										
第 7 周										
第 8 周										
第 9 周										
第 10 周										
第 11 周										
第 12 周										
第 13 周										
第 14 周										
第 15 周										
第 16 周										
第 17 周										
第 18 周										
第 19 周										

量化评价存在于语文学习的方方面面中，过程性评价当中的"每日打卡""每日作业"也是重要的量化指标之一。这两项分别从打卡及作业方

面给予了量化评价。评价标准是进行教学评价的衡量尺度，是教学评价得以进行的前提与依据。相信每一位学生都能在量化中看到自己在学习中的付出：量化分数高，说明参与学习程度高，并且取得了不错的成绩；量化分数低，说明参与学习程度低，仍需要努力。

综合测评折算表体现了“每日打卡”“每日作业”“每日课堂”，如图1.21所示：

20-21(1)学期 二（ 4 ）班期末测评结果折算表（语文）科

序号	姓名	形成性评价（10%）					终结表现性评价（20%）							试性评价（70		总成绩（100分）	等级
		每日课堂	每日练习	荔湾书房读书王	总豆数	折算成绩（10分）	记忆宝盒大揭密	查字高手群英会	书写能力大比拼	识字大王竞选记	故事大王我会讲	总豆数	折算成绩（20分）	期末卷面考试	折算成绩（70分）		
1	陈梓烨	4	5	5	14	9.3	10	5	5	5	5	30	20.0	99.5	69.7	99.0	A
2	冯俊龙	5	5	5	15	10.0	10	5	5	5	5	30	20.0	96	67.2	97.2	A
3	黄译锋	4	5	5	14	9.3	10	5	4	5	5	29	19.3	96.5	67.6	96.2	A
4	江扬逸	5	5	5	15	10.0	10	5	5	3	5	28	18.7	93.5	65.5	94.1	A
5	姜闻	5	5	5	15	10.0	10	5	5	5	5	30	20.0	99	69.3	99.3	A
6	瞿宇泽	5	5	5	15	10.0	10	5	5	3	5	28	18.7	99.5	69.7	98.3	A
7	李一辰	5	5	5	15	10.0	10	5	5	5	5	30	20.0	91	63.7	93.7	A
8	廖诗琪	4	5	5	14	9.3	5	4	5	5	5	24	16.0	90.5	63.4	88.7	A
9	林禹恒	5	5	5	15	10.0	10	5	5	5	5	30	20.0	100	70.0	100.0	A
10	林炜轩	4	5	5	14	9.3	10	5	5	3	5	28	18.7	95.5	66.9	94.9	A
11	刘铸延	5	5	5	15	10.0	10	5	5	5	5	30	20.0	98	68.6	98.6	A
12	陆泓樾	5	5	5	15	10.0	10	5	5	5	5	30	20.0	95.5	66.9	96.9	A
13	罗寅昊	5	5	5	15	10.0	10	5	4	5	5	29	19.3	98.5	69.0	98.3	A
14	汤凯翔	5	5	5	15	10.0	10	5	5	5	5	30	20.0	99.5	69.7	99.7	A
15	唐宇哲	5	5	5	15	10.0	10	5	5	4	5	29	19.3	97	67.9	97.2	A
16	王昱博	5	5	5	15	10.0	10	5	5	5	5	30	20.0	100	70.0	100.0	A
17	杨迪开	5	5	5	15	10.0	10	5	5	5	5	30	20.0	99.5	69.7	99.7	A

通过3年的实践研究，教师的教育观念、评价理念得到了进一步更新，语文课堂教学策略有了较好的创新，课堂活了，效率高了；学生学习语文的热情高涨了，学习能力也提高了。真可谓：“过程评价促教改，素质教育落实处；琅琅书声浸校园，成就最好的自己。”

漫漫求学路，悠悠校园情。随风飘扬的彩旗、鲜艳的理念墙、温馨的湾豆之家、专属的夹娃娃机、宁静舒适的阅读空间，还有那楼梯转角处的照片墙……漫步在荔湾小学，你会发现，这是一所充满爱的学校。“教育就是成就”是荔湾小学的教育理念，也是校长妈妈对所有湾豆儿最虔诚的希冀。所谓“成就”课程体系，又包含了多层次的意义：成就幸福的孩子，成就有梦的教师、成就智慧的家长，从而成就一所有温度的学校。每个学生的学习能力、学习水平各不相同，我们希望通过评价改革促使学生们都能够发展好自己的特长，每个学生都能通过不同的途径获得自身的成长和进步。

浅谈"湾豆收获季"中语文评价项目的有效性

—— 以语文阅读课堂教学为例

邓昭晖

【摘要】在语文学科的多元评价中，有一项重要的评价类别，那就是阅读。阅读与语文其他环节的学习息息相关。荔湾小学"湾豆收获季"通过形式多样的评价较好地激发学生的各方潜能，其中语文测评项目中的阅读评价关注了学生的阅读能力，有效地从识字、写字、写作、口语交际、综合性学习等领域有目的性地提高学生的语文综合素养。

【关键词】湾豆收获季　　多元评价　　阅读教学

《义务教育语文课程标准》指出："语文课程评价的目的不仅是为了考查学生达到学习目标的程度，更是为了检查和改进学生的语文学习和教师的教学，改善课程设计，完善教学过程，从而有效地促进学生的发展。"2016年教育部颁布《关于深化高校教师考核评价制度改革的指导意见》，指出学校应完善教学质量评价制度，建立多种形式相结合的课堂教学质量综合评价体系。2017年教育部发布的《普通高等学校师范类专业认证实施办法（暂行）》，提出了"学生中心、产出导向、持续改进"基本理念，强调人才培养模式从以"教"为中心向以"学"为中心进行转变，强调立足社会需求和人的全面发展，建立"评价—反馈—改进"的评价机制。

学习者都可以拥有多方面的能力，每位学习者都有各自的优势。学生在学习过程和实践活动中，表现出来的能力并不能单纯地用数字或分数去衡量评判，而是要根据综合能力的体现去评判，因此我们应当从多维度对学生进行学习评价。而多元评价理论中提到了"主体多元化""内容多维化"和"方法多样化"，要从这三方面促进学生全面发展。因此，"湾豆收获季"中的语文学科采用了开放性多元评价方式，以"一切为了学生的发展"为核心目标，以考试评价目标多元化，评价主体多元化，考核形式多元化，评价标准人性化四个方面为语文评价改革的创新思路，将评价的重点落在提高和发展学生的综合能力上，把学生学习的过程性日常评价和阶段性测验评价改革作为突破点，设计嘉年华活动，初步构建语文学科评价体系。

一、"湾豆收获季"中语文评价项目的重要性

《义务教育语文课程标准》指出："语文课程评价的目的不仅是为了考查学生达到学习目标的程度，更是为了检查和改进学生的语文学习和教师的教学，改善课程设计，完善教学过程，从而有效地促进学生的发展。"因此，"湾豆收获季"语文学科的开放性多元评价方式，以"一切为了学生的发展"为核心目标，设计游园闯关活动，进行综合学科期末综合素养评估，让学生自主地参与到活动之中，在活动中提高学习兴趣、增强信心、获取知识，在活动中培养学习能力，从而提高学生的语文素养。

在语文学科的多元评价体系中，有一项重要的评价类别，那就是阅读。语文课程有五个学习领域：识字与写字，阅读、写作、口语交际与综合性学习，而真实情况是，在中小学的语文教学中绝大多数的课时都基本花在阅读教学上，也就是一篇篇课文的教学。阅读与语文其他环节的学习息息相关，想要改善语文课程和教学，"阅读"是必须攻克的堡垒。如果不针对阅读教学进行改善提高，写作、口语交际和综合性学习等板块，就很少有机会在语文课堂展示，就连基础的识字与写字教学也会受到影响。

同时，随着时代的发展和社会的进步，如今小学生对阅读的需求急速增加，这也必将促使小学阶段的阅读教学逐渐发生变化，这就对语文阅读课堂教学评价提出了要求：要与时俱进，跟得上时代的发展。不但要契合新课改下语文课堂教学的要求，也要契合新时代下小学生们的心理需求。

　　"湾豆收获季"在语文学科的测评项目中，从语文学科特点出发，以听、说、读、写能力为核心，从认读拼音、识字写字、口语交际、朗读等多方面进行测评，则恰恰对应了语文课程的五个学习领域。因此，针对"湾豆收获季"中的语文测评项目的要求，我们需要思考语文阅读课堂上教学评价的有效性。

二、阅读教学的重要性

　　《语文课程标准》指出："阅读教学是学生、教师、文本之间对话的过程。"通常是指语文课本的课文教学。阅读教学，就是建立学生与"这一篇"课文的链接。[1] 语文的课堂教学和其他科目的教学有个很大的不同点在于，语文课本中的课文本身就是我们的学习对象，不像数学课的学习对象是一些定理公式。因此语文中的阅读教学是引导学生针对"这一篇"课文进行阅读、理解、感受，并从中获得对特定文字所传递的语句章法、语文知识的理解和对人文精神的感悟。

　　阅读教学的主要目的就是培养提高学生的阅读能力，也就是要帮助学生学会"如何去阅读"，帮助他们掌握并能够恰当运用阅读方法。学生通过这些阅读方法要能够提升识字量、掌握基本的阅读技巧、能够从中提取信息，并由此生成自己独特的体会，在享受阅读的过程中丰富经验、拓宽眼界。

　　以一年级语文测评项目为例，不管是形成性评价（见表1.7）还是终结性评价（见表1.8），根据表格的评价标准、评价要求和评价内容都可以看出"湾豆收获季"语文测评项目中对识字量的掌握都非常重视，如"湾豆星星主播台""绘画会写我来秀""书写能力大比拼""识字大王竞选记"

---

[1] 王荣生.《阅读教学设计的要诀——王荣生给语文教师的建议》[M].中国轻工业出版社：北京，2019：61.

等项目都非常关注学生对生字认读、书写、运用的能力，要想好好锻炼提高学生这方面能力，就需要教师在语文课堂教学中不断去落实，也就是需要落实提高语文课堂的阅读教学的有效性。

表 1.7　形成性评价表

形成性评价					
评价时间	项目	评价要求	评价标准	评价内容	评价呈现形式与评价主体
2020 年 6 月 18 日	荔湾古诗云讲堂	1) 做到正确、流利、有感情地朗读；2) 解释古诗意思以及介绍古诗写作背景到位	3) 正确讲解《经典诵读》一下的其中一首古诗的意思，可以用PPT形式，也可以用视频的方式。4) 利用空中课堂进行讲解。5) 每首最高得到五颗豆，每项一颗豆。	朗读能力口语表达能力　阅读习惯	集豆册评价表　教师评价
2020 年 6 月 29 日	记忆宝盒大揭秘	阅读与背诵能力	1) 正确背诵《经典诵读》抽查的内容。2) 教师检查，进行评价。3) 背出五首得 5 颗豆，背出四首得 4 颗豆，背出三首或三首以下需要进行二次挑战。	主动进行课外阅读的能力　阅读中对优美词句的积累与同伴交流分享的能力	集豆册评价表　家长自查教师检查教师评价
2020 年 6 月 22 日	湾豆星星主播台	1) 每日坚持朗读、诵读，并通过打卡小程序进行朗读打卡。2) 做到正确、流利、有感情地朗读。	1) 每日朗读打卡。标准：正确、流利、有感情地朗读。2) 以打卡次数为计算。0 ～ 100 天按每 10 天为一颗豆来折算。3) 录制作品参加期末星星主播台评选。	对感兴趣的人物和事件表达自己感受和想法的能力	现场主播　学生自评家长评价教师评价

表 1.8　终结性评价表

终结性评价					
评价时间	项目	评价要求	评价标准	评价内容	评价呈现形式与评价主体
2020年6月19日	绘画会写我来秀	1）以"我加入少先队啦"为题进行绘画写话创作，必须是原创作品。 2）绘画颜色丰富，生动形象。写话语句逻辑合理通顺，字迹工整。	1）总分5分，满分共获得5颗豆。 2）绘画颜色鲜艳、构图精美；字迹工整美观；书写的语句通顺，符合逻辑，故事完整，生动有趣。（5颗豆）。 3）绘画颜色基本鲜艳、构图基本精美；字迹较工整；书写的语句基本通顺，故事较完整。（4颗豆）； 4）字迹零乱；书写的语句不通，缺乏逻辑，故事内容不完整。（3颗豆）； 0～3颗豆的学生需进行二次考核。	绘画会写我来秀	卷面考核 教师评价
2020年7月1日	书写能力大比拼	1）根据拼音拼读本册教材的100个汉字。 2）书写本册教材的200个汉字，在书写过程中能按笔顺规则写字。 3）写字姿势正确，汉字书写正确、规范、整洁、字居格中，不歪斜。	1）总分100分，每错一个字扣1分。 2）全部正确，写字规范、美观（5颗豆）。 3）95分及以上（4颗豆）；90～94分（3颗豆）；85～89分（2颗豆）；80～84分（1颗豆）。 4）0～3颗豆的学生需进行二次考核。	一年级识字量书写姿势笔顺的掌握	题试卷 教师评价

续表

评价时间	项目	评价要求	评价标准	评价内容	评价呈现形式与评价主体
2020 年 6 月 28 日	识字大王竞选记	1) 正确认读 400 个常用汉字行测。 2) 每 80 个汉字为一级，共分为 5 级。 3) 进行认读、指读。 4) 认读时不催促，不作提示。 5) 把读错或不认识的字用笔圈起来	1) 每 80 个汉字为一级，共 400 个汉字，分为五级，全部正确认读共获得 5 颗豆。 2) 提醒三次后，读错 1-3 本级别不能获豆。 3) 认读时不催促，不做提示，把读错或不认识的字用笔圈起来。 4) 少于 3 个豆进行二次考核。	落实积累本册常用汉字 300 个识字目标	命题试卷
					家长评价
2020 年 6 月 18 日	查字高手群英会	1) 教师命题。 2) 学生在规定时间内迅速准确地查出指定的汉字。	1) 通过查字典比赛，使学生进一步掌握音序查字典的方法，达到熟练的程度。 2) 能在规定的时间内迅速准确地查出指定的字。 3) 激发学生使用字典这一工具书的兴趣，养成勤查字典的习惯。	音序查字法查字典的掌握情况	竞赛活动
					自评 教师评
	综合测评显身手	1) 准备期末测评命题考卷。 2) 统一考核、统一阅读。 3) 按等级进行核对奖励。	100 分（5 颗豆）； 95～99 分（4 颗豆）； 90～94 分（3 颗豆）； 85～89 分（2 颗豆）； 80～84 分（1 颗豆） 80 分以下（重新测试）。	考察学生的识字写字能力、口语交际能力等语文综合应用能力	命题试卷
					教师评价

三、阅读教学的方法

　　学生是阅读的主体，在教学中教师应当引导学生在阅读中生成自己的感受和理解。但是学生的理解可能会不正确、不到位，那是因为文本中包含着超出学生现有的语文知识积累。语文教师需要引导和帮助学生更好地阅读，要建立起学生和文本的联系。

　　首先是要明确学习目标。第一，明确学情。低中高不同年段的学生学习接受能力不同，甚至学习环境不同也会影响学生的阅读积累。第二，明确文体。文体的不同必然影响着教学方式的不同，从低年级简单的童谣、儿歌、古诗，到中年级的记叙文、说明文、童话故事等再到高年级的散文、小说，面对特定的文本，引导方式和学习任务也需要进行恰当地安排。

　　其次是要设计教学方式方法。教学方式方法尽可能地涵盖所有教学环节和步骤，包括如何组织教学。想要帮助学生逐渐形成自主阅读的习惯，让学生成为"阅读的主人"，最重要的是要让学生在阅读文本过程中对内容产生共鸣。

（一）联系生活实际，唤醒记忆

　　有时候一些文本出现的特有名词、环境背景与现在学生的学习生活离得比较远，学生对这些描述会有陌生感，这时候教师的引导和帮助就非常重要。在阅读教学前，教师可以先根据文本准备"背景介绍"，借助相关图片、视频甚至实物作为媒介，先唤起学生的记忆，提升对该事物的熟悉程度，再通过老师的引导去感知理解文本。这也有利于激发学生阅读一篇新文本的兴趣，提升他们自主阅读自主理解的自信心。

（二）关注学生生成，形成方法

　　"授人以鱼，不如授人以渔"。想要让学生学会阅读，关键在于帮助学生掌握正确恰当的阅读技巧。在讲解文本时，教师要有意识地运用阅读方法去带领学生阅读。教学中可以先手把手带着学生阅读学习文本前半部分，学习后可以和学生一同总结，甚至是让学生自己总结，把刚才阅读的方法进行归纳并迁移，紧接着鼓励学生运用刚才的阅读方法自学后半部分的文本。在提问和总结的过程中，学生往往会有不同的生成，有些是契合文本的，有些是理解不到位的，那么老师在这过程中需要充当一个"掌舵人"，关注学生的生成。契合文本的生成可以在老师的润色下提炼出来，形成方法。理解不到位的就需要老师再次引导，或是转换提问方式，或是再读文本语句，灵活运用多种教学方法帮助学生获得对文本的充分理解。

（三）组织交流分享，鼓励表达

在教学中，学生是学习的主体，学生不仅是学习者，更是重要的教学资源。在阅读教学中，教师引导鼓励学生交流分享，学生之间相互碰撞激发火花，教师相机点拨指导，学生也就得到机会去收获新的语文知识，丰富加深对文本的理解和体会。

四、阅读教学的原则

为了更好地落实"湾豆收获季"中语文学科的各类测评项目，我们也需要遵循一些阅读教学的原则。

（一）明确学生才是阅读主体

阅读教学中，教师往往会依赖教学参考书或是自己的实际经验来讲述对文本的理解和感受，这是合理的，但要明确这种方式只是为了帮助学生加深理解和感受，而不是要学生记住来自教参和老师给出的结论性话语。

（二）学生的理解在学习过程中应当有变化

阅读教学中，随着老师的引导和讲述，学生对于文本的理解和感受应当有明显的变化。从一开始的不理解、不欣赏，通过这堂课后理解了、欣赏到了，表明阅读教学到位了。这不仅是教师应该意识到的要点，学生自身也应当存有这样的意识，以促进自己投入阅读学习中。

（三）学生的理解要符合"这一篇"文本

阅读教学中，为了促使学生加深对文本的理解，会联系生活实际，创设生活情境，但教师要意识到由此生成的一切理解，只能表明学生对你设定的情境有体会，并不代表学生对"这一篇"文本有体会。因此不管阅读教学延伸多远，最终也必须回归到"这一篇"文本，让学生生成属于"这一篇"的体会。

五、结语

阅读教学不仅仅是让学生去记忆作者写的每一句话，更应该帮助学生去提升自己与文本的对话能力，从而提高自己对世界和人生的理解认识。学生掌握到的阅读方法应当具有发展性，不仅能够适用于日后遇到的文本，更要能够通过与新文本的"对话"去巩固甚至提炼新的阅读方法，而这些不断积累下来的阅读方法，或成为解决语文知识的手段，或形成自己对世界的理解，或内化为自己的人文素养，对于小湾豆们来说，必是收获满满的季节。

参考文献：

[1] 罗瑞志，黄坤林，余健. 师范类专业认证背景下多元课堂教学评价模式构建 [J]. 重庆第二师范学院学报，2020，33(03)：89—94.

[2] 娄仲英. 基于生本理念的小学语文阅读高效课堂的构建 [J]. 科学咨询(科技·管理)，2020(07)：196.

[3] 杨金菊. 浅论网络环境下小学语文多元评价模式的研究 [J]. 学周刊，2020(19)：69—70.

[4] 张竞. 小学语文阅读课堂教学评价的调查研究 [D]. 扬州大学，2017.

画说语文，开启儿童想象之门

—— 以《画里话外 01·儿童的想象》为例

邓昭晖

【摘要】《语文课程标准》明确指出："在发展语言能力的同时，发展思维能力，激发想象力和创造潜能。逐步养成实事求是、崇尚真知的科学态度，初步掌握科学的思想方法。"狄德罗曾说："想象，这是一种特质，没有它，人既不能成为诗人，也不能成为哲学家、有思想的人、一个有理想的生物、一个真正的人。"没有了想象力，就没有了文学艺术、创造发明和科学预见。由此可见，要想激发学生的思维能力、挖掘学生的创新潜能，必须关注培养学生的想象力。

【关键词】儿童想象　　图画书　　阅读教学

在语文教学中，不仅有遣词造句的字词美、布局谋篇的结构美，还有表情达意的意境美、成文主旨的想象美，要想让学生能够深入体会领悟、甚至创造语文之美，就必须开启孩子的想象之门。而《画里话外 01·儿童的想象》一书为开启儿童想象之门起到了一个很好的示范作用。这本书由北京师范大学教授、中国图画书创作研究中心主任陈晖，欧洲广受称赞的童书评论家苏菲·范德林登，美国童书界"活百科全书"伦纳德·S. 马库斯三国学者主编，它聚焦"儿童的想象"这一话题，大量介绍了面向儿童读者为主的图画书，借此提高中国原创图画书的艺术质量，激发原创图画书作者的灵感，鼓励孩童的想象翱翔于无边的自由国度。

一、图画书的意义

语文教学中教师可能会更加关注在文字的排篇布局上，但实际上，语文教科书上除了文字，都会配有恰当的图片、简笔画等图画，这些图画往往都与文字内容紧密相关，是一种补充说明、引导体会的作用。如果教师和学生过于关注文字，就很容易忽略课文中的图画所要传达的内容，一堂语文课也会变得枯燥无味，也就不利于培养学生的想象力。

当然，因为这些图画只是文字的补充，只是一类具有文字系统功能的图画，并不具备"图画语言"的功能，同时它们也不全是站在儿童的视角来讲述故事，并不是"为儿童"的作品，所以，关于图画书我们可以把关注的目光投在绘本上。教过低年级的老师都会知道，除了常规的语文课本教学之外，在阅读课上教师还会带着学生一起阅读绘本。绘本是以图画为主，并附有少量文字的书籍。绘本存在的意义在于它不仅是给孩子讲故事，让孩子学知识，而且可以全面帮助孩子建构精神世界，培养多元智能，是国际上公认的"最适合幼儿阅读的图书"。尽管绘本中的文字非常少，但正是因为少，绘本的创作对作者的要求更高：它必须精炼有力，用简单的文字构筑出一个牵动人心、跌宕起伏的故事；它必须有趣活泼，契合孩子们的年龄阶段和语言习惯。因此，绘本的作者往往要对文字仔细推敲，再三锤炼。更值得一说的是图画，绘本用图画讲故事的方式，把原本属于高雅层次、仅供少数人欣赏的绘画艺术带到了大众面前，尤其是孩子们的面前。绘本中的图画都是画家们精心绘制的，不管是绘画的技法和风格，还是图案的精美和细节，都非常考究，是一种独创性的艺术。可以说，优秀的绘本中每一页图画都堪称艺术杰作。如果在语文教学中，可以很好地发挥绘本的作用，对于培养学生的想象力、思维能力等能力，将有很大意义。

二、儿童的想象与语文教学

《画里话外 01·儿童的想象》一书中的一篇文章《图画书：表现具有建构性的想象力——以安东尼·布朗和约翰·伯宁罕的作品为例》，把图画书所表现的儿童思想分为两种类型：一种是儿童对现实生活的想象；一种是儿童对超现实世界的想象。因为图画书所表现的儿童想象并不能等同于现实中的儿童想象本身，所以书中的儿童想象更偏向于一种艺术创造，因此也就会有一部分是符合儿童对现实生活的想象，也有一部分会超出甚至远离儿童的想象。

（一）表现儿童对现实生活的想象

文章选取了安东尼·布朗的《我爸爸》《我妈妈》《我哥哥》三本系列之作，这个系列以"我"作为主人公，从"我"的第一视角来描述观察爸爸、妈妈和哥哥，直接表现了儿童对现实世界的想象。教师可以通过这一类绘本，引导学生联系自己的实际生活，鼓励年幼的孩子大胆地表达自己的真实想法，去观察描述自己身边的人和事。

除了鼓励孩子观察身边的人和事之外，还有如安东尼·布朗的《乔的第一次派对》这类试图表现儿童对自己真实生活的想象，甚至是表现了儿童如何正视自己的行为情绪的绘本。这类绘本仿佛就是孩童的一件坚硬的盔甲，也像一个温暖的港湾。它告诉孩子要学会正视一些不良的行为情绪的同时，还传递了乐观积极的生活态度。这些想法和观点都在潜移默化地影响着孩子，在孩子成长的路途上提供力量和支持。而语文阅读课的表达交流过程，正是在刺激孩子的大脑，激发他们产生更多的想法，想象力也就在这样的交流中慢慢培养起来。

（二）表现儿童对超现实世界的想象

这类的典型绘本有英国作家约翰·伯宁罕的《莎莉，离水远一点》。这本书里所有的语言都属于妈妈一个人。爸爸一言不发。而莎莉的每一个动作都会收到妈妈的提醒，莎莉同样一言不发。"不能游泳""怎么不和其他孩子玩""不要踩脏东西""不要摸狗""要不要喝水""别打着人""让爸爸休息一下""早点回家"……妈妈说过的话，每一句都充满了否定和命令。而对应着妈妈说的每一句话，"我"更愿意待在"我"的世界。在"我"的世界，"我"可以和喜欢的小狗去探险，会遇见海盗，会遭遇危险，可"我"是很厉害的勇者，"我"会战胜一切，找到宝藏。

这本书里呈现了两个对比鲜明的世界，一个是平庸无奇的成人的现实世界，一个是充满无限可能性的儿童的想象世界。我们不难发现，这两个世界是完全隔绝的，爸爸妈妈虽然时刻表现出对女儿的关心，但是，爸爸妈妈只看到女儿和一只流浪狗，在脏兮兮的小船里玩游戏。爸妈没有想到，在女儿摸小狗、扔石头、拔起海草的时候，脑海中正上演一幕幕惊险的挥剑搏斗、夺取藏宝图的大历险。爸爸妈妈对孩子的幻想生活一无所知，这一点是需要我们引起重视的。这也就是为什么在教学中，特别是语文教学要多关注孩子的想象力，孩子在自己的想象世界里能够突破一切可能性，离他再遥远的事物，在他丰富的想象力之下都能立马出现在眼前，就像有些知识就算教师讲得再详细再到位，或许永远都比不上用几幅图画呈现给孩子所能达到的效果之好。

三、儿童的情感体验

实际上，孩子在阅读图画书的时候，都不是在被动地接受，而是在脑子里非常活跃地创造着什么。图画书作为一种为孩子而诞生的艺术形式，从一开始就是讲述故事的，而故事是唤起情感的最佳通道，所以在培养想象力的同时，也少不了激发孩子的情感力量，引起情感共鸣。比如孩子会在阅读图画书的时候寄托许多美好的想象，可能是香甜的气味、奇异的形状，也可能是绝妙的创意、和善的人际关系……也许真实世界里不全是这样，但是这些美好的事物是可以存在的，甚至可以去期待、去创造。而期待和创作的过程，就是孩子想象力井喷的时期。

在这个意义上，孩子读着那些富有想象力的图画书，就是真实的体验、超凡的体验，只要不去限制他们的自由，他们就会展现出奇迹般的想象力。

因为最美妙的想象，是人的内心达到最自由状态的自然结果。这也启发着我们：教育和核心目标应该是鼓励孩子自由地发挥自己的想象力，而不是死板地对别人的想法鹦鹉学舌，就像杜威所说："教师的重要作用是引导孩子自己去进行探索发现，使其自然而然地成为一个思想开放、受好奇心驱使的学习者。"

如果在语文教学中，教师能为孩子播种下一片奇妙森林，带领孩子在森林中自由探索，相信每一个孩子都能找到属于自己的那一把奇妙钥匙，去开启属于自己的那一扇想象之门。

参考文献：

[1] 张红玉. 小学语文教学中儿童想象力培养研究 [D]. 江南大学，2015.

[2] 李德新. 浅论语文的想象美和想象力的培养 [J]. 语文教学之友，2010(02)：13—14.

[3] 曹立彦. 浅谈语文教学的想象力和联想力 [J]. 考试（高考族），2009 年第 11 期：21.

过程比结果更重要

—— 浅谈低年段语文学科期末学业多元评价的思考与收获

谢晶晶

【摘要】在荔湾小学语文学科期末学业多元评价的研究实施中，教师关注学生综合语言运用能力的发展过程以及学习效果，注重结果，更注重过程，使测评过程变成学生的学习过程，以多元评价的激励与调控功能，去激发学生的内在发展动力。同时教师在这一过程中，也促进了自我成长。

【关键词】多元评价　　激励性评价　　自我成长

说起期末学业多元评价，脑海里呈现的是上个学期期末典礼上，每个孩子手里拿着各科奖状时的场景，有的孩子是"荔湾小绳王"，有的孩子是"小小乐理家"，有的孩子是"诵读之星"，有的孩子是"计算小能手"……从他们的脸上，可以看到洋溢着开心和骄傲的笑容。荔湾小学的期末，是收获季，湾豆儿们拿到的不仅仅是一张张奖状，更是对自己一学期认真学习的肯定和鼓励；荔湾小学的期末，是发光季，湾豆儿们在"多元评价"的舞台上闪闪发光，发挥特长，展现自我。

接下来，我将从具体实践方面浅谈我在低年段语文学科期末学业多元评价的思考与收获。

一、教师做有所成，提升教学能力

（一）教学观念的自我转变

每一个学期，教师们和湾豆儿们为了圆满完成期末学业多元评价，教师们积极摸索有趣的评价模式，对学生知识、能力、素质进行综合评价；湾豆们认真复习知识，夯实基础，锻炼并提升运用和实践能力，让测评过程成为学习过程，我认为这样探索和体验的过程比最后的结果更加重要，这是我所理解的期末学业多元评价的核心所在。

每个学期初，年级备课组的老师们都会集中在一起头脑风暴，商量本学期的学业评价方案。以我所教的二年级语文为例，我们从《小学语文课程标准》的五大学习领域——识字与写字、阅读、写作、口语交际与综合性学习，制定了"识字大王竞选记""书写能力大比拼""记忆宝盒大揭秘""故事大王我会讲""绘本会说我来秀"等评价形式，从听、说、读、写四个方面考察湾豆们的语文素养。

从一年级到二年级，两年的多元评价实施过程让我意识到，多元评价不仅对学生发展有着巨大的意义，于教师本身，也是在促进自我成长，期末学业多元评价的实施给我带来的最大收获是教育观念的自我转变。在制定与实施评价方案的过程中，我意识到语文课堂教学不能仅仅局限于课本中，教师应该在完成课本知识的讲授之外，激发教研热情，主动挖掘教学资源，发挥自己的潜能，提升课堂教学能力。也就是说，教师应该自我充实，提高教学水平，不仅需要重视课文知识的拓展和学生能力的培养，更需要充分利用和挖掘课程资源进行教材整合，不断探索新的课堂组织形式，创新课堂，让学生把所学到的知识与能力运用到多元评价中。

（二）探索全新阅读交流平台

苏联著名教育家苏霍姆林斯基说："如果学生的智力生活仅局限于教科书，如果他做完了功课就觉得任务已经完成，那么他是不可能有自己特别爱好的科学的。我们必须力争使每一个学生在书籍的世界里有自己的生活。"所以我开始在班级中尝试新的阅读交流方式，湾豆们日常除了把阅读书籍和阅读时间记录在阅读存折之外，我还鼓励他们看完一本绘本或故事书后，填写阅读分享卡片，写写自己的心得体会。同时在班级中定期召开读书交流会，孩子们自愿把自己最喜欢的部分读给大家听，可以介绍自己的语言积累，可以交流读书体会，展示读书成果。起初这个活动，只有几个孩子来分享自己喜欢的文段，通过几期的交流和鼓励之后，越来越多的湾豆们愿意参与进来，营造出班级的阅读氛围，让阅读真的变成日常的学习习惯。

除了根据阅读存折评选出班级的"荔湾读书王"之外，还可以根据阅读交流分享活动评选出班级的"最佳藏书家""最佳摘抄小达人""最佳读后感小达人"，让孩子体会和收获阅读的快乐，让阅读也真正成了期末学业多元评价的一部分。

（三）关注学生的自我成长

如何才能真正关注到每一位学生的自我成长，可能是每一个年轻教师刚开始教学生涯时会遇到的一个难题，在实施期末学业多元评价的过程中，我慢慢找到了答案。

在日常教学中，有荔湾赞、每日作业等形成性评价记录在册，它们记录了湾豆儿们的上课听讲状态和作业完成情况，有利于教师横向对比学生的个人进步和纵向掌握全班的学习进度。但也有教育专家指出，定性评价反对把教育简化为数字的做法，主张全面反映教育现象的真实情况，倡导真实性评价。在实践过程中，我也发现孩子们收到老师的激励性评价，会更有学习动力，所以在定量评价的基础上，我还会给孩子们及时的鼓励评价，像写"表扬卡"，即用小纸条及时记录对孩子的评价，比如有位调皮的孩子在语文课上表现积极、发言正确，除了口头表扬和荔湾赞，我还会写一张"表扬卡"送给他："你这一节语文课认真听讲、积极发言，是同学们的好榜样，希望你继续保持！"《小学语文课程标准》指出，对学生的日常表现，应以鼓励、表扬等积极的评价为主，采用激励性的评语，尽量从正面加以引导。这样真正将定量评价和定性评价相结合以后，我发现湾豆们上课的状态更加积极和认真，同时这也是提醒了自己，加强形成性评价才能对学生负责，才能促进学生的健康发展。

在细心观察学生参与的评价过程中，我还发现另一个难题，在一些测评项目中，学生的个体差异体现较为明显。通过实践，我发现除了教师可以尝试调整课堂教学，并且进行分层、分级教学之外，更有效的一个方法是以优生带后进生，帮助学生树立自信。例如，在"记忆宝盒大揭秘"的测评过程中，会发现有些孩子记忆能力稍弱，这时，便可以建立生生互助小组，通过辅助讲解、鼓励背诵等方式，帮助后进生通过测评。

在这将近两年的实践当中，我认为学生的收获和成长是显而易见，不仅仅是所学到的语文知识与技能的，在这一过程中，更是影响了他们的学习态度、学习习惯、学习方法、思维能力以及学习的动机和兴趣等方面的成长。像一年级下学期在班级举行了"小小舞台表演秀"，要求孩子们以书友队为单位挑选课文改编成课本剧汇报演出，在展演的过程中，我发现平时文静、内向的孩子也在大放异彩，勇敢地表现自己。并且在此次演出之后，课堂上越来越多地发现他们举手发言的身影和听到他们表达的声音。

期末多元评价真正做到了全面强化学生关键能力的培养，潜移默化增强学生的过程学习意识，扎实稳步提升学生的综合学习能力，并在此过程中，激发学生学习的主动性。我们在期末学业多元评价的舞台上，看到了越来越多的"小考官"，湾豆们踊跃报名，他们严格要求自己，为了成为一名合格的小考官。湾豆儿们真正成为评价主角。在完成测评的过程，他们更是能学会团结协作，同时也收获更多情感态度的体验。

教师应该在这一过程中认识到多元评价的激励与调控功能，以此去激发学生的内在发展动力，促进其不断进步，真正关注到每一个孩子实现自我发展。

二、结语

荔湾小学的期末学业多元评价，注重每一次评价的过程，注重对基础知识和基本技能考查，同时特别重视对具体情景中综合运用知识分析和解决问题能力以及实践能力的考查，将定量与定性评价相结合，书面考试与口语测试、实践应用相结合，形成性评价与终结性评价相结合，这样的评价改革打破了以往单一的笔试考察方式，丰富了语文学科的知识与能力的呈现形式，期末不再以一张简单的成绩单定义孩子。

　　只有重在鼓励、重在过程、重在多元的评价体系，才能让学生切身感受到多元评价带来的快乐，才能真正调动学生学习语文的主动性、积极性，转换学习观念，真正由被动学习变成主动学习，进而促进不同层次学生在语文学习中更加生动和谐地自主发展。在实践期末学业多元评价的过程，教师也获得了自我成长，转变了教育观念，提高了教学素养，同时也关注到了每一个学生的自我发展。

参考文献：

[1] 钟启泉 . 新课程师资培训精要 [M]. 北京：北京大学出版社，2002.

以生为本，多元开展

—— 让期末测评真正地促进学生发展

张一

【摘要】荔湾小学的湾豆收获季期末测评活动是基于现代教育理论，把"促进学生的发展"作为评价的终极目标。期末测评内容以学科教学目标与学生们的实际水平为主，真正做到以生为本，让学生在测评中总结一个学期的学习成果。同时荔湾小学的教师还注重对学生心理、认知发展水平的观察与研究，积累切实可行的评价方案，使评价能准确、公正、科学，让评价可以真正地促进学生的发展。

【关键词】以生为本　　理论研究　　多元发展

在 2013 年，教育部曾出台《关于推进中小学教育质量综合评价改革的意见》，其总体目标是：以学生发展为核心，实行科学多元的中小学教育质量评价制度，扭转单纯以学生考试成绩和学校升学率来评价中小学教育质量的倾向。从《义务教育课程标准》来看，各学科都要求积极推进评价考试制度改革，强化评价在教学诊断和促进学生发展中的积极作用。要以课程标准为依据确定科学的评价标准，尤其要重视基础知识与基本技能、过程与方法、情感态度和价值观等课程目标的全面落实。改进评价方式和方法，注重过程性评价，在注重对基础知识和基本技能考查的同时，特别重视对具体情景中综合运用知识分析和解决问题能力以及实践能力的考查。

一、学科融合，促进学生多元能力的发展

现代教育理论及心理学发展成果指出：人的智能是多元的；知识是个体通过与其环境的相互作用后获得的信息及其组织；要用开放、多元的眼光看待世界，为人充分展示生命的本真提供舞台。基于这些理论，我们应该从不同的视角、不同的层面去看待每个学生，善于发现学生各自的优势，并运用评价促进学生将其优势的优秀品质向其他方面迁移；应该注重对学生建构知识时采用的策略或方法的评价，把评价作为教学的一个组成部分；应该采用师对生、生对生及学生自我评价相结合的多元评价机制。而上述种种评价方式或指导思想上的转变，无不体现着这样一个原则—— 那就是"以人为本"，要把"促进学生的发展"作为评价的终极目标。

荔湾小学的期末测评主要强调不同学科的融合，荔湾小学在建校初期就引进 PBL 项目课程，目的是在一个科目里展现多个科目的知识点，让学生学会触类旁通和举一反三。在湾豆收获季期末测评的项目中，荔湾小学更是不例外，荔湾小学的期末测评主要强调不同学科的融合，各学科的测评不是孤立存在，而是相互连接，互相贯通，老师们想通过一个测评项目让学生用几个学科的知识来解决。

测评的内容体现了评价内容的全面性，包括了德育、智育、体育、美育和劳动等诸多方面；评价内容的全程性，评价内容包括目标的确立、过程中的努力与最后的评定；评价渠道的多样化（包括了同学、教师、家长、学校等多方面评价的结果）

低年级语文测评有一项测评项目叫"绘画绘写我来秀"，这个项目融合了语文和美术两个学科的知识，测评的形式是老师给学生一个主题，学生根据主题自由绘画，然后用文字描述自己的绘画作品。孩子们最后呈现出来的作品都是那么精美又充满童趣，这个测评几乎每个孩子都能获得 5颗荔湾豆。

英语测评中有一项测评项目叫"我是歌王"，这项测评融合了英语和

音乐两个学科的内容，学生通过唱歌的形式唱出老师指定的英语曲目，测评主要考查学生是否会读英语歌里的单词，每个孩子通过抽签的方式选择一首英文歌来演唱，孩子们紧张地抽完签后就会开始大声地手舞足蹈地展示自己的歌喉。

数学测评中不只是单调的测评算数，而是把数学知识与生活实际相结合，让学生发现生活中处处有数学，也在潜移默化中帮助学生形成数学思维。

基本上每个学科的期末测评都融合了多个学科的知识，期末测评同时也让孩子不再畏惧测评，而是用于尝试、勇于挑战。老师们希望学生在一个测评中可以同时锻炼到多项学科能力，希望学生在测评中可以巩固知识、享受测评，希望通过一项项的测评让学生得到真正的发展。

二、以生为本，促进学生综合能力的提升

"面向全体、全面发展"是学校实施素质教育的重要原则。"面向全体"是相对于学校和教师的教育行为来讲的，指的是让每个学生学有所成、学有所得，给每个学生以均等的发展机会；"全面发展"是相对于学生来讲的，从学生的个人角度看，指学生可以从不同方面，全方位寻找自己的最近发展区，以求得自身不断发展，从学生的集体角度来看，指每个集体都得在各方面均有人才出现。

荔湾小学的教育理念与素质教育的重要原则不谋而合，荔湾小学秉持着教育就是成就的教学理念，希望可以成就每一位学生，帮助他们成长为有理想、有文化、有科学视野和人文情怀的新时代少年。

因此荔湾小学在期末测评中也别具一格，突出特色，通过一项项测评项目让学生在活动中得到真正的发展。学生期末素质综合评定的指标是从学生出发，以学生的发展为前提，又为学生的发展而服务的原则下制订出来的。它随学生的发展而发展。

一年级的学生刚入学时，当家长们听到每科都有期末测评，且每科都有好几项测评内容时，他们是那么惶恐，担心孩子不能顺利过关，担心孩子压力太大，等等。

但随着期末测评的真正到来，家长和孩子们又淡定了不少，因为他们发现期末测评的内容全都是这学期上课学过的知识，只要上课认真听讲、测评前认真复习，大家都会通关的。

还记得在测评"记忆宝盒大揭秘"时，记忆宝盒的测评内容是背诵《经典诵读》里的64首古诗，能背出64首古诗的学生能得5颗豆，测评当天班级大部分学生都顺利过关，一半的学生可以得到5颗豆，一年级的小朋友可以熟练背出64首古诗是多么让人惊讶啊，后来跟家长们聊天才知道孩子们在家里准备了很久，家长们都在惊叹孩子的毅力。

期末测评项目基本都贴合学生实际水平，也有些测评项目的难度需要学生"跳起来"才能碰到，但学生们都不害怕，他们在一次次测评中养成了勇敢尝试、勇敢接受挑战，不轻易言败也不怕失败的风格。

三、家校联合，为学生成长发展保驾护航

每年期末测评还有一道亮丽的风景线不能忽视，他们是穿着红色义工服的家长"考官"。为了测评的效率和公正性，每学期末的测评老师会征集家长义工们来学校帮忙测评，每年家长们都积极踊跃来做考官。

家长们做考官时，每位家长对待孩子们都是那样的温柔、有耐心，当遇到孩子紧张或忘记内容时，会温柔地鼓励，也会做小小的提醒。家长们说非常感谢学校给予机会，让他们能够参与到期末测评的过程中来。许多家长说来做考官让他们了解了期末测评的氛围，自己和孩子都不那么紧张了，同时他们也能了解自家孩子在学校的学习状态，回家可以有针对性地帮助孩子查缺补漏。

四、反思研究，促进学生自主学习能力的提高

课程改革到今日，学校在评价方面的确采取了许多新的举措。但还有些不足需要反思和改进：

（一）关于师—生评价、学生自我评价

"以学生为主体"，这是现在课改中提得最多的一句话，但是是否作为一种观念深入人心，令人心存疑虑。表现在评价方面，主要体现在老师对学生的评价，缺乏生生评价以及家长对学生的评价。在期末测评时可以加入生生互评以及家长对学生的评价，使评价更加立体、全方位。

（二）关于课堂评价

课堂评价是教学活动中，对学生学习状况的一种即时评价。现代教学论和评价论认为：有效的课堂其实是在一个个或明或隐、或大或小的评价活动中展开的。随着课改的深入，越来越多的教师懂得留下更多的时间让学生表达自己的见解和思想，发表评价意见。但尚存在评价方式传统、内容浅显、层次较低等不足。这就要求教师要充分认识评价在教学中的总结、矫正、促进和催化作用。特别要善于利用评价激起学生参与教学活动的积极性，激励学生产生高质量的思维。

（三）关于作业的评价

作业评价由百分制改为等级制，其目的主要是淡化甄别的功能、分数的意识。但从评价的功能上进行考察，这种变化没有引起质的改变。教师批改作业，主要目的依旧是帮助学生纠正学习中的错误，考查学生对基本内容掌握与否，以便及时弥补学生的疏漏。作业内容主要以课本中的基础知识为主。在促进学生的发展上，显得力度不足。

五、结语

综上所述，荔湾小学在开展多元期末测评的路上已经走了很远，做出了很多成绩。但是若想更成功，需要教师在教育教学中始终注重对学生心理、认知发展水平的观察与研究，积累切实可行的评价方案，使评价能准确、公正、科学，能真正促进学生的发展。

学校有目标，老师有抓手，学生有成长

——"湾豆收获季"激励性评价之我见

廖嫦娥

　　"湾豆收获季"激励性评价是荔湾小学自建校以来实施的一项重大改革措施。此项改革意义重大，过程艰难，成效明显。笔者从 2018 年进入荔湾工作，有幸参与了这项课题的研究与实施。在两年的实践中，有一些个人的思考与体会，用文字记录如下。

一、目标深远有意义

　　任何一项改革首先要解决的问题是：为什么要改？如果不改会怎样？改了又将如何？这是改革的价值所指，也是目标所在。改革一定不是盲目的，不是一厢情愿的，它是在深深有感于现实存在问题的基础上，为了解决这个问题，进而让现状朝向更好的未来而采取的行动。中国的基础教育随着我国的改革开放一直也在改革的路上摸索着前行。不论是课程建设，还是教学方式，抑或是人才标准和培养模式，从国家到地方，从集体到个人，无数志士仁人做了许多尝试与努力，以期追赶世界脚步，将中国教育做到世界领先水平。

　　"湾豆收获季"激励性评价正是在这样一个时代背景下进行的一项改革尝试。这种尝试首先具有先锋性和前瞻性，它顺应了时代的需求和未来的特点。这个时代越来越开放，越来越个性，对人才的需求也越来越多元。

传统评价一张试卷定高下的方式不仅很难衡量出一个人的潜在才能，也容易将人才的定义限定在一个狭窄的范围里。因此，进行评价方面的改革就显得尤为重要；其次这种尝试还遵循了学生的智能规律，真正做到了"一切为了学生""为了学生的一切""为了一切学生"。根据多元智能理论，人除了具有我们常说的语言、逻辑数理两种智能外，还拥有空间、运动、音乐、人际交往、内省、自然观察的智能。因此我们在学校的教育中除了发展学生各方面智能，还要留意每一个学生只会在某一两方面的智能特别突出的现象。而"荔湾收获季"激励性评价则是通过多元评价来挖掘学生的多元智能，从而发现每一位孩子所独有的能力，实现让每一个孩子做最好的自己的教育目标。

二、过程艰难有抓手

改革需要勇气和智慧，凡是改革都是在"摸着石头过河"，既没有既定路径可循，也没有现成经验可借，这就注定过程一定非常艰难，坎坷与困难也不可避免。"湾豆收获季"激励性评价同样也面临各种各样的困难，但因为有校领导的正确领导，全体老师的共同努力，许多困难都能一个个迎刃而解。

为确保改革落地，学校首先制定了非常详尽具体的评价方案。方案从"评价改革体系创新点""评价改革体系内容点"和"评价改革体系落实点"三大块对新的评价方式做了具体全面的阐释。尤其"创新点"的说明，让老师们对评价改革不仅知其然，还能知其所以然。这就从根本上解决了改革的初衷问题，即为什么要改的问题，从而确保各项工作的顺利实施。而"落实点"的阐释说明更是把整个评价体系细化为一个个可操作可实施的活动项目，这些活动项目承载着改革理念，贯穿着改革精神，也落实着改革目标。它是老师们在具体实施评价改革时的有力"抓手"。

不仅如此，这些方案在每个年级实施时，又会呈现出不同的形式和内容。因为，除了学校有一个高屋建瓴的总方案，每个年级又会根据本年段的学科特点和学生发展规律对方案做二次、三次甚至多次的修改和调整，以便让评价方案更科学更客观，从而最大限度地发挥促进学生发展的作用。这里举一个例子，在我刚接手五年级时，考虑高年级孩子思维渐渐活跃，喜欢争强好胜的特点，经过慎重考虑和反复斟酌，在学科组的建议下，我们增加了一个新的考核项目："我是荔湾辩论王"，没想到这个项目得到了学生的空前喜欢，也激发了学生的巨大潜能。最后那场"乖孩子是不是好孩子"的辩论至今记忆犹新。那场辩论激烈而精彩，孩子们在赛场中表现出来的口头表达能力，论题分析能力及随机应变能力都堪称优秀，赢得在场学生、家长及外校领导老师的一致好评，纷纷为他们点赞。虽然这个项目不能覆盖所有学生，但至少让那些喜欢思辨，有能力思辨的学生在这个活动中得到了锻炼和成长。我想，这才是我们要改革评价方式的意义所在，即创造更多可能和机会，让每一个孩子都能遇到真实而独特的自己。

三、成效明显有启发

由于评价目标多维化，评价形式多元化，评价标准人性化和评价时间过程化，学生的学习热情得到了极大的提高，学生的学习自主性和积极性也相应改观很多。以我所教的两个班的语文学习情况为例：我所教的两个班在刚进入我校时是五年级，学生分化严重，水平参差不齐，优秀面小。在语文这一学科上无论是兴趣、习惯还是能力，都让人十分担忧。但经过两年的改革实践，学生在各个方面都表现出不一样的成绩和精彩。首先，他们对于语文学习的兴趣已经非常浓厚，课堂上小组合作环节让学生体会到合作学习的重要，个人努力和思考也能给小组加分的做法则让学生感受到自身存在的价值。所以，语文课堂上学生愿意思考，乐于分享。而期末的"湾豆收获季"的奖品兑换更是给了学生一份收获的快乐，这种快乐是有质感的，沉甸甸的，因为它是通过自己的努力和劳动获得的。当学生的学习热情甚至是激情被调动和激发后，成绩当然不会差。现在，我所教的两个班的语文成绩从最初进入我校时的 85 分进步到 90 分，优秀面也越来越大，有些学生已经非常拔尖。这些都是在评价改革中学生获得的最大成长，这也为他们在未来的学习中打下了坚实的基础。

而在各个项目的考核中，有些学生的潜能得到了极大的挖掘和开发，还是以五年级第一学期开展的那场辩论"乖孩子是不是好孩子"为例，我将其中自由辩论的部分精彩内容实录如下，大家可以从中细细品味孩子们在这场考核项目中所得到的锻炼和收获。

案例：《乖孩子是不是好孩子》辩论

正方观点：乖孩子是好孩子　　　　反方观点：乖孩子不是好孩子

自由辩论部分内容：

正方：刚才对方辩友说乖孩子会去做坏事，难道所有的乖孩子都会去做坏事吗？

反方：我方的观点是乖孩子不一定是好孩子，也就是说，乖孩子中少数还是好孩子的，并没说所有的乖孩子都会去做坏事。

正方：请对方辩友看下大屏幕，你们的题目是乖孩子不是好孩子，而不是刚才对方辩友所说：乖孩子不一定是好孩子，请不要弄错题目。（热烈掌声）

反方："乖"是顺从、听话的意思，"好"则是德智体美劳全面发展，从定义上看，乖孩子不是好孩子，请对方辩友不要混淆概念，不要把"乖"和"好"混在一起了。

正方："乖"除了有"顺从，听话"的意思，还有"机灵、伶俐"的意思哦！请对方辩友注意。（热烈掌声）

反方：但也有"违反、背离、情绪行为不正常"的意思，难道违反、背离、行为不正常的孩子也是好孩子吗？

反方："乖"有很多意思是贬义的，如"乖僻"指的就是乖张，偏僻，与众不同的意思。

反方：我想反驳正反三辩的一句话，他说，所有的孩子都是好孩子，那么请问一下，那些坏孩子也是好孩子吗？

正方：所有的孩子当然是好孩子，《三字经》说：人之初，性本善。后来的人生经历让有些好孩子变成了坏孩子。（热烈掌声）

正方：我方的观点是孩子都是好孩子，只是他们的人生遭遇改变了他们。

正方：我想举个例子，对方辩友罗梓玲同学，我跟她在月亮湾小学就是同学，她一直表现乖巧、听话，是老师的好帮手，学生的好榜样。如果按对方的观点，她就不是好孩子了吗？（热烈掌声）

反方："乖"只是"好"的一部分，一部分就表示他一定是好孩子了吗？

反方：这个"乖"有别的意思，有"偏执、不驯服、别扭和不合情义"的意思，这些并不代表乖孩子的性格中没有这些意思了。

反方：如果乖孩子就是好孩子，那为什么要来上学，直接在家里学乖就可以了啊！

正方：难道好孩子就不来上学了吗？好孩子也要来上学，乖孩子为什么不能来上学？在家里他能得到什么？长大怎么办？长大有前途吗？

反方：对方辩友的话不正好反驳了你们的观点吗？你们说乖孩子在家学乖没有前途，那他来到学校后学什么才有前途呢？（热烈掌声）

反方：我相信对方辩友今天能参加辩论都是班里的好孩子，你们口齿伶俐、有想法、有主见，一定都不是乖孩子，从对方的表现来看，不正好说明了我方的观点：乖孩子不是好孩子吗？（热烈掌声）

多元评价，让教育之花绽放学生成长之路

侣孟琪

学生评价是教育评价最为重要的组成部分，是教育评价的核心，具有导向和教育作用，对促进学生的成长和发展有着重要的意义。《义务教育语文课程标准》指出："语文课程评价的目的不仅是为了考查学生达到学习目标的程度，更是为了检查和改进学生的语文学习和教师的教学，改善课程设计，完善教学过程，从而有效地促进学生的发展。"由此可见，课改背景下的小学生学业评价应该以人为本，将评价的着力点定位在促进学生综合能力的提高和发展上，以过程性评价、学科综合素养评价和期末试卷测试三个方面相结合，作为评价改革突破点，设计整个小学全学段语文学科活动，从而提高学生语文素养，促进综合素质的发展。

"教育就是成就"是我们学校的办学理念，我们致力成就每一个孩子的成长。观察、接纳、赏识学生，发现并发展学生的潜能，要能让每个孩子都得到发展与成长。无论是基础薄弱的孩子，还是能力出众的孩子；无论在文化基础、自主发展方面，还是在社会参与方面，都能搭建让每个孩子都出彩的平台。我们的课程与课堂是如此，教学评价也是如此。

一、评价内容应时而变

（一）评价主体多元化

打破传统的"师考生"模式，将教师、家长、学生三者有机结合，共同作为评价的主体。我们采用小考官、小组评价和同桌互评的评价方式，将学生本身作为主体，激发学生的学习潜能，发挥他们的主动性。为了测

评的公平、公正、公开，也为了使测评流程详细、具体，有法可依，有迹可循，我们根据现有学情，以学生为中心，以活动为主体，制定了《考官手册——学生版》。在评价过程中，充分引导学生发挥自己的优点和长处，正确对待自己不足，树立学生"我很棒"的思想，增强自信，从而达到评价目的。而且在评价过程中通过复活赛、手拉手等新颖有趣的活动，让我们对学生的评价不止局限于传统认为的语言智力和数理逻辑智力，而是充分了解学生的优势智力，进行多方面的评价，既重视评价学生的语言和数学逻辑智力，也重视其他智力的发展，最终让所有的学生获得成功的体验，从而增强学习语文的自信心。

为了让家长了解测评内容，掌握测评方式，关注学生的学习状态，理解学生的学习生活，更好地参与到活动中来，我们会提前将《湾豆测评方案》发给家长，还制定了《考官手册——家长版》发给义工家长，增进家长与学校和学生的沟通与交流。

（二）评价内容多面化

评价的目的在于使学生了解各种智能发展的特点，而非综合性评定。根据"多元智能"理论，不同的智力有各自独立的表现方式，每一个学生的智力也各具特色并有自己独特的表现形式。因此，评价内容不仅涉及对学生的语文知识识记、理解、运用的考察，而且包括对学生语文学习能力、特长等方面的评价考察。评价内容的设置既强化了传统评价方式中容易忽略的说话、写字、朗读、课外阅读及实践活动等内容，又包含了对学生情感、态度、价值观及学习能力、合作能力、表达能力等的评价。全面化的评价内容体现了对包括学生思想品德、身心健康、行为习惯、礼仪、创新能力、合作能力等在内的综合考量，有利于真正地实现学生的全面发展。对学生的评价应该从智力的各个方面、通过多种渠道、采取多种形式、在多种不同的实际生活和学习情景下进行，并以此为依据选择和设计适宜的教学内容和教学方法。学生评价应当成为促进每一个学生充分发展的有效手段。

一、二年级的"湾豆收获季"的有着异曲同工之处，从图1.23和图1.24的评价体系表可以看出，随着年级的不同，评价的内容、要求、方式都有所改变。既让学生觉得熟悉又觉得有趣。

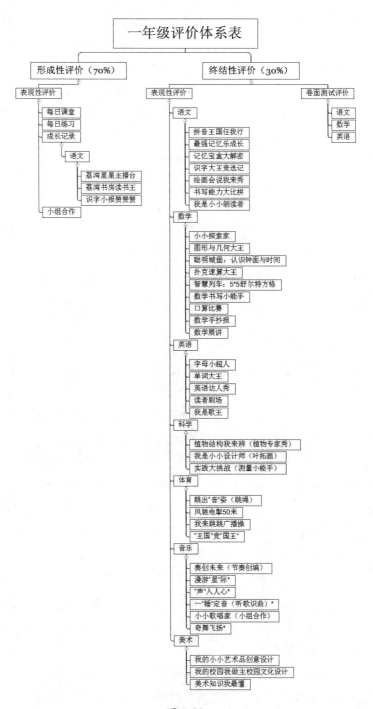

图 1.23

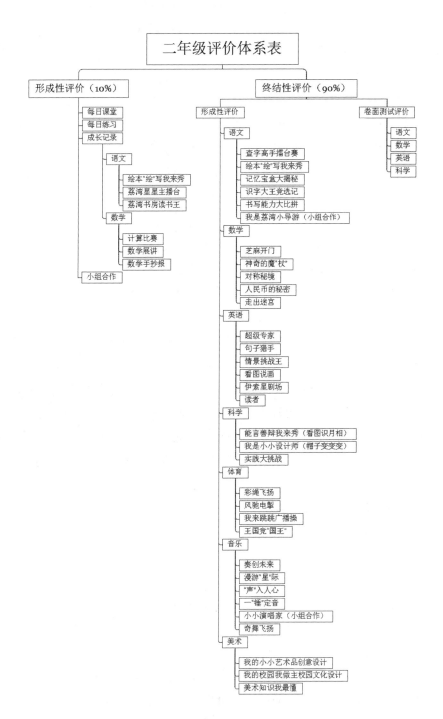

图 1.24

定量与定性评价相结合，书面考试与口语测试、实践应用相结合，形成性评价与终结性评价相结合，教师评价、学生小组合作、相互评价与学生自评相结合，打破了以往单一的笔试考察方式，丰富了语文学科的知识与能力的呈现形式。有利于学生的语文学科素养真正地得到锻炼与提升，有利于学生对语文学科知识的内化与吸收，以及学习能力的运用。评价者与被评价者的互动，也是实施个体化的诊断和教学补救措施，教师、家长、学生三者之间充分沟通与互动，教师持续评价学生教学反应和学习历程，了解学生在教学前后认知能力的发展与改变，了解学生远近不同的学习迁移，进而提供促进学生最佳发展和改变的教学介入与教育干预。

口头评价与书面评价相结合。教师的口头评价是最直观、最便捷，也是最具有及时性和生成性的。但它的长期性和深刻性不够，所以要和书面评价相结合。在进行书面评价时多用激励性语言，注意语言的运用，最后张贴在集豆册的最后。

形成性评价包括每日课堂、每日作业、成长记录和小组合作，这是增值评价。增值评价就是不断肯定学生的每一点进步，使其逐步提高，各层次的学生在学习中都能体验到成功的喜悦，有助于增强学生的自信心，激发学生自主学习的积极性。是从起点看变化，并不断确定新的起点、不断评价新的变化，以不断肯定进步，促进不断发展，鼓励逐步提高。终结性评价包含了表现性测评和期末卷面测评。在日常教学中落实语文要素，夯实语文基础，提升语文素养。要把形成性评价和终结性评价有机结合起来，使发展变化的过程成为评价的组成部分，让评价成为教育行政部分、学校、教师、学生和家长共同参与的交互活动。

二、学生成长不断改变

（一）评价思想多维化

学生处于不断发展变化的过程中，而教育的意义就在于引导和促进学生的不断发展和完善。长期以来，学生评价主要用于对学生进行区分和认定，其功能主要体现为鉴定甄别、选拔淘汰。人们普遍以分数的高低来衡量学生的学习效果，从而使得学生过于追求成绩而忽视自身的兴趣与追求。教师方面也会因此使教育理念和教学思想有些滞后。所以必须树立多元评价，强调评价的改进与激励功能，淡化分数，无劣评价，力求评价的客观性、科学性和全面性。

（二）湾豆成长全面化

打破唯分论，真正落实素质教育，关注学生的全面发展。第一学期，湾豆们面对新的测评形式充满了未知与无措，甚至家长们都有些手足无措。通过第一学期的铺垫，在第二学期开始就能感觉到学生的不同，他们会在意课堂上的倾听与发言，每天数着自己得了几颗荔湾赞，回家和父母分享自己的喜悦；他们开始进行比赛：每日小打卡里我被老师表扬了。今天我的阅读打卡被推荐了，我的作业得了 A++ 呢！学习的劲头和氛围在班级开始蔓延。他们长大了一岁，面对期末测评也更加游刃有余了。会和家长一起规划自己的复习计划，会主动帮助同学，会积极主动地抢着当小考官。评价对象的参与意识和主体意识，得到充分的提高与发展，学生自己也收获了强大的学习内驱力。

除此之外，"湾豆收获季"对于每个湾豆来说，都是丰收的季节。通过自己一学期的努力与付出，挣取荔湾豆，换取班币，兑换心仪的礼物。在兑换的过程中，有的湾豆会给爸爸妈妈买些小礼物，有的湾豆会向钱不够的伙伴伸出援助之手，有的湾豆还会抱抱老师，说句您辛苦了……

两年来，无论是学习、生活还是思想上，湾豆们的成长有目共睹。这种主体多元、他评与自评相结合的评价模式也有助于教师在评价过程中有效地对学生的发展进行监控和指导，帮助学生更好地接纳和认同评价结果，我想这就是多元评价的魅力吧！

三、教师成长反思而变

美国心理学家波斯纳提出了教师成长的公式：成长＝经验＋反思。两年的"湾豆收获季"，带给自身很多思考与成长。仍记得刚实行多元评价的不解，觉得每天给学生盖荔湾赞，定期总结和表扬是一件很麻烦的事情。但是对于老师而言的一件小事或者一句表扬却对学生起着很大的作用。

学生是一个完整的生命个体，而且在不断变化与成长，教师也更应该以发展的目光辩证地看待学生的成长。在保证学生评价标准的全面性、综合性、基础性的前提下，要尊重学生个体发展的差异性和独特性的价值，从多元的角度确立不同层面的评价指标和标准，激发学生内在发展的动力，帮助学生认识自我，明确自己努力的目标和标准。所以在测评的过程中做到允许不同学生异步达标，实施因人而异的多层评价，多用开放式的问题测评学生。我看到了班级里相对落后一些的学生那通关喜悦的样子，还有的学生走过来和我说："老师，我全过关了。"那个样子好像得了什么大奖一样，我的心也充满欢喜。

"多元智能"评价方案，让教师的教师观和学生的学习观发生了质的变化。通过这些评价，了解学生智能发展的特点，因材施教，发展学生的优势智能，促进学生其他智能的发展。教师对于学生的教育观念和以人为本的思想意识有所加强，学生对语文学习的兴趣和价值取向也更加明确。善于利用多元评价，顺应时代的改变，让教育之花绽放学生成长之路。

多元测评乐趣多

吴琼

【摘要】多元测评对学生的学习能力是另外一种方式的呈现，多元测评也为学生的学习打开了另一扇窗户，让学生体会到原来书本上的知识也可以这么好玩。丰富有趣的测评形式让每一个学生得到全面发展，让每一朵花都能完美绽放，让每一颗星星都闪亮，真正做到：让每一个学生都能幸福成长！

【关键词】丰富有趣　　全面发展　　完美绽放　　幸福成长

在进入荔湾小学之前，一个学期的结束停留在我脑海中的一直都是期末考试的那一张试卷。虽然说，考试是检验一个学生学业比较好的方式，但是用一张试卷就把这学期的所学定格下来，这确实会让大部分学生很没有成就感。成绩只代表一个人某一方面的能力，而一个人的才能是从多面来呈现的，以此来衡量一个学生太片面化。期末考试是不是也可以丰富有趣呢？

一、多元测评促进学生的全面发展

谈起荔湾小学的期末测评，不禁让我想起李莹校长曾数次在南海中学会议室给专家做讲解，想起荔湾第一届学生在深大附中测评的场景，还想起期末测评兑换礼物时学生们、家长们、老师们那忙中有序的热闹场景和无比激动的心情。

语文学科相对来说测评项目较多。语文学科以《义务教育语文课程标准》为指导思想，从而提高学生语文素养，促进综合素质的全面发展，以贯彻落实"教育就是成就"的办学理念，关注学生的成长，提高学生对语文学科的兴趣，引导教师积极探索语文课堂教学的形式和策略，拓宽语文深度。

多元测评有五个创新点：评价体系科学化；评价主题多元化；评价内容个性化；评价标准人性化；评价方式多样化。

如此面面俱到的多元测评形式，怎么能不受到学生、家长、老师的喜欢呢？语文学科的多元测评主要考察学生的听、说、读、写、认这五项内容。

二、多元测评促进学生的完美绽放

接下来具体说一说一年级语文多元测评的内容点。

一年级的识字要求为：准确认读教材要求认的 400 个汉字；正确书写教材要求的 200 个汉字。

阅读要求：用普通话正确、流利朗读课文；喜欢阅读，感受阅读的快乐；能够展开想象，感受儿童诗的美好；认识课文中简单的标点符号并学会运用。在测评过程中，令我比较意外的是，大部分学生不是简单地念，都是声情并茂地朗读。每每听到学生声情并茂地朗读，都让我产生一种油然而生的自豪感。

在口语交际中，考查学生认真倾听，有自信地表达自己想法的能力。在综合实践中，学生通过观察大自然、社区和校园，用口头或者图文等方式表达自己的观察所得。在整个多元测评中，注重学生的情感体验、学习态度的形成，激发学生对外界事物的感受程度，使口语表达真正赋予交际的意义。

在认读拼音方面，评价学生能否读准声母、韵母、声调和整体认读音节，能否准确地拼读音节，正确书写声母、韵母和音节。在识字方面，评价学生能否准确地认读教材中要求认识的所有汉字。

在湾豆星星主播台测评中，因为测评内容是由老师从五份课外稿件中随机选取一小节，所以难度相对有点大。为了培养学生的自信心，我在早读时间会选出带读小老师带领学生练习，学生跟读都很认真。阅读测评可谓是一项检验学生阅读技巧的测试，当可爱的学生拿着阅读短文声情并茂地朗读时，我也跟着沉浸其中，学生读得很认真，有时还会听到学生说："好紧张。""好担心读错呀。"看着这么天真、可爱的孩童，老师其实也会"手下留情"的。每当我宣布"恭喜你获得满颗豆"时，就会听到一声"耶"，这声音可谓震耳欲聋，仿佛希望全世界都知道自己获得满颗豆。

　　有时我也会邀请部分家长义工参与多元测评。作为考官，家长们心中有激动，有紧张，总之一句话，就是心情复杂多样。作为巡考官的我也是很认真地巡查，一方面督促学生认真复习，耐心备考，另一方面发现家长义工对待测评非常负责，与学生对话都格外地温柔，就连爸爸们都显得刚中有柔，说话轻声细语，不时传来"慢一点，不着急""你再想一想"……其实，我发现学生在整个多元测评过程中是相对轻松的、活跃的。我非常鼓励家长义工进学校，这不仅可以让家长们重新感受新时代学校的办学理念，还可以让家长们通过观察其他学生在课堂的表现后更好地教育自己的孩子，最重要的是看到教师职业的辛苦，从而能够更加配合学校的管理，配合老师的工作。我发现，在多元测评过程中所有家长都很用心，遇到学生不会的内容，会对学生说："没关系，再想想"，"阿姨相信你一定可以想到的"……就这样，不停地鼓励学生。每当看到这一幕，我都很感动，心中默默为我们班的家长义工点赞。

三、多元测评促进学生的幸福成长

其实，令我印象最深的要数兑换礼物环节。这一天，家长义工会早早地来到班级，把桌子摆放到教室的四周，同时把在网上精心淘到的玩具和学习用品摆放在桌面，标上从 1 颗豆到 100 颗豆等不同的价格，千万不要小瞧了这些价格，这都是家长义工通过先计算每个学生集豆册中的豆数，再按照豆数来规划所有物品的标价，最后学生拿着集豆册去购买自己想要的物品。当学生用自己的"劳动"挣到"钱"时，心里面是无比地开心，这种喜悦无法用言语描述。兑换礼物环节，一方面可以锻炼学生的计算能力，还可以提高学生的情商，培养学生学会感恩自己的家人，用自己的劳动成果给家人兑换礼品，学生会变得很有成就感，另一方面学生还可以进行合作，把剩余的少量班币与好朋友一起来兑换礼物、分享礼物，这又促进了同学之间团结协作、互帮互助的精神。我印象最深的一次是班级里有几个学生悄悄地商量着一些事情，不一会儿他们就走到我的面前说："吴老师，这是我们给您买的礼物，谢谢您教会我们知识，您辛苦了。"那一瞬间，我觉得自己好幸福，眼角的泪水止不住地往外流，是感动更是自豪！

　　每一项多元测评都是凝聚老师们的集体智慧，无论是形式、内容、时间、标准还是评价的方法及主体或者是测评能力点，都是细致入微，无不体现荔湾品质。

　　总之，荔湾小学的期末测评是我见过的最能全方位了解学生能力的一种测评方式。作为老师，我也在每一测评中感受到科组老师的团结协作，看到家长义工的认真负责，看到学生在不同学科中获得满足感，我也乐在其中，受益良多。

学生期末学业水平多元评价实操案例

—— 听见你的声音升华我的教育

李洁

大爱无痕，润物无声，教育无处不在，老师的一个微笑，一个和蔼的眼神，一个爱抚的动作，一句关心的话语，都会给学生带来欢乐和智慧；而一个好的评价机制更能够给学生带去更多更好的成长。

苏联教育家苏霍姆林斯基说："教育工作的实践使我们深信，每个学生的个性都是不同的，而要培养一代新人的任务，首先要开发每个学生的这种差异性、独立性和创造性。"

正如世界上没有完全两片相同的树叶一样，世界上也没有完全相同的两个人，学生个体的差异是客观存在的，差异是因材施教的前提与基础。学生在学习过程中存在着生理、心理、社会性和学习环境的差异。我们每一个教师要认识到这些差异并设法超越差异、缩小差异。面对智力、能力、思维、性格、毅力等都存在差异的学生，我们的教育要"以人为本"，就要让每个学生鲜亮的个性得到张扬，让每个学生都能获得成功。我们要有一双善于发现的眼睛、细致观察，根据每一个学生的个体需要给予适合他们的教育。

参与学生期末学业水平多元评价已经有两年多了，在这近两年的实践中，我学习了很多，成长了很多。但最让我触动的是学生的成长，现在我就一个具体的案例分享一下我参与学生期末学业水平多元评价的感受。

一、相见，初现嫩芽青涩

从我接触朝阳班开始，我就注意到了这个平常课下粘着老师，但课上从不敢发言的孩子，他的名字叫小凡。接班之初，他的妈妈曾跟我交流过她的烦恼：她很苦恼小凡这个孩子总是记不住知识，为此她想尽了各种办法，但是效果都不尽人意。接触得多了，我发现他的确有一些特别，一到上课小凡就很紧张，当老师提问他总是一句话也说不出来。但是课下，他又能拉着我的手跟我聊最近看过的书，经历的事。带着疑惑，我默默地关注着这个孩子，我发现他总是要在课前去一趟厕所，我猜想：他大概是想缓解内心的紧张，所以选择暂时性空间隔离。在课上，他也总是会不由自主地发呆，或者做些与学习无关的其他事情。在教学期间，我也尝试着用谈心、补习等方式引导他，但是改善并不大。我感受不到他在学习上的欢乐。

二、相识，喜伴幼苗蜕变

他初来朝阳班的种种行为，在一个特殊的时刻发生了改变。那是四年级的"小小舞台表演秀"，我发现这个胖胖的小男孩，悄悄改变了。他变羞涩为勇敢，能够开心地与同学们交流了；他由最初紧张到说不出一个字，到开始主动地背诵自己的台词，直至最后背诵课内知识。我感受到了他一点一滴的改变，我发自内心地为他感到开心。终于到了表演当天，我看到这个在课上不敢说一句话的小男孩儿，由最初的紧张到最后的享受舞台，尽管他登台的时间不到一分钟，可我感受了他自身巨大的成长。他迈出了自己的那一步，接纳自我，勇敢尝试。仅仅只是短暂的小演出，却深深地触动了我，让我不禁润湿眼眶。表演结束后，我对他给予了极大的表扬和肯定。他的改变让我明白，作为学生的老师，我们要始终坚持"以生为本"，给予学生需要的养分。

经过一个学期的成长，小凡他们书友队的童话剧表演又上了一个新台阶。这一次，小凡表现得更加自信了。观赏完他的表演后，我发自内心地为他鼓掌。渐渐地，这个曾经让我十分担心的小男孩儿，有了进一步的改变。课堂上，偶尔能看到他举起小胖手，尽管发言不那么精彩，可是他终于不再那么惧怕上课了，他的作业也比之前完成得更认真了。他的改变让我初尝期末多元评价的甜头。

三、相知，乐闻小树成长

最让我感动的，当数小凡在四年级下学期的"学科答辩我能行"上的表现。这个项目是这样考评的：首先，学生可以自主选择自己喜爱的一本书或是一部电影。其次，学生可根据自己选择的内容，写一篇读后感或观后感。最后，学生根据自己的作品进行现场答辩。答辩现场，当他听完我的提问后，站在我们面前的他淡定、从容地给出了回答。我被他这样的表现深深地吸引了，看着他自由快乐地说着自己的看法，我不由得陷入了深思，往日的画面涌上心头，而对比眼前的这个小男孩儿，我的内心有一股暖流在奔涌。虽然具体的谈话内容已随着时间模糊了踪迹，但是当时他带给我的震撼依然溢满心怀……答辩结束后，他还给我写了神秘的幽默信，那一刻，我体会到了教师独有的幸福感。

到了五年级，我看到他能够自主地完成更多作业了，也能够很开心地跟同学们进行交流了……我想这些都与他的那次表演经历相关，而这都是在多元评价中孕育而生的。

四、多元评价，助力学生成长

学校的多元评价打破了传统的测试方式，用更加多样化的方式检测学生，做到了更全面、更客观的评价学生。这不仅为教师的教提供了强有力的实践依据，也为学生的学开拓了新的认知区域。多元化评价，既能让学生评价中发现问题，解决问题，又能让他们在这样的氛围中，重新找寻自己、认识自己。小凡的改变,不正是这些最好的印证吗?

新课改的出发点是"以人为本","以学生的发展为本",我们学校的多元化评价与新课改的这种理念高度吻合。作为一线教师,我们更应该深入浅出的落实这种教育理念,为每一个孩子的幸福人生奠定稳固的基石。感谢多元评价带给我的宝贵的教学经验。

苏霍姆林斯基说过:"善于鼓舞学生,是教育中最宝贵的经验。"多元的评价不正是在实践着这句话吗?给孩子们舞台,让他们去寻找真实而精彩的自己,最终成为更好的自己。

小凡的事例让我明白,每个孩子的花期本来就不同,我们要做的就是,给他适宜的土壤,引导他保持努力,主动地吮吸成长的甘露,相信有一天他们能精彩地绽放!尽管他未来的路还很长,但我已慢慢嗅到了他生命散发出的芬芳,我想这就是教育的意义吧!

附:

实施学生期末学业水平多元评价的感受分享:
切身感受,让学习活起来

1. 多元评价能够将学生平常(过程性评价)的学习与期末测评有机的结合。由终究始,让学生养成自主规划学习的好习惯。

2. 多元评价能够关注到不同层次的学生,让他们在参与测评中获得不同程度的成长。

3. 寓学于乐,多元有趣的测评方式,让学生用他们喜欢的形式去感受知识,学习知识。

4. 多元评价中的项目能增强孩子们的合作能力。比如四年级的"小小舞台表演秀",这个项目需要孩子们合作完成,孩子们能从表演的准备过程中提高合作能力，获得了自身成长。

5.多元评价锻炼了学生的表达能力。在集体上课的过程中，我们往往无法关注到每一个学生，但是"学科答辩我能行"这个项目，可以以一种新的方式让我们走进每一个孩子。让每个孩子的思维和表达能力都得到不同程度的锻炼与提高。

小学数学

　　"宇宙之大，粒子之微，火箭之速，化工之巧，地球之变，生物之谜，日用之繁，无处不用数学。"数学在生活中处处都有，如何让孩子们发自内心地热爱，从而执着于探索数学的奥秘，是数学老师们的追求。除深研教材用心上好每一节课外，也在学生的学业测评中结合学科实际精心巧设各种过程性评价及展示性评价项目，让孩子们畅游数学之海，享受数学之乐。

　　"数学展讲"，让学有余力的学生当小老师，对一个知识点、某一类型的题进行三至五分钟的讲解，录成视频，播放给该年级的同学观看。

　　"数理比赛"，包含了舒尔特方格、数独、二十四点游戏、魔方，等等，引进游戏，纳入测评。老师们录制了数理游戏微课，教孩子们如何玩耍。小"湾豆"们学会了后，在课间、放学后、在家中、小区里随时都可以和小伙伴来一场友谊赛、和家长来一场亲子游戏。不仅锻炼了孩子们的思维，还促进了同伴之谊与天伦之乐。

　　"扑克速算大王""七巧板1分钟拼图形""数学答辩""今天我当家""我是商店管理员"，等等，数学老师是按什么原则设置测评项目，提升小"湾豆"数学核心素养的呢？让我们一起走进数学教师的视角，看看他们眼中的激励性评价改革。

小学生数学学科测评方案的制定与实施

朱彦

【摘要】数学学科测评是荔湾小学学生激励性评价中的一个学科基本面，主要研究的是学生在数学学科能力上的发展。2017年至2020年，作为学校激励性评价大框架下的一条支线，数学科组的学科测评方案历经三年的摸索研究与反思修正逐渐精进细化，建构了具有指导思想、测评目标、测评依据、测评内容、测评项目、测评原则、测评告知的科组测评方案。

【关键词】多元评价　小学生　激励性评价　数学科组　期末测评

荔湾小学2017年建校，数学科组从2017—2018学年有两位数学教师，到2018—2019学年有8位，再到2019—2020学年有11位数学教师，科组的教师队伍随着班级的扩充成比例增加。

在学校教学管理中心的指导下开展数学学科下的小学生激励性评价（又名"湾豆收获季"）已有三年，数学科组以教研为主阵营，每个学期都会提交集科组共同研讨的《数学学科测评方案》，经历过不断修正与精进的过程，现将三年来的《数学学科测评方案》的过程与结果进行整理奉献给大家，希望对读者有所启示和帮助。

一、指导思想

思想是行动的先导，作为学科教师首先要明确为什么要进行激励性评价？

只有知其然，才能行于道。每一位学科教师都要经历科组关于本校《小学生激励性评价 —— 湾豆收获季》（"湾豆"指的是荔湾小学学生）的认识培训。培训分为两个方面，一个是国区校三位一体思想的指导，这个主要是由学校进行全体教师培训，在学科组再进行一遍侧重于本学科解读；另一个是学科教学思想层面的指导，这是数学学科测评的核心，全员必须学习《义务教育数学课程标准》，这本书不再是放在教师办公室书桌一隅的书籍，而是在科组教研中由科组长、备课组长、领航教师带领大家逐字学习研讨的重要学科纲领性文本。

数学科组坚持以学校《小学生激励性评价 —— 湾豆收获季》，以学科《义务教育数学课程标准》的思想为指导，积极落实培养小学生数学核心素养的根本任务，以生为本、立足实际，不断建全精细数学学科测评方案，致力于实现小学教育阶段数学的培养目标，面向全体学生，适应学生个性发展的需要，使得小"湾豆"儿都能在数学学习上得到不同的发展。

二、测评目标

认识到学科测评的必要性及重要性后，接下来设置学科测评的目的。

以测评目的为灯塔，指引学科测评的方向。

1. 梳理学生数学学习过程数据，培养学生良好的数学学习习惯。

2. 科学有效多维的方式激发学生学习数学的热情和兴趣，调动学生积极性。

3. 合理设置测评内容引发学生的数学思考，激发学生的创造性思维。

4. 合理设置拓展阶梯使学生扩展视野，感受学科知识的魅力。

5. 提供锻炼的机会和展示的舞台，培养学生在日常生活中应用学科知识的意识。

6. 完成《义务教育数学课程标准》中小学阶段所要求学生达到的知识技能、数学思考、问题解决、情感态度四维目标。

三、测评依据

数学科组期末测评的主要依据是：

1.《义务教育数学课程标准》中的小学阶段的课程目标及课程内容。

2.《义务教育数学课程标准》中小学阶段的实施建议。

四、测评内容

（一）全套教材知识点

如何制定科组的测评内容？随意设计一个活动让学生玩一下就行了吗？设计丢沙包可以吗？丢沙包活动能练就孩子的腾挪躲闪功夫用于强身健体，也能练习臂力、瞄准能力，但是用来作为数学测评显然有些不适合，它更偏向于体育锻炼。数学是思维的体操，数学测评活动要具备数学的特点，锻炼体现学生的数学思维，考核学生的数学知识掌握水平。学科测评活动绝不能仅以数学老师的空想而定，多元评价虽然打破了唯分数论，不以单一的考试为衡量学生的标准，但并不是说学科的知识培养都不好好落实，只需要不断地搞形式主义的活动就行了，这样容易走极端。数学学科的测评最终要落实到培养学生掌握必备的数学基础知识和基本技能，培养学生的抽象思维和推理能力，培养学生的创新意识和实践能力。这些数学素养的培养在《义务教育数学课程标准》中都有严谨的分学段分年级的目标内容要求。

数学科组将《义务教育数学课程标准》中各学段年级目标按照上下册来进行统整梳理，制作了两个纲要表格，一个是《整套教科书上学期学习内容结构表》，另一个是《整套教科书下学期学习内容结构表》。

每个年级设计的测评项目必须不打折扣地完全落实学习内容。这是数学测评最基础的保证。

（二）数理游戏

北师大版数学各年级教材的习题中穿插有"数独""华容道""二十四点游戏"等一些游戏内容。科组教师把这些散落在教材里的游戏单独拎出来形成一个数理游戏类别，除以上游戏外，还加入了汉诺塔、舒尔特方格和魔方。2017—2018年建校第一年一年级测评了汉诺塔；2018年9月及2019年9月全校举行了数理比赛；2020年2月疫情期间，数学组教师录制了数学游戏微课，一共9个课时，一节课介绍了汉诺塔玩法；一节课介绍了舒尔特玩法；三节课介绍了数独进阶的玩法；两节课介绍了华容道的玩法；两节课介绍了二十四点游戏的玩法。未来还设想有更多的游戏能加入进来，分年级设置。例如中国传统的游戏孔明锁，等等。

五、测评项目

（一）学校大框架

学校定下了每一个学科的测评项目框架，分为两部分：形成性评价占10%和终结性评价占90%。终结性评价又分为两部分，展示性测评占20%，期末卷面测评占70%。

（二）形成性评价

形成性评价的时间从学生开学第一天开始至期末考试前一天结束。

在教研中，经过大家讨论，数学科组的形成性评价包括四个方面：分别是每日课堂占30%、每日作业占20%、单元练习占30%和小组合作占20%。

其中每日课堂包含倾听及发言反馈，各占课堂分的 50%。

1. 每日课堂

每位学生在数学书上都会张贴一张"我的课堂评价表"，每天课后由老师根据学生课堂倾听与发言反馈两个维度在表格上进行"荔湾赞"的盖章。表格历经二代，第一代为一周一贴，后经数学老师改良，第二代把全学期的综合在一张表上。2018—2019 年上学期"每日课堂"是只由教师评价，2018—2019 年下学期及至今加入了学生自评及小组评价。

2. 每日作业

（1）《数学知识与能力训练》是南山区统一配套的练习册，由老师全批全改，学生的错题用画圈或打问号的方式表明。

（2）作业评价及日期统一写在作业本的右下角。全对且书写工整用 A+ 表示；全对的用 A 表示，错题多少程度由 A- 到 C-，不及格为 D；等级下画一条横线，写上批改日期。

（3）遇错题，学生不擦掉原错题订正作业，在旁边写订，订正对为止。

（4）复批要求：学生订正全对时，在原来等级的旁边写上 P（意为 Pass 通过）。

（5）《数学知识与能力训练》尽量当天批改完。

（6）重点检查学生是否按要求及时有效地订正作业。只有前一次作业全对或者已订正，下一次的作业全对且书写工整得 A+ 星，如果前面有作业没有订正，则下一次的作业全对且书写工整也只得 A+，不得星。

3. 单元练习

单元练习的评价是取整一学期单元测试卷的平均分，此套单元练习卷是由南山区印制的，历经多年，经受众多老师的考验，是非常难得的难易适中的优秀配套卷。单元考试后，每次都统计分数，如有学生缺考，则该生到校后补考，补考后补录分数。成绩都很客观真实。

4. 小组合作

小组合作学习旨在引导学生养成自主、合作、探究和学习习惯，最大限度地调动学生参与合作的主动性和积极性。

以 2018—2019 学年第二学期形成性评价为例（见表 2.1）。

表 2.1　形成性评价

形成性评价（六个年级通用）					
评价时间	项目	评价要求	评价标准	评价内容	评价呈现形式与评价主体
2019/2/18—2019/7/5	每日课堂	1) 整堂课做到用心倾听老师和同学的发言，得一个荔湾赞。2) 整堂课用心思考问题，积极发言，得一个荔湾赞。	1) 100 个赞及以上为 A 级，得 5 颗豆。2) 80 ～ 99 个赞为 B 级，得 4 颗豆。3) 60 ～ 79 个赞为 C 级，得 3 颗豆。4) 30 ～ 59 个赞为 D 级，得 2 颗豆。5) 30 个赞以下为 E 级，得 1 颗豆。	1) 课堂上倾听的学习习惯。2) 课堂上用心思考，踊跃发言的学习习惯。	学生课堂表现记录表学生自评小组评价教师评价
	每日作业	1) 每天记录学生作业情况。2) 全对且书写工整 A+全对为 A。3) 错少量题为 A-。4) 错误较多为 B。5) 错误很多为 C。6) 取学生所有作业等级的平均成绩为作业总体成绩	1) A 及 A+ 级别得 5 颗豆。2) A- 级别得 4 颗豆。3) B 级别得 3 颗豆。4) C 级别得 2 颗豆。	学生《数学知识与能力训练》	学生作业记录表家长评价教师评价

续表

评价时间	项目	评价要求	评价标准	评价内容	评价呈现形式与评价主体
2019/2/18 —2019/7/5	单元练习	1）记录学生每次单元练习的成绩。 2）取所有单元练习卷的平均分为学生的单元测试总体成绩。 3）第一个层级：85～100分为优秀。 4）第二个层级：70～84分为良好。 5）第三个层级：60～69分为合格。 6）第四个层级：59分以下为不合格。	1）第一个层级：85-100分为优秀，得5颗豆。 2）第二个层级：70～84分为良好，得4颗豆。 3）第三个层级：60～69分为合格，得3颗豆。 4）第四个层级：59分以下为不合格，得2颗豆。	南山区统一的单元测试卷	单元练习成绩记录 教师评价
	小组合作	1）全员通力合作，人人积极参与，圆满完成小组任务为第一个层级85～100分优秀。 2）基本完成小组任务为第二个层级70～84分良好。 3）小组成员尽心尽力，但是结果不尽人意为第三个层级60～69分合格。 4）小组成员不团结，不配合，完不成任务为第四个层级59分以下不合格。	1）第一个层级：85～100分为优秀，得5颗豆。 2）第二个层级：70～84分为良好，得4颗豆。 3）第三个层级：60～69分为合格，得3颗豆。 4）第四个层级：59分以下为不合格，得2颗豆。	以老师发布的小组任务	成绩记录 学生自评 小组评价 教师评价

（三）展示性测评

展示性测评时间多为学期中期至期末考试前一周。

展示性测评有学科统一的展示项目，也有每个年级有不同的展示项目。如在 2018—2019 学年上学期学科统一展示测评项目有数学手抄报、计算比赛、数学展讲。

各年级不同的展示项目，一年级是数字书写小能手、小小探索家、图形与几何大王、聪明城堡、扑克速算大王、5×5 舒尔特方格；二年级是芝麻开门、神奇的魔"杖"、对称秘境、人民币的秘密、走出迷宫；三年级是时间安排表、购物小票计算、5×5 舒尔特方格；四年级是"我是小小画图师"、24 点、方位辨认我最棒、负数大小我会排、薛定谔的球、财经知识测试；五年级是奇偶合质我会判、你说我做、美丽图形我来算、我是小小设计师；六年级是简算比一比、最强 24 点、组合图形我来算。

数学组教师在测评过程中收集教师、学生、家长的反馈信息，不断进行修正，展示性测评有过一些更改，如：

（1）经过调研，2018—2019 学年下学期至今，数学科组取消了数学手抄报作为测评项目。

（2）2018—2019 上学期，鉴于多数年级都设置了游戏项目，因此，2018 年—2019 年下学期将数理游戏纳入了统一都有的测评项目里。后来，在调研中，家长们出现两种声音，部分家长认为，孩子的时间非常宝贵，中考竞争激烈，希望中考不考核的项目尽量不出现，以免加重负担。也有部分家长认为，舒尔特方格锻炼了孩子的注意力；数独、华容道、二十四点等游戏锻炼了孩子的思维能力；同时，小孩子们在一起时，不再是像以前一样 IPAD 玩游戏、看视频了；爸爸们也缩短了玩手机的时间，和孩子一起研究玩法，拉近了和爸爸的亲子时光。学生们也出现两种反馈，一种是整体而言男生相比女生更乐于接受挑战、热情度更高、觉得好玩；另一种是整体而言女生出现的畏难情绪重，觉得有压力。这两种声音，也让数学组教师重新审视和思考，做了一些调整，2019—2020 年取消了数理比较的魔方测评，舒尔特方格、数独、二十四点普降难度。

（3）经组内教师研讨，大家一致认为，取名需让人一眼能看出测评的项目是什么，而不仅是一个不知所以然的名称而已，以"聪明城堡"为例，光看名字，不知测试的是什么。于是在下一学年的测评项目中，名称上做了修正，改为"聪明城堡 —— 认识整时与半时""神奇的魔杖 —— 测量"。

以 2018—2019 学年第二学期学科统一展示性评价为例（见表 2.2）。

表 2.2　终结性评价

终结性评价（六个年级通用项目）					
评价时间	项目	评价要求	评价标准	评价内容	评价呈现形式与评价主体
2019/12/16	计算比赛	在 15 分钟内完成若干道计算题。	1)第一个层级:85～100分为优秀，得5颗豆。2)第二个层级:70～84分为良好，得4颗豆。3)第三个层级:60～69分为合格，得3颗豆。4)第四个层级:59分以下为不合格，得2颗豆。	一年级:1) 10以内的加法、加法、连加、连减。2) 20以内数的不退位减法。3) 100以内数的加减法。二年级:1) 100以内数的连加、连减、加减混合运算。2) 表内乘除法。三年级:1) 两位数和三位数的加减法，一位数乘两位数和三位数，两位数和三位数除以一位数的除法。2) 一位小数的加减运算。四年级:1) 三位数乘两位数、三位数除以两位数，认识运算律并会进行混合运算。2) 小数加减法。五年级:1) 小数除法及四则混合运算。六年级:1) 综合小学阶段的运算。	1) 命题试卷2) 教师评价

续表

评价时间	项目	评价要求	评价标准	评价内容	评价呈现形式与评价主体
2019/10/01—2019/11/01	数学展讲	对本册学过的数学知识或者学生了解的数学知识进行讲解，通过录制视频的形式，让别人能听懂这个知识点，以3～5分钟微视频的方式提交。	评比出A、B、C等级，A级5颗湾豆，B级4颗湾豆，C级3颗湾豆。	1）内容围绕选题展开。2）讲解知识点逻辑清晰、完整；借助多媒体工具，可视化展现。	MP4微视频教师评价70%学生互评20%自我点评10%
2019/10/01—2019/12/30	数理比赛之舒尔特方格	APP，5*5测试模式进行考核	1）25秒以内5颗豆。2）30秒以内4颗豆。3）35秒以内3颗豆。4）40秒以内2颗豆。5）40秒以上1颗豆。以上述标准为三四年级标准线，一年级每层增加5秒；二年级每层增加2秒；五年级每层减少2秒；六年级每层减少4秒。	综合运用所学的知识，在数学活动中激发学生数学学习的兴趣，体会数学思想，锻炼思维能力，积累思考经验，开阔眼界。	APP游戏机器计时教师评价

评价时间	项目	评价要求	评价标准	评价内容	评价呈现形式与评价主体
2019/10/01——2019/12/30	数理比赛之数独（一至三年级）	APP，九宫格简单模式进行考核	一年级 4分钟以内5颗豆； 6分钟以内4颗豆； 8分钟以内3颗豆； 10分钟以内2颗豆； 10分钟以上1颗豆。 二年级 4分钟以内5颗豆； 5分钟以内4颗豆； 6分钟以内3颗豆； 7分钟以内2颗豆； 7分钟以上1颗豆。 三年级 3分30秒以内5颗豆； 4分钟以内4颗豆； 4分30秒以内3颗豆； 5分钟以内2颗豆； 5分钟以上1颗豆。	综合运用所学的数学知识，在活动学习中激发学生数学学习兴趣，体会数学思想，锻炼思维能力，积累思考经验，开阔眼界。	APP游戏机器计时教师评价
2019/10/01——2019/12/30	数理比赛之24点游戏（四至六年级）	APP，24点游戏进行考核	1）四年级 6关以上5颗豆； 4～5关4颗豆； 2～3关3颗豆； 1关2颗豆。 2）五年级 7关以上5颗豆； 5～6关4颗豆； 3～4关3颗豆； 2关2颗豆； 1关1颗豆。 3）六年级 8关以上5颗豆； 6～7关4颗豆； 4～5关3颗豆； 2～3关2颗豆； 1关1颗豆。		
0/01/10	期末考试卷	期末测试卷区统一命题、统一考试	1）第一个层级：85～100分为优秀，得5颗豆。 2）第二个层级：70～84分为良好，得4颗豆。 3）第三个层级：60～69分为合格，得3颗豆。 4）第四个层级：59分以下为不合格，得2颗豆。	小学数学全册数学知识点	命题试卷教师评价

（四）期末卷面测评

终结性评价中的期末卷面测评四至六年级以南山区区级期末统考卷为准。一至三年级由学校准备试卷，和四至六年级同一天考试。

六、测评原则

（一）形成性评价的原则

1. 全程：从开学第一天到期末考试的前一天。

2. 客观：同科组教师尽量统一客观标准。

形成性评价目前还缺乏来自上层评价体系的维度指标，老师们各自在不同的理解中给学生打分，随机性太大，缺乏严谨性。同一个学生的表现在不同的老师那可能获得的分数不一。因此，数学科组制订了《数学作业批改要求》，全员教师按此要求评分，力求做到尽力客观。

（二）展示性测评的原则

1. 解决数学知识中的重难点内容。例如二年级的除法是重难点，那么在测评中设计一项"解决问题"的测试，让学生在解决实际问题中感受除法在生活中的应用，加深学生对除法的理解。

2. 尽量将一学期知识点串联成一个项目式学习。例如二年级的"魔法商店 —— 人民币认识及应用"，既有人民币的认识也有加减乘除的综合应用。

3. 数学知识中有年级联系的内容。例如一年级"聪明城堡 —— 认识整时和半时"这个测评是老师拨出钟面，让学生认整时和半时。学会整时和半时是一年级掌握的内容，二年级还有认识其他时刻的时间，因为设计了这个拨钟认时的测评，学生在家中练习时，不自禁地会向身边人请教其他的时刻是什么时间，在不自觉中就渗透了二年级的学习内容，因是在生活中习得，对孩子来说这是一项轻松有趣好玩的活动，不是课堂上的学习负担，有足够的时间把玩钟面，加深了对时间的直观认识，二年级学起来很容易上手。

4. 融入有趣好玩的益智游戏。例如锻炼学生专注力的舒尔特方格、数独，高年级的 24 点游戏。

5. 要有全校统一的展示性活动。例如：学生的"数学展讲"，人人都做小老师，把自己对知识点的理解向同学们输出，让同学一起学会。再比如每个年级每个学期都有计算比赛。

6. 设计多能动性多操作性项目。例如：一年级用七巧板拼出指定图形，一年级学习七巧板，如果只是出题让学生写，印象多停留在纸上，很无趣，而在展示性测评中，老师出示图片，学生在一分钟之内按要求拼出，不仅考察了学生对七巧板的认识，更加深了学生的观察与空间能力。

7. 展示性测评中的每一个项目要对应学科评价的目标和内容。展示性评价是学生展示数学思维的舞台，老师要精心设计，让学生能够凸显数学思维的锻炼与提高，而不是设计一个走过场的活动。

8. 展示性测评活动的设计要有坡度。没有坡度，没有难度，学生就会觉得索然无味，测评就是一场儿戏。依然以一年级用七巧板拼出指定图形为例，10 个图形，每个图形 2 秒内就能对着拼完，这绝不是一个好测评设计，应该是由易到难，让学生渐渐感到挑战的乐趣，沉浸其中。

七、测评告知

开学一个月后，整个学期的学科测评方案即定稿了，各备课组长按统一模板做一份《期末测评告知书》，发布在班级 QQ 群里。家长们看到有这项测评后，对孩子的学习会更上心，在测评实施中发现，家长非常关心孩子的测评成绩，提早就会进入复习状态，家校合力下，湾豆们对测评很认可，更会用心对待学习。

八、测评的收获

（一）学生的收获

1. 数学展讲

学生的"我的数学理解"展讲获得区级一等奖的有 6 人，区级二等奖的有 20 人，区级三等奖的有 18 人。

2. 数理比赛

学生数理比赛获得区奖项的有 6 人。

3. 计算比赛

学生每年参加两次学校计算比赛，在计算的准确率上有显著的提高。

（二）教师的收获

1. 对国家政策领会更深

以前老师们的教学理念大多处在微观执行层面，很少会想到国家政策方向，正是经历这样的培训与引导，对国家省市区级层面的政策理解更深刻，这种更高的视角下纵观自己的教学，看得更宽广深刻，对学生数学核心素养的培养能够执行得更到位。

2. 对教材教参钻研更透

因为测评最终都达到教学目的，在全科组集体研读下，老师们在共享智慧中对教材的钻研更透彻，尤其是新教师，在听老教师研读教材的过程中，充分吸收养分，获得长足进步。

3. 教学基本功提升

在基于青年教师教材研读能力飞速提升的基础上，数学科组每两年进行一次青年教师基本功比赛，包含说课、三笔字、现场答辩等项目，青年教师飞速成长，向着名优骨干教师前进，成就更好的自己。

数学学科的测评方案制定与实施始终依托《数学课程标准》，围绕培养小学生数学核心素养这一中心来设置测评项目，每位数学教师都渴望孩子们能在多元的评价方式中对数学学习产生并保持浓厚的兴趣，乐于探索与发现，在数学的领域里得到长足发展。基于这样的愿望，数学组教师们会继续努力，使学科测评方案日臻完善，成就师生之间幸福的小学时光。

参考文献：

[1] 中华人民共和国教育部.《义务教育数学课程标准（2011 版）》[M].北京：北京师范大学出版社，2012.1.

基于在线教育的思维导图在小学数学复习课中的实践与应用探析

闫海亮

【摘要】近些年,在线教育在中国正如火如荼发展,教育的模式、理念、应用场景也不断丰富。深圳市南山区荔湾小学在探索学生期末学业水平多元评价的路途中,经过全校师生共同努力,已取得一定的成绩。为了有效促进学生在小学数学单元复习中对知识的理解与掌握,让学生在学习过程中将知识具体化、平面化,激发学生的学习兴趣,提升学生的数学思维,本研究在新冠肺炎疫情期间,使用在线教育平台,借助思维导图工具,使学生从了解思维导图、掌握思维导图到运用思维导图,并将思维导图工具与数学学习相融合。从教学实践中可以看出,学生虽然处于小学低年级段,但能快速掌握思维导图工具,将单元知识以逻辑清晰、图文并茂的方式呈现出来,促进学生对知识的理解与掌握,对数学单元复习可起到良好的效果。

【关键词】在线教育 思维导图 小学数学 单元复习

一、背景

  2020 年初，突如其来的新冠肺炎打乱了很多人原本祥和、平静的生活。2020 年 1 月底，全社会处于新冠病毒疫情防控的特殊时期。为保障全体学生有学可上，教育部发出了"利用网络平台，停课不停学"的号召[1]，全国各地中小学校纷纷开展以在线教学为主的教学实践活动。《国家中长期教育改革和发展规划纲要（2010—2020 年）》指出："信息技术对教育发展具有革命性影响，必须予以高度重视。"[2]《国务院关于积极推进"互联网＋"行动的指导意见》[国发（2015）40 号]提出探索新型教育服务供给方式，鼓励互联网企业与社会教育机构根据市场需求开发数字教育资源，提供网络化教育服务；逐步探索网络化教育新模式，扩大优质教育资源覆盖面，促进教育公平[3]。随着互联网产业的快速发展，在线教育不仅吸引了以百度、阿里、腾讯为代表的大型互联网企业的加入，而且出现了一大批新兴在线教育创业企业。在线教育的服务类型多元化，并逐渐走向成熟，各要素之间协同关联性增强，开始出现产业集群化迹象[4]。随着新冠肺炎疫情的持续发展，正常的课堂教学也被迫由线下转为线上。深圳市南山区荔湾小学按照《南山区教育科学研究院关于应对延迟开学开设"空中课堂"的教学工作预案》，进行统一教学部署，科学有序安排班级线上

[1] 教育部. 教育部关于 2020 春季学期延迟开学的通知 [EB/OL]. [2020-01-29]. http://www.moe.gov.cn/jyb_xwfb/gzdt_gzdt/s5987/202001/t20200127_416672.html.

[2] 国务院 .2015a-03-16. 政府工作报告 [EB/OL]. [2016-05-30].http://www.gov.cn/guowuyuan/2015-03/16/content_2835101.html

[3] 国务院 .2015b-07-04. 关于积极推进"互联网＋"行动的指导意见 [EB/OL]. [2016-05-30]. http://www.gov.cn/zhengce/content/2015-07/04/content_10002.html

[4] 李恒 . 在线教育生态系统及其演化路径研究 [J]. 中国远程教育，2017，504(01)：62-70.

线下各项学习任务，有条不紊地推进"空中课堂"教学。这一教学模式的巨大改变，起初令许多一线教师难以适应。但随着时间的推移，教师们对在线教育教学模式的探索与研究，开始在这种非常规的教学模式下借助互联网技术，开展各种创新式的教学。

《国家中长期教育改革发展和规划纲要（2010—2020 年）》提出的四大战略主题之一为"坚持能力为重"，并着重指出：提高学生的学习能力、实践能力、创新能力[5]。在教育改革的背景下，培养小学生的数学核心素养是提高小学数学教学效率的方式之一，通过对数学教学进行有效优化，以达到实现深度学习的目的[6]。在学生核心素养培养的大背景下，重视学生综合素质的提升已成为共识。小学数学的教学评价，要培养学生用数学的眼光观察世界、用数学的思维分析世界、用数学的语言表达世界[7]。《义务教育数学课程标准》中指出课程评价要全面了解学生的学习过程和结果，并借助评价的管理、激励、导向作用，将评价目光从考试分数的量化转向核心素养的培养，构建一个全面、多元的评价体系，关注到学生学习的各个方面，对学生学业进行多元评价，可充分发挥学生的潜力。本研究在"空中课堂"——深圳市南山区荔湾小学二年级数学教学期间，针对单元知识点复习，考虑到传统讲述式复习方式难以获得学生的反馈，不能及时掌握学生理解知识的程度，因此采用以启发式、引导式为主的复习模式。结合在线教学技术和学生特点，利用思维导图与小学二年级数学单元知识复习相结合，激发学生学习兴趣，促进学生将知识由内化到外显，将知识平面化、可视化。

---

[5] 安英 . 数学核心素养导向的课程教学与评价——访曹一鸣教授 [J]. 中学数学教学参考，2020(07)：76-78.

[6] 代文娟 . 基于核心素养的小学数学深度学习策略研究 [J]. 名师在线，2020(20)：53-54.

[7] 唐军 . 基于学生数学核心素养的五年制高职课堂教学研究 [D]. 苏州：苏州大学，2016.

二、理论基础

本研究通过在中国知网（CNKI）以"在线教育"并含"数学"或"在线教育"并含"思维导图"作为精确主题检索，检索时间不限，共检索到相关期刊论文160篇，去除题名中含有"回顾""报告""讲话""经验总结""会议通知""会议总结"等的非学术文献6篇，剩余有效学术论文154篇。选取论文的标题、关键词、发表年份、摘要、单位5项标引数据下载到数据库，用作数据分析。从年度期刊发文量分布图（见图2.1）来看，发文量整体呈现上升趋势（棕色线），预计在未来，发文量还会继续增加。从具体年份看，发文量在2015年、2016年、2019年以及2020年（半年）是发文量较多的年份，而这些年也是中国互联网发展从建设到应用的关键年，是在线互联网教育爆发之年。

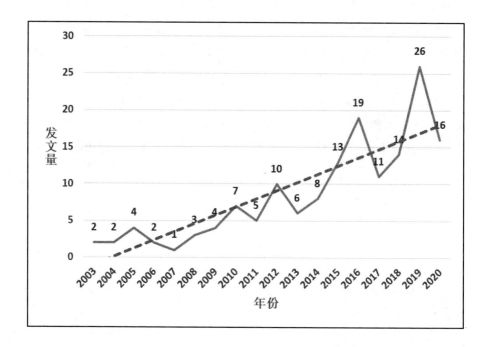

图 2.1 年度期刊发文量分布图

利用 Excel2016 中 Vlookup 函数，将 154 篇期刊文章作为列，同时在 595 个关键词中取出 20 个高频关键词作为行，每个 Excel 活动单元格表示论文对应的关键词是否出现，未出现的用 0 表示，出现的用 1 表示。随后，将词篇矩阵（数值型）数据导入 SPSS，使用聚类分析方法，将词篇矩阵选入标注个案，154 个数值变量选入变量中，统计量选项勾选相似矩阵，绘制项勾选树状图，方法项中聚类方法勾选组间连接，并选用 Ochiai 二分类法。从表中可以看出，"在线教育""教学改革""数据分析""在线学习"等关键词出现频率较高，成为研究的重点和热点。

表 2.3　高频关键词

关键词	在线教育	教学改革	数据分析	在线学习	MOOC
数量	23	22	14	8	7
关键词	远程教育	在线课程	高等数学	education	Onlineeducation
数量	7	7	6	5	5
关键词	Mathematics	自主学习	开放教育	教育信息化	翻转课堂
数量	5	5	5	5	4
关键词	教学质量	教学模式	大数据	数学教学	大学数学
数量	4	4	4	4	4

表 2.4　相似矩阵（部分）

相似矩阵	1:在线教育	2:教学改革	3:数据分析	4:在线学习	5:MOOC	6:远程教育	7:在线课程	8:高等数学	9:education	10:Online education	11:Mathematics
1:在线教育	1.000	.044	.167	.000	.236	.000	.000	.170	.000	.000	.000
2:教学改革	.044	1.000	.057	.075	.000	.000	.161	.087	.000	.000	.000
3:数据分析	.167	.057	1.000	.094	.101	.101	.000	.000	.000	.000	.000
4:在线学习	.000	.075	.094	1.000	.000	.134	.000	.144	.000	.000	.000
5:MOOC	.236	.000	.101	.000	1.000	.000	.000	.000	.000	.000	.000
6:远程教育	.000	.000	.101	.134	.000	1.000	.000	.000	.000	.000	.000
7:在线课程	.000	.161	.000	.000	.000	.000	1.000	.309	.000	.000	.000
8:高等数学	.170	.087	.000	.144	.000	.000	.309	1.000	.000	.000	.000
9:education	.000	.000	.000	.000	.000	.000	.000	.000	1.000	.000	.000
10:Online education	.000	.000	.000	.000	.000	.000	.000	.000	.000	1.000	.200

在聚类分析发现研究热点高频关键词名称及其对应出现频率高低排名，标注在树状图纵轴；0～25代表高频关键词之间的密切度，标注在横轴。高频关键词之间的纵向连线对应之横轴数字，越接近于0，说明关键词关系越密切；越靠近25，则说明关键词之间关系越疏远[1]。见图2.2树状图。通过树状图可以看出，在线教育、远程教育、翻转课堂是研究的热点，而对于在线教育与学科进行整合、融合研究相对较少。

表2.5　相异矩阵（部分）

相异矩阵	1:在线教育	2:教学改革	3:数据分析	4:在线学习	5:MOOC	6:远程教育	7:在线课程	8:高等数学	9:education	10:Online education	11:Mathematics	12:自主学习
1:在线教育	.000	.956	.833	1.000	.764	1.000	1.000	.830	1.000	1.000	1.000	1.000
2:教学改革	.956	.000	.943	.925	1.000	1.000	.839	.913	1.000	1.000	1.000	1.000
3:数据分析	.833	.943	.000	.906	.899	.899	1.000	1.000	1.000	1.000	1.000	1.000
4:在线学习	1.000	.925	.906	.000	1.000	.866	1.000	.856	1.000	1.000	1.000	1.000
5:MOOC	.764	1.000	.899	1.000	.000	1.000	1.000	1.000	1.000	1.000	1.000	1.000
6:远程教育	1.000	1.000	.899	.866	1.000	.000	1.000	1.000	1.000	1.000	1.000	1.000
7:在线课程	1.000	.839	1.000	1.000	1.000	1.000	.000	.691	1.000	1.000	1.000	1.000
8:高等数学	.830	.913	1.000	.856	1.000	1.000	.691	.000	1.000	1.000	1.000	1.000
9:education	1.000	1.000	1.000	1.000	1.000	1.000	1.000	1.000	.000	.800	1.000	1.000
10:Online education	1.000	1.000	1.000	1.000	1.000	1.000	1.000	1.000	.800	.000	.800	1.000
11:Mathematics	1.000	1.000	1.000	1.000	1.000	1.000	1.000	.800	.800	.000	1.000	1.000
12:自主学习	1.000	1.000	1.000	1.000	1.000	1.000	1.000	1.000	1.000	1.000	1.000	.000
13:开放教育	1.000	.905	1.000	1.000	1.000	1.000	1.000	1.000	1.000	1.000	1.000	.400
14:教育信息化	1.000	1.000	.761	1.000	1.000	1.000	1.000	1.000	1.000	1.000	1.000	1.000

---

[1] 李兴敏，李泳桥，曾飞云等. 我国中学生互联网使用研究热点聚类分析 [J]. 中国学校卫生，2017(5).

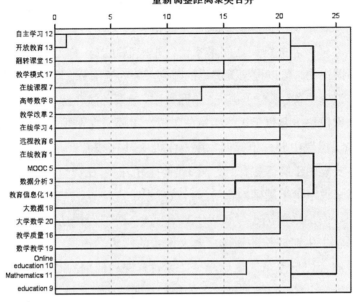

图 2.2

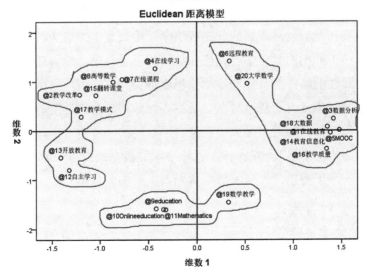

图 2.3 高频关键词知识图谱

利用高频关键词的相似矩阵，可以计算出相对应的相异矩阵，然后将相异矩阵数据导入 SPSS 中，通过"分析—度量—多维尺度"，最后输出高频关键词知识图谱。高频关键词知识图谱中，关键词之间越是松散，说明关联性越不强；若关键词之间很紧密，则关联越强，称为抱团。在高频关键词知识图谱中，可以根据关键词的疏密，分为三部分，即三个知识模块。第一个知识模块，主要位于第一、第四象限，主要关注在线教育与高等教育；第二个知识模块主要位于第二、第三象限，主要研究在线教育与数据分析；第三个知识模块主要位于第四象限，主要关注在线教育与教学。目前，在线教育主要集中于高等教育、教学模式等研究，随着在线教育的进一步发展，也将会越来越下沉于基础教育的学科教学中。

深圳市南山区荔湾小学在以"教育就是成就"为办学理念，基于教育的规律、学生生命成长的规律、未来人才的需求，依据《关于推进中小学教育质量综合评价改革的意见》《义务教育课程标准》《南山区中小学学业质量评价指引》，以发展性、多元化、全面性、尊重性为原则，开展"湾豆收获季"激励性学业评价的实践探究。

本研究以小学数学核心素养为基础，利用思维导图工具，利用互联网技术开展。《中国学生发展核心素养》报告以培养"全面发展的人"为核心，提出六大核心素养。小学数学核心素养作为小学生应具备的、能够适应终身发展和社会发展需要的、在数学学习中表现出来的必备品格和关键能力，要带有鲜明的数学学科特征和独特的小学特质，应具备基础性、发展性和实践性的特点[1]。结合小学生思维能力特点，利用思维导图进行小学数学单元知识复习。思维导图，又称心智导图，是表达发散性思维的有效图形思维工具，同时也是人类思维自然功能的一种直观展现，在各种类型的教学中均证明了其实践价值。思维导图的概念最初由东尼·博赞在《思维导图》一书中提出，东尼·博赞认为人类思维的自然功能，是打开大脑

---

[1] 周淑红，王玉文.小学数学核心素养的特质与建构 [J].数学教育学报，2017，26(03)：57-61.

潜力的钥匙。思维导图最大的特点就是将左脑所具有的逻辑能力和文字处理能力与右脑中的联想能力结合，从而将传统的单向思维转化为多维度的思维，提高学生的学习能力[1]。思维导图的最大优势就是能够引导学生在脑海中形成一张主题明确、逻辑清晰的知识网络，它能够促使学生通过关键词的提示，绘制出完整的知识体系，从而帮助学生获得更好的学习效果[2]。现阶段，在新课程改革进程不断深入的背景下，小学数学的教学目标也随之发生了根本性的转变，从先前的解题能力培养转化为对数学知识的理解和运用，通过系统化、科学化的教学模式，全面提升学生的逻辑思维能力和数学信息的处理能力，最终全面激发学生在数学方面的潜在能力。将思维导图引入复习课中，可以最大限度地调动学生的积极性和参与性，引导学生主动参与、主动思考数学知识图谱，并进行数学知识的梳理与模型建立。数学是培养小学阶段学生核心素养的主要学科，单元知识复习是学生构建数学知识体系的重要环节，而在复习过程中思维导图的优势得到了很好的体现。

三、课堂实践

（一）实践价值

《论语》有言："学而时习之，不亦说乎。"复习过程中，既是知识的回顾，也是知识被重新梳理、理解、巩固与加深的过程。教师在带领学生复习时，不仅仅是旧知识的简单重复，更重要的是为学生搭建知识点之间桥梁，建立各个知识点之间的联系，形成由点到面再到线的知识网络。

---

[1] 苏菊 . 浅谈思维导图在小学数学复习课教学中的高效应用 [J]. 学周刊，2020(22)：79-80.

[2] 刘宝崇 . 浅谈思维导图在小学数学教学中的运用 [J]. 科学咨询（科技·管理），2020(06)：266.

在小学数学单元知识点复习中，借助思维导图特有的点、线、图特点，可以有效帮助学生建立知识点之间的逻辑关系和联系，快速形成知识之间的串联。可以有效激发学生学习的兴趣，提高课堂参与度，使学生在图文并茂的数学知识中学习。数学本来就是一门逻辑性极强的学科，很多知识点前后都有关联，而且北师大版小学数学教材内容也是以螺旋式上升方式进行编写的。在学习过程中，利用思维导图，建立前后知识的联系，有助于学生将知识融会贯通，启发学生思考数学和生活中的联系，从而提高学生利用数学知识解决实际问题的能力。思维导图之所以有效，主要由于其可以"点—线—面"相结合，使知识以网络状呈现，全面建立知识之间的关联，帮助学生更好地理解和掌握知识。

（二）实践过程

1. 学生学习思维导图

本研究中的授课对象是二年级学生，根据目前学生认知水平和能力，尝试从学生易于接受的经验入手，帮助学生理解和掌握思维导图。教师从"苹果"这个词引入，利用腾讯课堂的举手功能，请学生思考，通过"苹果"可以联想到哪些东西或事务或知识，等等。课堂中，学生们的回答丰富多彩，有同学提到"苹果汁""苹果干""吃苹果"，等等，教师将这些归为味道这一个大类；有同学想到了苹果有不同的颜色；有同学想到了关于"苹果"的一些电子设备；最令教师吃惊的是有同学想到了牛顿的万有引力定律。在这个学生绽放自己思维的过程中，教师需要帮助学生划分类别，以及引导学生思考问题有个从点到线到面的思考过程。思维导图注重的是知识之间的联系，教师在依据学生回答问题过程中，强调不同颜色、不同线条粗细表示不同含义。"苹果"虽然仅仅是一个词，但是由这一个词衍生出相关的知识则是十分丰富的。通过图2.4，学生就可以将"苹果"相关的知识掌握并理解，从而实现知识的可视化与平面化。

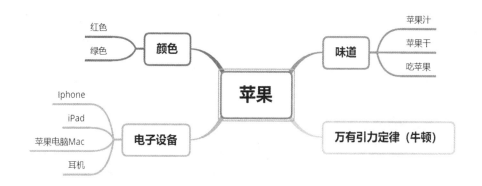

图 2.4 "苹果" 思维导图

2. 学生绘制思维导图

在正式复习课开始之前，教师会给学生布置相应的复习任务。学生通过回顾与复习整个单元数学知识，找出本单元中重要的知识点以及不理解的知识点，明确自己要解决的问题。学生在初步了解思维导图绘制的关键点后，教师结合学生的兴趣爱好，让学生们选择一个自己喜欢的主题为关键词，然后绘制一幅属于自己的思维导图。二年级学生思维非常活跃，每个人头脑中有极多的想法，因此在选择主题方面，对于学生来说基本没有困难。有学生以自己的旅游为主题（见图 2.5），从衣食住行玩等方面描绘，清楚地画出自己的旅游过程，仿佛又重新回到当初一样。有学生以"我喜欢"为主题（见图 2.6），将自己的爱好生动形象地绘画出来，一个孩子的天真与可爱完全在一幅图中显现。最令人感动的是一位学生以疫情为主题（见图 2.7），描绘了新冠肺炎的各个方面。通过这幅简单的小图，相信她已对新冠肺炎有了比较全面的了解，让她对于世界正在发生的事情，也有了比较深入的接触。教师不是简单地给学生传授知识，更多的应该是教给学生获取知识的方法和途径，任由学生在知识的海洋中探索、航行。

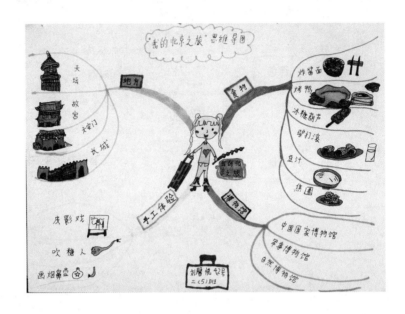

图 2.5 "我的北京之旅"

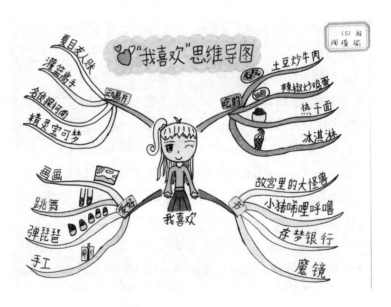

图 2.6 "我喜欢"思维导图

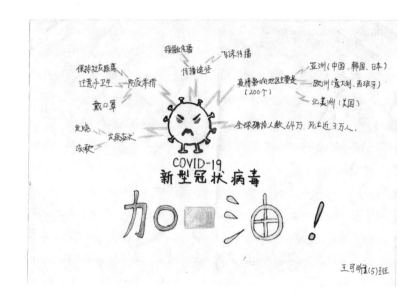

图 2.7　"加油"

（三）实践效果

通过学生对于思维导图的理解以及绘画，最后让学生自己绘制小学数学单元知识的思维导图。学生在已有基础上，可以很快找到每一个单元知识点的主题，并且将相关知识点进行细化。知识点也由一个个汉字或数字变为一张图，知识以平面化、结构化、可视化的方式显示出来。同时，学生在绘画单元知识思维导图过程中，能更加深入了解每一节之间的联系、每一章之间的关系，促使学生知识点网络体系的形成。

思维导图在数学学习当中所产生的价值是非常明显的，学生对于新鲜事物的掌握和应用超乎我们的想象。因此我们教师需要做的就是最大化地发掘思维导图在复习当中的能动作用，使学生在思维导图的绘制当中真正获益，掌握先进的学习方法，使数学的学习变成一件快乐的事。

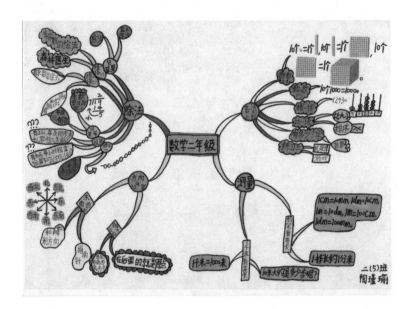

图 2.8　数学二年级复习

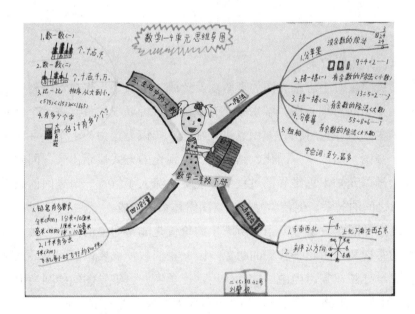

图 2.9　数学二年级下册复习

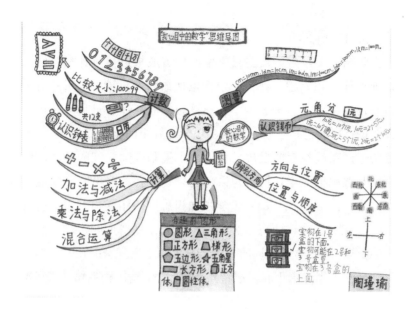

图 2.10　　我心目中的数学

四、反思与展望

疫情期间在线教学的全面落实及其存在的问题对未来构建"互联网＋"的网络化教学环境指明了方向，如将先进的科技引入网络化教学工作中；强化在线教学的趣味性环节，有效改良学生在线学习时积极性减退以及学习怠慢感等问题；在线教学过程中要间隔性地加入对师生的护眼环节，组织大家做一些健身活动等[1]。同时。后疫情时代，中小学在线教育如何实现

---

[1] 宁本涛，高欣秀.回到教育原点：小学在线教学的成效、问题与未来走向 [J]. 中国电化教育，2020(11)：46-51.

常态化应用，以利用优质的在线教育资源更好地促进课堂教学改革，也是我们值得思考与研究的[1]。

在教学结束后，教师需要对学生的学习成果进行点评与总结，帮助学生更好地梳理知识问题。评价的角度包括知识性对错、逻辑是否合理、画图是否规范、图文是否美观。学生根据教师的点评和意见再次进行整理，对相关知识点再次进行理解，最终实现学习效果的全面的提升。

近些年，在线教育的发展，拉近了学生和老师之间的距离，促进了学生的学习与教师的教学，同时也降低了知识传播的难度。小学数学单元知识复习结合思维导图工具，对于学生知识思维的拓展与发展，引导学生理解并掌握知识点、知识面有很大帮助。但因在疫情期间，难以快速直接获得学生的反馈，对于学生掌握的基本情况了解不充分。在真正的课堂教学中，教师可结合学生思维水平和发展特点，帮助学生构建相关知识点思维导图，使学生能够自主完成知识单元体系的构建，提升学生数学思维能力，促进学生数学核心素养的培养与提高。

---

[1] 朱永海，龚雨秋，徐莹莹.后疫情时代中小学在线教育常态化应用的整体推进路径——基于美国 K-12 在线教育的经验 [J]. 现代教育技术，2020，30(11)：120-126.

湾豆成长乐开怀，数学测评展身手

—— 一年级数学学科多元评价的实践研究

胡蕊

【摘要】多年来，考试作为唯一评价"学生的学""教师的教"的评价手段，以量化的分数作为学生评价的唯一标准，让孩子们苦不堪言。这样的评价明显不能客观、全面、多元性地反映学生的学习状况。荔湾小学设计"湾豆收获季"测评方案，开展多元评价活动。让每一个孩子得到合理客观的评价，拥有成就感，进而快乐学习、健康成长。本篇以一年级数学学科测评为例，展示激励性多元评价实践研究的成果与反思。

【关键词】多元评价　　形成性评价　　表现性评价　　数学课堂

传统的考试，在学期期末通过一纸试卷来评判学生的学科成绩，可是一次考试很难全面反映学生的学习状况。随着教育教学改革的不断发展，为贯彻落实"以学生的发展为本"的教育理念，中小学学生评价与考试制度改革受到广泛的重视。

美国教育家、心理学家霍华德·加德纳（HowardGardner）在1983年出版的《智力的结构》一书中提出多元智力理论。各种智力只有领域的不同，而没有优劣之分，高下之别，也没有好坏之差。人的智能是多元的，每个学生都有发展的潜力。后现代主义看来，这个世界是开放的、多元的。每一个孩子是一个独一无二的个体，开放和包容在很大程度上能激发孩子的无限潜力，是孩子个人发展的动力源。这些都为实行多元评价提供了理论支撑。2013年，

"多元评价"一词应运而生。多元评价理论认为：学习者的能力是多方面的，每个学习者都有各自的优势，学生在意义构建过程活动中，表现出来的能力是多维度、综合能力的体现，因此，对学生学习评价应该是多方面的。

《基础教育课程改革纲要（试行）》中明确指出：建立促进学生全面发展的评价体系。评价不仅要关注学生的学业成绩，而且要发现和发展学生多方面的潜能，了解学生发展中的需求，帮助学生认识自我，建立自信。教育部《关于中小学评价与考试制度改革意见》指出：教师要在教育教学的全过程中采用多样的、开放式的评价方法（如行为观察，情景测验，学生成长记录等）了解每个学生的优点、潜能、不足以及发展的需要。2018年南山区教育科学研究中心发文《南山区中小学学业质量评价指引》，给出了712的评价模式：即期末卷面测试占70%、过程性评价占10%、学科综合展示评价占20%。

在此背景下，荔湾小学开展了独具特色的"湾豆收获季——荔湾小学学生期末多元评价"的实践研究，该评价方式以"一切为了学生的发展"为核心目标，以《义务教育课程标准》为指导思想，以"湾豆收获季"集豆册为手段，以多个项目为期末评价内容，对学生的学业水平进行全面、综合、多方考察的一项研究。

《数学课程标准》指出："学生是数学学习的主人，教师是数学学习的组织者、引导者和合作者。"教师的作用，特别要体现在引导孩子积极思考，营造激励探索和理解的氛围。多元评价体系应该怎样建立？怎样才能全面了解学生数学学习的过程？数学老师应该如何改进教学激励学生学习？这些问题是我们一直在思考并实践的。在此我以一年级数学评价为例谈谈如何开展一年级"湾豆收获季"数学多元评价活动。

一、针对学科，制定测评项目

《数学课程标准》明确指出："数学课程评价的主要目的是全面了解学生数学学习的过程和结果，激励学生学习和改进教师教学，所以应建立目标多元、方法多样的评价体系。"多元评价体系应该怎样建立？

教师应从不同的视角、不同的层面去看待每一个学生，充分挖掘、激发孩子的优质品质；应注重对学生建构知识时采用的策略或方法的评价，采用师对生、生对生及学生自我评价相结合的多元评价机制，把评价作为教学的一个组成部分，运用评价促进学生用优质品质带动薄弱品质，实现正向迁移。

荔湾小学的多元评价不是以传统的文化课学习成绩为唯一的标准与尺度，而是从学生的能力、态度、情感、品行、习惯等方面来观察、记录、分析和了解学生的优缺点；在实际生活及学习情境中，允许学生用多种方式展示其学习结果；允许学生用某个领域的优秀操作弥补其在其他领域的不足，实现个性张扬、百花争艳。

基于此，数学期末测评分为两个部分：形成性评价和终结性评价（见图2.11）。

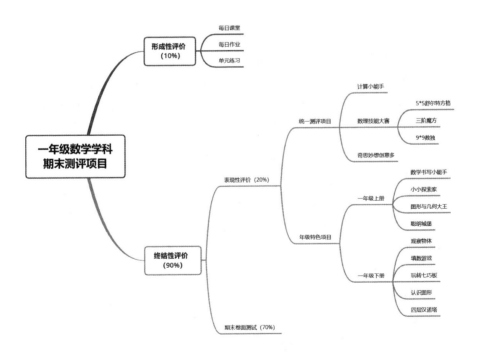

图 2.11 一年级数学学科期末测评项目

形成性评价侧重关注学生学习的过程。教育家叶圣陶先生说："教育就是要养成习惯。"形成性评价贯穿整个学期，包括每日课堂、每日作业、单元练习这三个项目，用以记录孩子们平时学习的情况。

1. 每日课堂旨在促进学生养成积极严谨的学习态度和良好的学习习惯，教师利用手中的"荔湾赞"印章针对学生课堂上的倾听、发言和小组合作进行评价。

2. 每日作业包含教师评价和家长评价，侧重于学生养成良好的学习习惯和解决学科知识点的能力，同时考查学生创造性解决问题的能力。

3. 单元练习通过测试试卷教师批改分数的方式，不仅能及时让老师了解学生，掌握教学中存在的问题，从而做到有的放矢；也帮助了学生及时巩固和复习，通过单元练习来检查自己这个阶段的学习情况；同时让家长能了解自家孩子在某一阶段对相关学习内容的掌握情况。

终结性评价包括表现性评价和期末卷面测试。表现性评价又分为两部分：统一测评项目和年级特色项目。

数学学科一至六年级统一项目为：计算小能手、数理技能大赛和奇思妙想创意多。"计算小能手"项目是为了进一步提高学生的基本计算技能，强化数学基础知识训练，一至六年级的湾豆儿都依据本年级的计算内容展开了15分钟100道口算题的比赛。数理技能大赛（一至三年级的测评项目为：5*5舒尔特方格、三阶魔方、9*9数独；四－六年级的测评项目为：5*5舒尔特方格、三阶魔方、24点计算）通过数理游戏锻炼学生的注意力并从中发掘学生的潜能。

各个年级还有各自的特色项目。根据《义务教育数学课程标准》，基于课堂学习内容及教学目标（见图2.12、图2.13），一年级数学测评以一系列数学活动为基本载体，为激发学生学习数学的兴趣，启迪数学思维，感受生活中的数学文化，一年级上学期我们设定了四个考察项目，分别是：数学书写小能手、小小探索家：找规律、图形与几何大王、聪明城堡：认识整时和半时。一年级下学期我们设定了五个考察项目：观察物体、填数游戏、玩转七巧板、认识图形、四层汉诺塔。

一年级上册学习内容结构表			
数与代数	图形与几何	统计与概率	综合与实践
1）会认、会读、会写0-20各数； 2）理解符号"<"、">"和"="的含义，掌握20以内数的顺序； 3）探索并掌握20以内加减法（包括进位加法、不退位减法）和10以内数的连加、连减、加减混合的计算方法，并能正确计算，能根据具体情境解决简单的生活实际问题； 4）学会认读钟面上表示整时、半时的时刻，了解记时的书写方法。	1）结合生动有趣的情境或活动，体会前、后、上、下、左、右的位置和顺序，会用前、后、上、下、左、右描述物体的相对位置，建立初步的空间观念； 2）认识长方体，正方体、圆柱或球等立体图形。	能按照给定的标准或选择某个标准对物体进行比较、排列和分类。	综合运用所学的知识，在数学活动中激发学生数学学习的兴趣，体会数学思想，锻炼思维能力，积累思考经验，开阔眼界。

图 2.12 一年级上册学习内容结构表

一年级下册学习内容结构表			
数与代数	图形与几何	统计与概率	综合与实践
1）100以内数的认识及比较大小； 2）20以内数的退位减法； 3）100以内数的加减法。	1）不同方向观察单一物体的形状； 2）直观认识长方形、正方形、三角形、圆，体会面在体上。	能按照给定的标准或选择某个标准对物体进行比较、排列和分类。	1）分扣子； 2）填数游戏。

图 2.13 一年级下册学习内容结构表

二、针对学情，落实多元评价

"湾豆收获季（数学篇）"评价方案推出后，我们一直在跟进后续的各项测评工作。

形成性评价重点体现学生在学习过程中的可持续发展的探究能力、实践与综合运用能力。我们利用"班级优化大师"（图 2.14、图 2.15）、作业记录评价表（图 2.16）、单元试卷分数统计表（图 2.17）、课堂评价表格（图 2.18）等进行辅助评价。

图 2.14

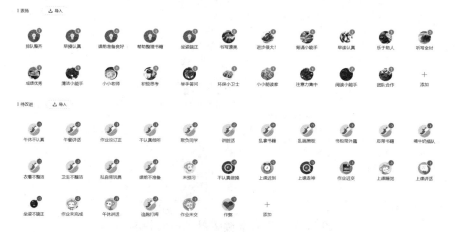

图 2.15

学号	姓名	P55	P56-P57	P58	P59	P60	P61	P62-P63	P64-P66	P67-P68	P70-P71
1	陈梓烨	6	6	6	7	补	4	4+3	3+2	4+2	3
2	冯俊龙	5	7	7	6	4	4	9	病假	病假	5
3	黄泽锋	6	7	7	6	7	6	7	4+2	4+2	4+2
4	江扬逸	6	4+1	5	4+2	6	4+2	4+2	4+2	4+1	3
5	姜阔	6	6	8	6	6	7	4+2	7	7	4+1
6	瞿宇泽	6	6	4+3	7	6	4+2	4+2	8	7	7
7	李一展	6	?			6	7	4+3	补	3+1	4+1
8	廖诗展	4+1	4+1	4+2	7	2	4+1	4+1	4+2	4+2	6
9	林隽恒	6	6		8	8	8	9	4+3	9	4+2
10	林炜轩	5	6			6	4	4+1	6	6	5
11	刘腾廷	6	6	4+2	4+1	6	6	7	4+1	3	2
12	陆弘楷	4+1	6			4+2	8	7	4+1	3	
13	罗宸昊	6	7	4+1	7	6	8	4+3	4+2	4+1	没带
14	汤凯翔	6	6	4+1	6	7	6	4+2	2+2	6	没带
15	唐宇哲	6	7	6	4+1	6	5	4	4+2	7	7
16	王昱博	6	6	7	7	7	8	9	8	7	6
17	杨迪开	6	4+1	6	4+1	6	5	4+2	7	4+2	6
18	杨景焱	6	6			4	4	4	4+2	补	
19	叶锦程	6	4+2	6	6	4+1	5	7	6	6	5
21	张嘉昊	3+1	3+2	4+1	6	7	6	4+2	4+1	4+1	6
22	郑蕾皓	6	8	7	7	7	6	4+1	4+1	4	未交
23	周梓筠	6	8	4+2	6	7	7	4+4	4+2	8	4+1
24	陈念语	3+1	4+1	5	6	6	6	7	4+2	4+2	7
25	陈映希	6	4+2	7	6	7	7	4+1	4+2	4+2	7
26	程子佩	6	4+2	7	4+2	7	7	4+3	7	7	6
27	段颖竹	6	7	7	4+2	6	8	4+1	4+2	7	6
28	侯佳彤	4	4+1	5	4+1	7	4	4	4+1	4	补
29	黄馨亿	6	4+2	6	7	7	7	8	3+2	7	4+1
30	黄以言	6	7	4+1	6	7	6	4+2	4+2	4+1	4
31	赖思羽	6	6	4+2	6	7	7	4+4	4+2	4+1	6
32	刘灏彧	6	没带	7	4+2	6	8	9	4+2	8	4+2
33	刘子妍	6	4+1	4+2	6	6	6	4+1	4+2	4+2	4+2
34	莫梓琳	6	7	4+2	6	3	7	4+1	3+2	7	7
35	尚马雅	6	7	6	7	6		9	4+3	8	7
36	孙语彤	6	4+2	4+3	8	4+1	5	4+1	4+2	4+2	6
37	王晨	补	2	4+2	9	6	6	3+1	3+1	4	4+1
38	王晨暄	6	6			6	6	6		4+1	4+1
39	徐玥澄	6	6			7	6	6		4+2	
40	杨开	6	6	4+1	补	7	7	4+2	4+1	4+2	3
41	应夏晨依	6	7	4+1	6		6	4+2	4+2	4+1	未交
42	张柯灵	6	7	6		6	6	4+2	4+2	4+1	4
43	张怡然	6	7	4+1	4+1	7	6	4+4	补	4+3	6
44	郑婷之	6	6	7	6	7	7	4+1	4+1	4+2	4
45	罗月辰	5	7	7	7	7	4+1	4+3	4+1	6	4
46	吴钰恒	6	4+1	4+3	6	6	7	4+2	3+2	6	6

图 2.16　作业评价表

综合练习成绩统计表

学科	班级	原有人数	实考人数	90-100(人)	80-89(人)	70-79(人)	60-69(人)	59以下(人)	合格人数	合格率	优良人数	优良率	平均分	卷面最高分	卷面最低分	任课教师
		42	40	2	0	0	0		42	100%	42	100%	96.571	100	88	

序号	姓名	分数	序号	姓名	分数	序号	姓名	分数	序号	姓名	分数	序号	姓名	分数	序号	姓名	分数
1	陈明毅	97	11	龙乐其	93	21	殷梓隽	100	31	金予馨	96	41	王懿	94	51		
2	董稆霖	97	12	马一平	98	22	曾敏轩	100	32	雷卓婷	88	42	巫紫琦	94	52		
3	高尚	97	13	聂川棋	89	23	陈佳晨		33	李羽轩	95	43	肖依然	100	53		
4	黄靖成	98	14	饶景程		24	陈佳豫	99	34	罗悦喜	100	44	郑圣曦	99	54		
5	季岚平	96	15	唐珺禛	99	25	成佳璐	100	35	罗韵萱	96	45	彭可馨	93	55		
6	李俊毅	98	16	王奕天	95	26	郭若涵	95	36	蹇可	100	46			56		
7	李良鹏	96	17	魏源志	97	27	郭玥琳	98	37	潘慧菲	96	47			57		
8	李若维		18	吴梓瑞	99	28	何嘉	98	38	彭熹欣	93	48			58		
9	李绪鹏	95	19	杨长兴	96	29	黄荟颐	96	39	童意	100	49			59		
10	李宇宸	100	20	叶子墨	98	30	江紫嫣	98	40	童梓琪	90	50			60		

图 2.17　单元试卷分数统计表

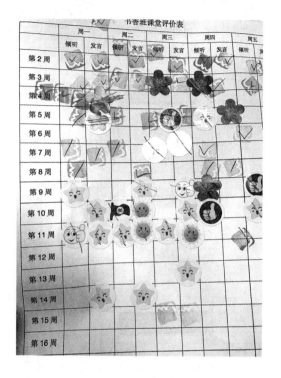

图 2.18 课堂评价表格

　　终结性评价注重内容的多维化，从学生学业的知识与能力、过程与方法、情感态度与价值观三个维度进行综合评价；注重评价主体的多元化，教师、学生、家长评价相结合；注重评价方式的多样化，定量与定性评价相结合，书面检测与实践展示相结合，旨在促进学生发展学科兴趣和个性特长，实现学生的全面发展与个性发展。

　　一年级的孩子认知水平较低，学生有意注意力占主要地位，以形象思维为主。在表现性评价过程中，我们依据学生特点和各个项目的需要安排了纸笔测试、在线测评和父母辅助测评等多种评价方式，帮助多元评价方案更好地落实。此外，由于孩子们刚入学，从家长到孩子对"湾豆收获季"都不甚了解，我们举行了关于期末测评的家长会并发布《数学学科期末测评说明》，针对数学学科评价方案中的测评项目，逐一讲解各个项目的评价要求、评价标准、评价内容、测评形式（以"图形与几何大王"项目为例，见图 2.19）。

项目二：图形王国：图形与几何大王（2020.12.23）

评价要求：学生能指出长方体、正方体、圆柱、球，共 4 个图形，抽答 5 个。

评价标准： 1）对 5 个得 5 颗豆；

2）对 4 个得 4 颗豆；

3）对 3 个得 3 颗豆；

4）对 2 个得 2 颗豆；

5）对 1 个得 1 颗豆；

6)不对不得豆。

评价内容：认识并能说出长方体，正方体、圆柱或球等立体图形。

测评形式：活动测试。

图 2.19"图形与几何大王"测评项目介绍

在一年级上学期的"图形与几何大王"测评中，我们分别挑选立方体模具和生活中常见的立方体，让学生现场进行分辨，是否清晰辨认出正方体、长方体、圆柱和球。一年级下学期的"四层汉诺塔"，是我们在空中课堂学习的数学游戏的内容，为了更好地进行测评，我们请小朋友们在家用学具或手机 APP 操作，按照汉诺塔的规则完成四层汉诺塔游戏，最后根据游戏完成时间进行评价。而在一年级下学期的"填数游戏"测评前，我们提供了参考习题，请孩子们周末练习后，再进行纸笔测试。

此外，针对表现性评价项目，我们还提供"复活"的机会，在测评过程中不免会有一些特殊情况，有些孩子的测评成绩不够理想，可能是因为测评前没有及时巩固练习，可能是对知识的掌握不够，可能是测评时过于紧张。我们在测评过程中，对于没能一次达到要求的湾豆，都会创造机会让孩子进行复测（也就是"复活"）。毕竟，我们评价的目的不是考倒孩子，而是为了促进孩子认识到自己的不足并能活泼、主动地发展。给孩子"复活"的机会，不仅促使学生全面、持续、和谐地发展，还让孩子在评价过程中感受幸福，赢得自信。

通过教师评价、家长评价、APP 软件评价、生生互评等环节，湾豆们在各个测评项目中，都取得了相对应的"荔湾豆"，期末兑换礼物的环节都抱回了大奖。形式多样的评价较好地激发学生的各方潜能，湾豆们学的扎实、玩得愉快，个个都是"数学之星"！

三、总结

荔湾小学通过期末多元评价为导向，激发学生的学习热情和兴趣，让孩子在学习、展示、获豆、集豆、兑豆的过程中充实、有成就、有收获，学习兴趣可持续发展，学习的幸福感不断提升。

作为一年级数学教师的我们，在"聪明城堡"带着孩子们认识钟表，在"观察物体"一节指引孩子从一个物体的前、后、左、右观察，指出在不同的位置看到的物体形状，同时发掘数学游戏："玩转七巧板""四层汉诺塔"，等等，带着孩子们了解更多生动有趣的数学知识，感受数学学习的魅力。在制定和落实一年级数学学科多元评价过程中，我更深刻地意识到：湾豆收获季 —— 期末学业水平多元评价活动本身对学生来说就是一个学习和锻炼的过程。教师要做的就是充分发挥学生的主体性，真正让学生成为学习的主人。

对于中小学学生评价与考试制度改革的探索远没有结束，对教育的思索，我们仍在路上。但我们坚信：路虽远，行则将至，事虽难，做则必成！

参考文献：

[1] 张文浩 . 综合素质评价的终极目标 —— 促进学生发展 [J]. 新教育时代电子杂志（教师版），2015.

[2] 叶宗炳 . 关于小学数学教学的多元评价 [A]. 中华教育理论与实践科研论文成果选编（第 4 卷）[C]，2010.

让数学测评变得生动和深刻

—— 浅谈数学学科"湾豆收获季"激励性学业评价的思考与收获

黄夕月

【摘要】在数学学科期末学业多元评价的研究实施中，我们致力于促进学生全面发展的评价体系，在数学测评的全过程中始终秉承着深刻和生动的要义，通过多元、开放的评价形式去了解学生优点，发展学生数学潜能，改进学生学习上的不足。发挥评价本身的引导、调控、诊断、激励等功能。最终让学生掌握数学知识和技能，养成数学思维思考习惯，解决问题以及情感态度等教学目标。

【关键词】多元评价　　数学核心素养　　小学数学

10个核心概念

《课程标准（2011年版本）》[1]中有10个核心概念：数感、符号意识、空间观念、几何直观、数据分析能力、运算能力、推理能力、模型思想、应用意识、创新意识。这些核心概念本质上体现的是数学的基本思想。数

---

[1] 义务教育数学课程标准解读（2011年版）[M].北京：北京师范大学出版社，2011：22.78-113.

学的基本思想指对数学及其对象、数学概念和数学结构以及数学方法的本质性认识。

以上核心概念都是数学课程的目标点，也是数学课堂教学的目标通过教师的教学予以落实。这核心概念分散于各个年级各个单元的具体教学目标。在荔湾小学走过 5 个学期的多元评价中，我们通过形成性评价和终结性评价在各个项目中落实数学核心素养，让期末多元评价，走向深刻和生动。

经过两年多以来的探索，数学学科测评分为形成性评价和终结性评价，形成性评价为每日课堂、每日作业和单元测试。终结性评价为展示性评价和期末卷面测评，展示性评价各年级较为固定的模式为计算比赛、数学展讲、财经小课题，数理技能大赛，包含低段的舒尔特、数独、魔法，高段的舒尔特、魔方、24 点。结合每个年级的知识点分布，设计各具特色的测评活动。

2020 年春由于新冠疫情，大部分展示性测评活动转变成书面测试，也给我们带来更多思考。怎么做好书面测试和展示性测评的融合与转化，持续给学生带来高质量、趣味十足的激励性测评，让学生实实在在感受到"收获季"带来的魅力，我们也将对"荔湾收获季"激励性学业评价进行反思总结，不断改进。

立足过程，促进发展

新课程改革倡导"立足过程，促进发展"，首先是对纸笔测试进行思考，纸笔测试作为考查认知领域中的一种传统测评方式，我们继续继承使用，但应根据课程改革做出相应的改进，知识和技能考核的重点不在知识点的简单记忆和重现上，不应该孤立地对基本技能进行测验，而是放在解决问题的背景中去评价，从知识的整体联系上去考核。

（一）展示性测评的周期性

1. 计算比赛

计算是数学的重要内容，在义务教育阶段的数学课程的各个学段中，计算都占有很大的比重。计算能力的培养和发展是一个长期的过程，伴随着数学知识的积累和深化。需要经历如下四个过程：

（1）由具体到抽象。

（2）由法则到算理。

（3）由常量到变量。

（4）由单项思维到逆向、多向思维。

我们的计算比赛一年级口算 100 道题，二年级口算＋计算 80 道题，测评时间为 10 ～ 20 分钟，一次定胜负。在纸笔测验的基础上，我们要考虑收获季的长期性，测评前对本学期的计算分类整理、归纳，制定充分的策略，可以进行前测，让每个孩子意识到自己在某方面的计算存在薄弱，或者是计算效率上存在问题，有针对性地训练，训练的过程让学生拥有自主意识，这样在整个计算比赛的周期中，学生才能得到进步。

2. 数理技能比赛

数理技能大赛代表的推理，在数学中具有重要的地位。《课标（2011年版）》指出："推理是数学的基本思维方式，也是人们学习和生活中经常使用的思维方式。"技能大赛同样需要一定的周期，前期需要教师对数独和魔法，24 点基本方法进行讲解，中期需要营造一个良好的训练氛围，全班进行练习，学生之间行成比拼的氛围，利于全班掌握数理技能，最后达到基本目标，还能在此基础之上，发展优秀的，能达到竞赛水平的学生。在纵向上，随着年级的升高，魔方和 24 点还需进行更高级的方法讲解。

落实这些项目，需要教师们制定计划，还需要一定的课时，在空中课堂阶段，我们有资料有时间，数学科组已经制定了数理技能微课，并且空中课题每周比平时多出两节课，因此学生可以学习数理技能的方法，并且有足够的时间进行练习，发挥出学生水平。但是回到线下，数学整体课时偏少，需要调节课程，也需要足够的时间给学生练习。

在这个持续的过程中，习惯、动作的养成需要正反馈，教师也要利用网络持续不断跟进学生的练习成果，进行指导和激励。

附两届数理比赛成绩对比：

2018年舒尔特				2019年第二年舒尔特		
班级	姓名	初赛成绩	区决赛	班级	姓名	初赛成绩
一1班	欧骏逸	17秒37		一9班	林鸣昊	15秒24
一7班	黄杨晟	20秒22		一6班	柴进	21秒00
一7班	张天予	22秒59		一9班	高恩禾	21秒51
二2	费子谦	16秒62	10秒47	二7	黄杨晟	12秒9
二2	张天泽	17秒04		二6	黄子俊	14秒46
三1	阮一凡	17秒94		二7	张天予	13秒62
五2	李崔逸	15秒09		32	张天泽	10秒50
五2	张劲轩	18秒66		32	费子谦	10秒59
五2	方文聪	20秒76		34	张浩滨	22秒26
				六2班	李涵奕	11秒01
				四1	阮一凡	11秒43
				五1	袁金涵	14.01秒

2018年数独				2019年数独		
班级	姓名	初赛成绩	区决赛	班级	姓名	初赛成绩
一7班	王昱程	1:24		一3班	程子航	1分21秒
一7班	刘明辰	1:40		一5班	唐珺禛	1分28秒
一1班	欧骏逸	1:44		一5班	江紫嫣	1分29秒
二2	费子谦	1分11秒	41秒	二7	刘明辰	35秒
二1	宋潇桐	1分24秒		二8	欧阳程曦	48秒
二1	向美乐	1分34秒		二7	王嘉祥	51秒
				32	费子谦	0:39
				31	宋潇桐	0:54
				34	张浩滨	1:07

经过初赛后，到区里决赛，学生都有进步，数理技能比赛经过方法普及和练习，纵向不同年份同一年级都有很大的进步，说明比赛需要一定周期，才能达到效果。

（二）书面测验的多元性

南科大二小在语文期末测验卷融入"职业体验""多元智能"课程，融合更多现实情境中的"地图阅读""表格阅读"以及车票、图表等非连续文本阅读等。数学测评能不能也这样做呢？比如找规律、方向与位置……能不能也融入更多现代多元的知识、如新能源、垃圾分类、职业体验，另一个角度来看，这也作为除期末卷面测评之外的一个灵活的重要补充部分。

需要老师不断积累、善于发现、不断学习。

如图 2.20，该题为北京西城区三年级上册期末测试卷，不仅包含计算、字母表示数等知识性目标，更包含了观察、假设与推理等数学思维。

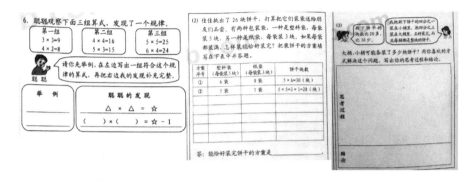

图 2.20　　　　　　　　图 2.21　　　　　　　　图 2.22

图 2.21 和图 2.22 为同一题，除了解决问题还需要展示学生思维过程，期末测评卷无法做到的部分，可以在湾豆收获季中做到。书面输出，有逻辑地表达可以有效展示学生思维。以上题目对应数学书中的数学游戏部分（见图 2.23）。

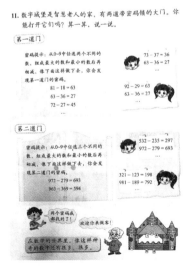

图 2.23

（三）书面测验的阶梯、连续性

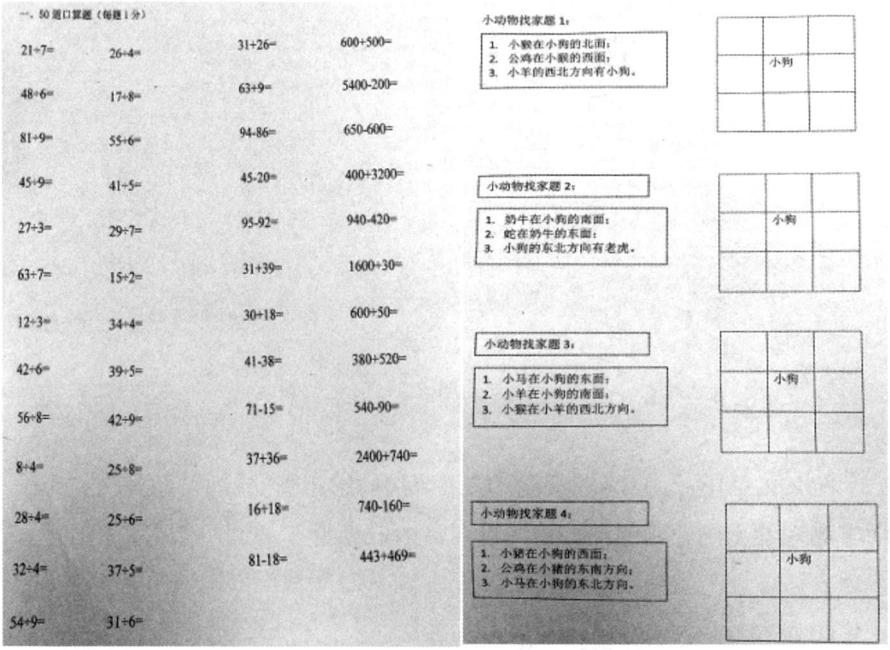

图 2.24

图 2.24 为比较典型的计算测验和找方向和位置测验，原本找方向为展示性测评，本学期改成书面测评，有一部分原因是评价标准为五星制，测评时间短的因素，但就其内容而言存在相同的问题，即题目类型单一、没有梯度。

可以通过图 2.25 和图 2.26 对比一下北京某校（一年级）找规律的题目类型。

一年级找规律

一、找规律接着画

1 按规律接着画。

○△△△○△△△○△△△ _____ _____

2 按规律接着画。

3 按规律接着画。

4 按规律接着画。

0 1 2 3 4 5 6 7 8 9 10 11 12 13 14 15 16 17 18 19 20 21

5 按规律接着画。

6 自己涂出有规律的颜色。

三、找规律填数

7 找规律填数。

1, 4, 7, 10, _____

8 找规律填数。

5　10　15　_____　_____

9 找规律填数。

18, 13, 8, _____, _____

10 找规律填数。

四、按要求答题

11 下面哪一行的规律与其他行不同，请在 □ 里面 "√" 选择。

A B B A B A B B □

□

□

图 2.25

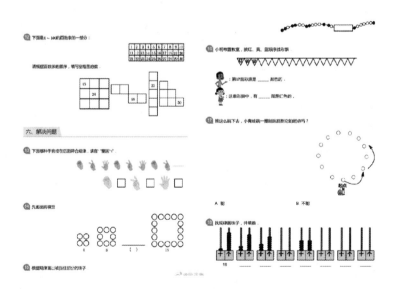

12 下面是1~10的画数表的一部分：

请根据面数表的顺序，填写空格里的数。

15

26

98

20

50

16 小明布置教室，挂红、黄、蓝颜色绿彩旗

第17面彩旗是 _____ 颜色的。

这串彩旗中，有 _____ 面是红色的。

17 排这么长去，小青蛙跳一圈能跳回到它的起点吗？

A 能　　　　　　　B 不能

六、解决问题

13 下面哪种手势能完成拼合规律，请在 "里面√"

□ □ □

14 先画后数。

8　( )　19

15 根据规律圈出该涂住部分的珠子

18 找规律数数珠子，并填数。

16

图 2.26

教师可以利用南山教育在线网组卷功能，里面有丰富的题库，线下也需要我们走出去，多学习、多看、多感受同类学校的书面测试，丰富自己的测试内容，前期的借鉴参考，后期的融会贯通。

以上为集中几个问题对应的解决路径。

适用于高年级段的数学小课题答辩，融合项目式课题作为数学综合测评也是未来需要考虑和发展的方向。基于我们学校的特点，主要是夯实基础，把测评做生动、做深刻，探讨方向集中在周期性、多元性和阶梯性上面。

测评还有一个部分是"评"，针对每一个测评都有量表，但是落实到湾豆收获单是"五星"，我们需要根据测试内容做到对学生进行个性化评价，但是大而多的班级怎么去做好评价部分呢

我们可以把先行的自编测试和标准化测验进行比较（见表 2.6）：

表 2.6 自编测试和标准化测验对比表

项目	自编测试	标准化测验
测验内容	各年级各科目使用的形成性和展示性测评项目	根据教学大纲，实际使用教材编写
测验质量	未经预测和筛选，质量一般比较低	经过预测、题目分析和筛选等步骤，质量较高
测验信度	信度未知，一般在测验后用分半法求得	在 0.89 以上
施测与评分	不完全标准化，各项目统一	按指导语施测，用机器或计分器评分
分数的解释	按着某种标准或被试在团队内的相对位置解释被测验分数。	与常模相比较，解释考生的测验分数，

自编测验并不是完全趋近与标准化评价，而是改进可以改进的地方，发挥灵活性，区域性的长处。

我们的目的是每一次测评都让孩子们明白，现在自己是什么水平，是否还有可以进步的空间，比如在单元测试中，我们对测试进行评价，有对得分区间进行分析，如图 2.27 所示：

一二单元成绩统计表

原有人数	实考人数	90-100	80-89（人）	70-79（人）	60-69（人）	59以下	合格人数	合格率	优良人数	优良率	平均分	卷面最高分	卷面最低分
47	46	42	3	1	0	0	46	100%	45	98%	95.022	100	70

图 2.27

尝试用不同的形式展示试卷分析（如图 2.28 所示）：

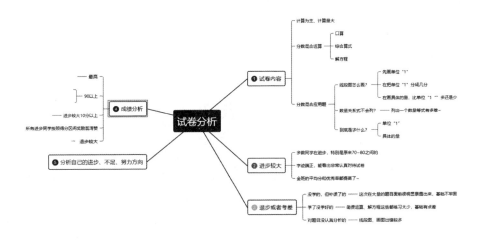

图 2.28

但对于低段的孩子，老师先进行以下角度分析，在过渡到学生自己进行分析，以卷面测试为例，以下几个维度分析：

（1）首先分析题型。

失分的题型，选择题还是填空题、应用题。借助表格，如图 2.29 所示。

（2）难度分析。

一张试卷中，分为易中难。需要做个难度分析，是简单题失分比较多还是中档题或者是难题不会做，如图 2.30 所示。这个部分也是决定你以后努力方向的。

小于 80 分基本都是基础失分高，90 分以下大部分都是难题做不出来，还有基础失分。90 分以上的总体基础失分已经比较少了。

（3）章节失分分析。

把每个题列出来，比如总失分二十分，学了三个章节。去找到每个章节的占比，失分的地方，看看哪个比重最高，这个部分一定是有问题的，或者概念模糊，或者综合度差，如图 2.31 所示。

（4）非技术原因分析。

时间安排不合理，没有足够的时间去做完，有些题目花时间过长，有些不甘心。心态紧张。紧张完成做题时漏题，会的想不出来。

平时会做一到大考就不会了，平时心态放松一到大考就发挥失常等。

每个学年列成表格，各个维度都列出来。

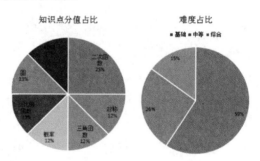

学生题型得分情况			
题型	题型总分	学生得分	差值
选择题	16	16	0
填空题	16	13	3
解答题（1）	30	23	7
解答题（2）	24	6	18
解答题（3）	14	1	13
合计	100分		

图 2.29

图 2.30

	题号	难度系数	试卷满分	学生得分	考察知识点	出错原因
选择题		满分			1、中心对称2、三角函数3、概率4、反比例函数5、圆周角6、二次函数平移7、网格中相似8二次函数最值	这部分虽然都对，但是从题型和难度上看，考察的都叫基础，可以说明学生对基础内容掌握的还是不错的，但同时也要注意。考查到的点太基础了，分辨不出学生的水平，也是要多加强巩固的，但是比重就不大了
填空题	14	中等	2	0	二次函数利润问题	涨价与销售量之间的关系没有读明白
	16	中等	2	1	尺规作图依据	少内容
解答题（1）	17	基础	5	3	特殊三角函数值	三角函数值错了
	18	基础	5	3	位似以及旋转	位似图形少情况，旋转审题不清
	20	中等	5	4	反比例线段函数	反比例小函数综合少情况
	22	中等	5	3	二次函数与不等式	结合图象找反了大小
解答题（2）	23	中等	6	1	概率	概率的知识记了，审题不清
	24	中等（上）	6	2	圆与三角函数	圆与三角函数综合能力不够
	25	中等（上）	6	3	现场学习	知识迁移能力较弱
	26	中等（上）	6	0	代数综合	没有时间做、二次函数综合能力不够
解答题27	27	综合	7	1	几何综合	没时间做、几何底子薄弱，综合能力不足

图 2.31

展示性测评也能这样分析，比如计算比赛的时间分布，分值分布；舒尔特的时间分布，还可以调查孩子们从 25 秒进入 20 秒训练的时间，让大部分孩子知道自己的目标在哪里。用作卷面分析的态度去做好展示性测试的测评分析，小结原因，给全班归纳，学生以后也会分步骤分解自己的目标，学会自我分析。培养学生的应用意识也是 10 个核心素养之一。

结语

郑毓信教授说过，让数学课走出"肤浅"和"浮华"，走向"深刻"和"生动"，是广大数学教师追求的新目标和新境界。追求深刻和生动贯穿了教育教学的全过程，也是数学多元测评的肌理，是我们在进行任何一项测评时都应遵循的原则前提。曹培英先生以"数学思想"为学科素养核心，他认为："数学基本思想承载了独特、鲜明的学科育人价值，可教、可学，是名副其实的学科核心素养。这时我们教育教学的目标，在测评的阶段，改变单纯强调结果和忽视进步程度的倾向，以学生发展为核心，首先要做到自己对测评的深入设计，这样学生才能生动地参与其中，真正让每个孩子都能享有公平而有质量的教育。"

综合测评大舞台，幸福湾豆展风采

——记荔湾小学"湾豆收获季"综合测评改革

王芳

【改革背景】

小学教学质量评价标准是师生教学的指挥棒，它直接决定师生教学行为，影响学生今后的发展。目前，大多以学生一次纸笔测试的平均分作为教学质量评价的唯一标准。在这个评价标准的指挥下，到处呈现的是师生为提高平均分而苦教苦学的情景。这种一考定乾坤的教学质量评价体系，不能全面评价学生对于知识掌握的真实情况，单一的分数呈现方式，也会限制学生未来的发展。科学的教学质量评价应充分调动师生的积极性，促进学生德智体美劳全面协调发展。小学教学质量评价标准改革是新课程改革的主要内容，也是实施素质教育的迫切需要。

2017年，荔湾小学大胆尝试对教学评价进行改革。建立目标多元、方法多样的评价体系。评价既关注了学生学习的结果，更重视了学生学习的过程；既关注了学生学习的水平，也重视了学生在活动中所表现出来的情感与态度，帮助学生认识自我、建立信心。荔湾小学"湾豆收获季"综合测评体现以人为本的教育理念，突出学生主体地位，发挥学生在评价过程中的积极主动作用。

截至目前，"湾豆收获季"综合测评已经进行了3年，通过这3年的实践研究、测评项目不断更新、测评方案不断完善，评价改革带来的成效已经初步呈现。小湾豆们呈现出自信、乐学、阳光的美好状态，学期末的综合测评活动对孩子来说无疑是一场盛会，孩子们享受着付出与收获所带的喜悦和幸福；荔湾小学的老师在研究与反思中也不断自我成长。一次大胆尝试、一次勇敢变革，给荔湾注入勃勃生机。

【案例描述】

他叫小明，6 岁的他与同龄人相比，属于发育比较好的孩子：白白净净，高高大大，一表人才。但心智与他的外貌不相匹配，入学已经一个多月了，早晨的校门口，他时常会和妈妈撕扯在一起：两人都是眼皮下搭、嘴巴前噘、双肩耷拉。小明与妈妈经过几个回合的推搡，他才哭丧着脸不情不愿地走进校门，开始一天的学习生活。推搡的原因很多：没睡好，没吃好，心情差……

课堂上的小明，像一只温顺的小猫蜷缩在椅子上，一双眼睛总是半睁半闭朦朦胧胧不知看向何方，反正永远不在老师身上。一节课老师提醒无数次，每一次他都如梦初醒，茫然地看着老师。一分钟后，他又关闭系统，进入飞行模式。下课后，他却换了一个人儿似的，像一匹脱缰的小马，室内室外四处撒欢儿。

深入了解小明的家庭：由于工作原因爸爸常年不在家，养育小明的任务全压在妈妈一个人身上，而妈妈教育孩子不得方法，管教小明也是采用大吼大叫加拍拍打打的方式。小明自然不听她的，常常是一个后面吼，一个前面跑。家庭教育的缺失，规则意识的淡薄，是导致小明现状的主要原因。

“小明，上课认真听讲，可以得到荔湾赞哦！”

“小明，上课回答问题，可以得到荔湾赞哦！”

“小明，按时写作业，可以得到荔湾赞哦！”

“小明，我今天语文课上得了两颗荔湾赞耶，好开心啊！”

终于，小明开始好奇“荔湾赞”是何方神物？为什么老师和同学们经常挂在嘴边。

“攒够 10 颗荔湾赞，可以找老师换小礼物哦，我已经换了一块超级可爱的橡皮。”好朋友天天自豪地说。

“我也想要礼物！”小明羡慕地说。

……

不知道从哪一天开始，课堂上老师目光与小明的目光有了交集，偶尔看到小明举起的小手，小明的书本上也开始散落星星点点的荔湾赞。

时光如白驹过隙，转眼一个学期即将结束，也到了检验学习成果的时候，历时 20 多天的“湾豆收获季”综合测评如火如荼开展着。

“我的数字书写小能手得了 3 颗豆。”小明欢呼起来。

"我得了5颗，好开心啊！"

"我的聪明城堡、舒尔特方格、图形与几何大王、都得了5颗豆。"

"我的扑克速算大王只得了4颗豆，我一定要好好复习，复活时一定能拿5颗豆。"

原来小湾豆们正在参加数学游园活动。老师们把课本知识变成一个个有趣的小游戏：扑克速算大王、数字书写小能手、图形与几何大王（认识简单的平面图形）、聪明城堡（认识钟表）、舒尔特方格……

在参与游戏的过程中考查小湾豆们对知识的掌握情况。玩游戏是小湾豆们的最爱，他们在参与的过程中享受到成功带来的喜悦，如果对自己的成绩不那么满意，还可以复习巩固后，参加复活。这样就给予孩子犯错并修正错误的机会，正是在这样一次次修正的过程中孩子们才得到真正的成长。

在整个测评活动过程中，小明给测评老师们留下了非常深刻的印象。很多项目，他都交白卷。眼皮下搭、嘴巴前嘬、双肩耷拉——我不会。第一次不会没关系。不会背的诗、不会写的字、不会算的题，再练习几遍，重新试试，就这样小明3颗、2颗、1颗……最后也攒了不少湾豆章。

湾豆兑换活动现场，学生们异常兴奋，手拿着湾豆册，围在摊位前，一边看着心仪的礼品、心中默默估算着自己的湾豆数是否足够。

"小明，换了什么奖品啊？"

"乐高积木！"

"开心吗？"

"太开心啦！这可是我自己挣来的呀！"

"我本来想换个大黄蜂的，可是我的湾豆不够，下次我要多挣点湾豆！"小明憨憨笑起来。

"有志气，有想法，老师相信你一定能够做到！继续加油！"

多么美好的画面啊！欢天喜地的学童，体验学习带来的快乐；原本落后的学子，没有感受到自卑，而是萌生出来年再战的勇气与豪迈，有什么可以抵挡这种生命拔节的声音。

小明一路跌跌撞撞、磕磕绊绊用自己的节奏努力追赶同学们的步伐……

过程性评价（荔湾赞）引导他慢慢学会听课、悄悄举起小手，这种外在督促一点点强化他的学习习惯。而测评项目的复活环节，给予他多一次机会，呵护他幼小的心灵，消除我比别人差的认识，保持我也能行的动力。

2020年，荔湾小学的"湾豆收获季"综合测评活动已经进行三年的实践。在这三年里，我欣喜地看到像小明这样学生的变化。

"荷花已经开了不少了。荷叶挨挨挤挤的，像一个个碧绿的大圆盘……"满含深情，甜甜糯糯的声音在教室里回荡。

"我爬在窗台上，看着浩瀚的星空。星光洒进我的眼睛……"小明声音响亮、眼睛望向天空，流露出无限向往的神情。

台上孩子倾情演绎，台下掌声热烈，旁边的评委投来赞赏的目光……

"你朗读得真好！就像一个小小朗读家，情感饱满，语言流利，太棒啦！恭喜你获得5颗豆！"评委给出了肯定的评价。

"欧耶，太好啦！我也是5颗豆！"小明跳了起来。

三年的时间过去了，在这三年里小明发生了蜕变。每天带着微笑、迈着轻快的脚步踏入校门，阳光下已是翩翩少年。

【思考】

荔湾小学"湾豆收获季"综合测评是一次大胆尝试，三年来在实践与探索中不断前行。荔湾学子沐浴在改革的春风里，幸福快乐，健康成长！

一、评价方式有新意、全面评价促成长

传统的学业评价，多采用纸笔测试这种终结性评价方式。纸笔测试侧重评价独立的学习活动，这必然导致一些无法避免的弊端。从考查的内容来看，主要考查学生对学习知识的掌握，而忽视了学生其他认知领域的考查；从考查的形式来看，题型单一，多为单选、填空和问答，新意不足；从考查的过程来看，只注重学生学习结果的考查，而忽视了对整个学习过程的评价。

新课程改革提倡发展性评价，通过评价能促进学生在原有水平线上的发展。"湾豆收获季"综合测评就是一种发展性评价。整个评价体系分为形成性评价和终结性评价两大板块，每个板块下面细分为表现性评价，主要关注学生整个学习的过程。考查从学期开始就起动：课堂上的表现、作业完成、小组合作、社团参与等都被纳入考核范畴。各个学科还会根据学生不同年龄段，量身打造特色项目。通过开展符合学生特点的学科评价活动，激发学生学习的热情和兴趣，扩展学生学习的视野，感受语文、数学、英语等学科的魅力，培养学生在日常生活中应用各学科知识的意识，给学生们提供锻炼能力的机会和展示才华的舞台。

二、结果呈现有童趣、莘莘学子"湾豆"情

在传统的"百分制"评价体系下，"分分计较"是不争的事实；而对小学生而言，学习兴趣、学习习惯和基础素养的培育则更为重要，实施"湾豆收获季"综合测评有助于呵护他们的学习自信心和动力。

"湾豆收获季"综合测评在评价结果的呈现上，以学期中积累荔湾赞、学期末转换成荔湾豆，最后用本学期全部所得兑换成心仪的奖品。取代冰冷的分数，更加强调孩子的个性特长与成长变化，进而实现从"重分数"到"重素养"的教育转向。

荔湾小学的学生们，被称为小湾豆，荔湾小学的综合测评改革叫作"湾豆收获季"，荔湾小学的评价结果是以"湾豆"数量多少的方式呈现。多么富有童趣啊！在这里没有唯分论，在这里更不会为分数所困，在这里有对孩子点点滴滴成长的记录，在这里只有对"湾豆"的情有独钟。

三、"湾豆"阳光又乐学，家长双双把"赞"点

一项改革的成功与否，要看参与者的成长与改变。作为"湾豆收获季"综合评价改革的执行者与见证者，太多美好的画面让我印象深刻。

"采得百花成蜜后，为谁辛苦为谁甜。"

"大家好！我们来自小蜜蜂快乐之家。"

"我是小导游夏逸宸、我是小导游吴艾琳，欢迎来到荔湾小学。"

"荔湾小学是一所新建学校，它坐落在大南山脚下……"

三年级学生正在进行"我是荔湾小导游"项目的展示，孩子们以小组为单位，模拟小导游。通过这一活动，孩子们把课本中学习到的知识，应用到现实生活中来，真正实现活学活用。一个个小湾豆化身小导游，自信、大方、生动形象地向来宾介绍自己的学校。从导游词的编写、动作的编排，都是孩子们独立完成。在介绍的过程中，学生身上洋溢着身为荔湾学子的骄傲与自豪。一个测评项目，能培养学生的多项能力：团队合作、合理分工、语言表达、演讲能力、应变能力……

在准备的过程中，培养了学生的恒心和毅力，又锻炼了学生的吃苦耐劳精神。

荔湾小学建校短短三年，各种荣誉纷至沓来，小湾豆们在各种平台都能大放异彩。荣誉的获得不是偶然，是水到渠成、瓜熟蒂落的自然状态。小湾豆们在这里收获的不仅仅是知识，是不断拼搏的精神，是我能行的自信，更是受益终生的能力。

看到孩子这样的变化，最高兴的莫过于家长们。在见证了评价改革给小湾豆们带来质的飞跃，豆爸豆妈们全力支持，双手点赞。每个学期的期末测评活动期间，一个个忙碌的红马甲成为荔湾小学一道靓丽的风景线。测评需要人手，家长说我来帮忙；测评需要物资，家长说我来筹集；测评需要场地，家长说我来协调……

学生的进步、家长的支持，是对评价改革最高的评价。探索一直在路上，实践与尝试永不止步。未来"湾豆收获季"综合测评改革会开出更绚烂的花，结出更甜美的果！

探索多元化数学评价促进学生快乐成长

丁宋清

【摘要】在素质教育深入进行的今天，评价方式的变革成为教育改革不可回避的问题。我们希望通过建立一套较为完整的小学数学多元化评价机制，使数学学习评价成为促进学生发展的有效方式和手段。在小学数学学习中评价内容应多维化，评价形式要多样化，使评价真正成为推动学生学习数学的强大动力，让多元评价伴随学生快乐成长。

【关键词】小学数学　　　评价　　　多元化

过去主要是通过考试成绩对学生进行等级和名次的划分，评价过程和教案过程相脱离，因而考察的是学生"知晓"什么，而不是学生"能做"什么，考察的许多内容是被肢解的知识片段，难于评价学生创造力和综合实践等能力。我们希望通过建立一套较为完整的小学数学多元化评价机制，使数学学习评价成为促进学生发展的有效方式和手段。因此，《数学课程标准》指出：评价的主要目的是全面了解学生数学学习的过程和结果，倡导正确的评价观。通过教师多元化评价孩子，提供给学生全方位的立体评价，给予不同层次学生以充分的肯定、激励和表扬，增加学生心理上成功和自信的体验，从而促进学生快乐自信学习，提高学习的兴趣，发展学生的数学学习能力。基于此，南山实验荔湾小学用时 3 年的探索、实践，不断对评价体系加以完善，设计出湾豆收获季"表现性评价和终结性评价"为一体的评价体系并收到了良好的实践效果。

我们以新课改理念为指导，以《数学课程标准》为依据，把小学低年级数学期末考试改革的着眼点确定为：

1. 使考评成为激励手段，发现孩子们的"闪光点"，对他们进行表扬与激励，使每一个学生都能获得发展，弥补不足。提高学生学习自信心，促进学生良好思维品质的形成。

2. 充分发挥考评的导向功能，完善考查内容。定量与定性评价相结合，书面考试与口语测试、网络评价、实践应用相结合，活动体验与动手操作相结合。促进学生智能发展，变应试为全面提高学生素质。

3. 实行多元化评价，教师、学生、家长和社会评价相结合。

4. 引导学生注重平时学习，平时表现，形成性评价和终结性评价相结合。养成良好的学习习惯。

5. 减轻学生过重课业负担，促进身心健康发展。

为此，从以下几方面，对期末考试进行改革，建立了对学生知识、能力、素质综合评价的多元评价体系。

一、评价体系

当前，以试卷上的分数来评定学生优劣的单一评价体系已逐渐被摒弃，这样判断的是学生的弱项和短处，而非学生的强项和长处。在数学教学中，我们发现许多学生有学习的潜能，但是不够自信，主要表现为上课发言不主动不积极，极少部分学生各方面发展迟缓，干什么都比别人慢半拍；还有极少部分，聪明却坐不住，学得快却不认真；更有甚者，逮着空子就偷懒。这些原因都会导致学生学习不积极。

为全面贯彻落实《义务教育数学课程标准》关于对学生数学评价的有关要求，采用"形成性评价和终结性评价"为一体的评价体系。我们不以一张试卷来给学生定性，而是通过"湾豆收获季·集豆册"来记录学生在一学期甚至整个小学阶段的成长，更加全面、真实地表现学生的学习情况。我们会按照平时占70%、期末占30%综合出每一个学生期末的成绩，按豆数填写学生《湾豆收获季·集豆册》。其中终结性评价采用期末质量检测方式进行，以学生笔试成绩为准，采用等级制评定，而形成性评价关注学生平时的表现，采用分项考查。为了激励学习主动参与，讲究方式多样化，让学生觉得评价实际上是件很开心的事，让学生在评价中获取成功，积累自信，让害怕考试的孩子对数学产生了兴趣。

图 2.32

二、量化的"等级"与质化的"荔湾赞"相结合

传统的评价体系更重视纸笔方式的测验,重视理论反而忽视了实践方面的能力,重视知识的再现反而忽视了创造能力和实践能力的考核,无法真实反映学生在实际生活中解决问题的能力和创造能力等问题。在评价过程中,要根据"差异原则"因人而异,采用不同尺子测量不同的学生。根据不同学生的特点分类评价,能使每一个孩子通过评价看到自己的进步,使评价起到真正的激励作用。

课堂观察是指教师在课堂教案中对学生知识、技能、情感态度和价值观方面进行细致观察和了解。通过课堂观察,教师可以及时了解学生的学习情况,从而做出积极反馈。为了有针对性、导向性、激励性,同时对孩子的发展有教育、引导作用,我校采用了量化的"等级"与质化的"荔湾赞"相结合的方式。

所谓量化的"等级"与质化的"荔湾赞"相结合就是在对学生平时课堂表现、数学作业进行批改、评价时,采用给予荔湾赞的评价模式。学生的课堂表现可以分为倾听、发言两部分进行评价,细节到每一节课的学习表现。如是否勤劳爱动脑筋,敢于提出自己的想法;是否善于探究学习;是否爱参与同学间的团结协作;是否能倾听他人的发言;是否善于表达自己的想法,等等。通过努力得到荔湾赞对学生进行及时评价,这样学生不仅因为得到教师的恰当评价而高兴,也会根据自己所得的荔湾赞的多少,及时发现自己的优点与不足,从而扬长避短。

作业,是学生巩固知识,提高技能的一种重要形式. 批改作业,是教师检查学生学习状况的重要手段。为了提高学生写数学作业的兴趣,发展学生各方面的能力,我尝试着丰富作业的布置形式,除保留原有书面作业之外,还设置了口头作业、操作作业、社会实践作业等多种作业形式。对作业的评价,也一改过去只对题目的正确与否打对错号的做法,而是对学生作业从字迹工整、解题思路、书写习惯、出错原因等多方面进行评价。这样既能引导学生开拓思维,又能培养学生严谨细致的学风。例如:当学生作业中出现了巧解、妙解时,我在旁边给予荔湾赞的奖励的同时写上:"有

创意！""想法真巧妙！""头脑灵活！"等评语，让学生从教师的评价中感到成功的喜悦，对学生作业中错误处打上"？"的标记或"打圈"进行标记，同时写上评语"太可惜了，再想想"等，这样不仅引起了学生对作业错误之处的重视，还督促其养成认真完成作业、及时修改作业的习惯。简短的评语，传递地的老师的爱心，在让学生感到新奇的同时激励学生进步，帮助学生进取。量化评价的主要目的是激励学生，指点学生努力的方向。

	周一		周二		周三		周四		周五	
第2周	倾听	发言	倾听	发言	倾听	发言	倾听	发言	倾听	发言
第3周										
第4周										
第5周										
第6周										
第7周										
第8周										
第9周										
第10周										
第11周										
第12周										
第13周										
第14周										
第15周										
第16周										
第17周										
第18周										
第19周										

图 2.33

三、评价内容多维化

1. 出题形式上，体现差异化

人与人之间的差异是客观存在的。所以，评价时应考虑学生的发展水平和数学学习上的差异，为学生设计不同层次的题目，对不同水平的学生提出有差异的要求，以达到促进学生发展，激发学生学习动力的目的。

在试题的设计上，要设计试图体现不同层次的要求，也为学生留有一定的选择空间．小学考试应该扬长避短，让多数学生不至于一筹莫展，也能使优秀生感觉还有提升的空间，让考试成为学生的一次展示，一次创造，一次满足，成为学生一次精神的体验与愉悦，成为点燃孩子心灵的火种。

2. 题目内容上，恰当设计

对于基础知识的测验，除了考查学生对具体知识的记忆和掌握情况，更重视考查学生对知识的真正理解和在解决问题的情境中的运用。对于技能的测验，不侧重于考察学生对某个单一技能的熟练程度，而是重视考查学生在具体情境中技能的选择和运用。

例如在考察《方向与位置》这一块知识点时，没有直接考查学生对"东南西北"四个方向的记忆和掌握的情况，但在解决这个问题的时候，学生要用到相关的知识和技能。根据题目的指示，将相应的动物冰箱贴贴在黑板的指定位置，每名同学贴 3 个小动物。题目没有直接问学生东南西北在哪个方向，而是通过一个具体的情景的解决，让学生的"玩中"帮助小动物找到自己的家园，从而考查学生辨认方向的能力。

图 2.34

四、评价主体多元化

在传统的教学评价中，评价主体往往是教师一个人，学生很少会对教师的评价加以重视，导致教学评价流于形式。多元化教学评价，可以将评价主体扩展为学生互评、自我评价、家长评价等多种方式。

第一，加强学生之间的互评，激发学生彼此之间的评价热情，进一步帮助学生发现他人的优点和长处，发现自身的不足。同时，教师要严格把控学生互评的客观性和公正性。如在当小老师或发言回答问题时，可以通过询问其他同学"你听得懂她的发言吗？""你认为他说得清楚吗？""能不能准确地表达？""如果是你，你会怎么说？""还有其他想法吗？"从而鼓励学生进行自评和互评，在评价中提高评价能力，全面发展素质。

第二，构建学生自我评价模式，让学生自主评价知识掌握情况。在每节课结束之前，对当堂课的自我表现、知识学情的掌握进行评价，进一步巩固课堂所学。

第三，调动家长力量进行评价。家庭教育和学校教育二者相辅相成，不可分割，而且有利于评价立体化、多元化，督促学生更好地开展探究活动，培养学生课内外学习的持续性。

因此，在开展具体教学时，教师可以和家长探讨，让家长参与到课后的学习过程中，让学生真正体会到数学和生活的联系，在评价中体会成功的喜悦。如讲解"长方形的周长"时，要求学生请爸妈帮忙测量卧室的长宽，更好地理解长方形相关概念。

总之，在新课程标准改革的形势下，多元化评价有利于教师更好地开展教学，促进学生的全面发展。只有不断探索多元化评价方式，不仅重视学生对知识理解是否正确的评价，更注重评出自信，产生激励效应，使学生更加积极主动地参与，使评价真正成为推动学生学习数学的强大动力，让多元评价伴随学生快乐成长，才能更好地实现小学数学教学的新跨越和新发展。而期末评价作为一种较为公正、客观又严格的总结性评价方式，它重要的是让学生以积极正确的态度面对考试、面对错题让学生从小就不惧考试、不惧分数，变成一个个全面发展的学习者。

浅谈形成性评价与表现性评价的理论实践研究

沈海峰

【摘要】南山区教育科学研究中心在 2018 年发布的《南山区中小学学业质量评价指引》指出，学生学业评价应体现多元化、综合性。而此时，荔湾小学的湾豆收获季已经走在了南山区前列，率先实施了湾豆收获季综合性评价体系，验证了这一评价方式的前瞻性和科学性。

【关键词】学业质量　学生发展　湾豆收获季　多元化　综合性评价体系

湾豆收获季是荔湾小学综合性评价体系契合学生心理，朗朗上口的美称。湾豆收获季的关键词是"收获"，那么学生在整个学期中，应该在期末测试那一天收获一份测试成绩，还是应该在整个学期体验、成长的过程中收获能力、心理、情感、思想、态度、行为、品格、道德、价值观等，答案不言而喻，是后者。就荔湾小学评价体系而言，增加形成性评价，并在终结性评价中增加表现性评价，对端正学生学习态度、培养学生良好的学习习惯、发展学生学习的主观能动性、培养学生情感与价值观等核心素养几个方面都起到非常重要的作用。以下就是笔者浅谈形成性评价与表现性评价的理论与实践研究。

一、基于形成性评价与表现性评价的理论分析

（一）多元智能理论

多元智能理论认为，个体身上存在着相对独立的、与某种特定认知领域或者是知识范畴有直接联系的八种智能：言语智能；逻辑—数学智能；空间智能；肢体—动觉智能；音乐智能；人际智能；内省智能；自然观察者智能。在传统的教学评价中，教师使用单一机械性的测试方法，只挑选了一种智能或者是部分智能，从而导致某种智能出挑的学生容易获得关注，使教学失去均衡性与全面性。而多元智能理论注重个体发展，它要求教师尽可能多地了解所有层次的学生，探索每个学生闪光之处与不足之处，实施针对性教学，从而最大限度地挖掘并发挥学生的个体潜能，这对荔湾小学综合性评价体系的建构有着重要的理论价值。

（二）内部动力理论

内部动力理论由多元智能理论发展而来，内部动力理论认为，学生认识机能中的主观能动性，如其中某一个因素发生变化，将引起其他部分甚至整体产生变化。内部动力理论提到的某一因素，我们视为综合性多元评价，学生依据评价方向、评价目标，反过来激发学习原动力，产生学习的主动性。

（三）适应与转化发展理论

"适应"即教学应适应学生现有心理状态、知识水平和认知能力；"转化发展"即变学生厌学为爱学，变不会学为会学，变无所作为为积极进取，求得每个学生学习的最佳心理状态。单一的期末纸质测试，要求不同能力的学生要达成同一个目标，这使得较大范围的一批学生产生"不适应"，对自己无论付出多少努力也不能达到评价标准产生怀疑、迷茫、失落、厌倦等负面学习情绪，久而久之，学生个性化发展会因为不科学的评价方式而停滞。

二、基于形成性评价与表现性评价的实践研究

（一）实践要求

1. 形成性评价中要求师生坚毅，持之以恒

学生在平时学习中应表现出良好的学习态度和学习习惯，如：课堂表现记录、课外学习（如：书友队等）记录、作业评价记录、兴趣特长记录、小讲师记录、提问质疑记录、小组合作学习记录、成长记录，等等，倒逼教师需要用同样坚毅的职业精神，持之以恒地完成各项记录，以达到评价的公平性和完整性。

在漫长的学期形成性评价中，常规性的记录有：课堂听课情况、课堂举手情况、课堂表达情况、作业完成情况等；特色性的记录有：有的湾豆喜欢展示自己的特长，有的湾豆喜欢参加各项活动，有的湾豆经常分享自己的经验，有的湾豆喜欢打破砂锅问到底……点点滴滴，都是湾豆成长的记录。

也就是学生在播种、育秧、移栽、浇水、除虫除草的过程中，教师需要眼观四路、耳听八方、心知肚明、了然于胸。劳动虽苦，劳动光荣，在劳动的过程中会不断产生愉悦。教师不可以让不播种的孩子不劳而获而产生所谓的愉悦。

2. 表现性评价中要求师生乐观，不断进取

表现性评价项目的设置，需要各科各级教师极其严谨和专业的职业素养。比如，数学是思维的体操，表现性评价设置的项目，若不能体现学生在活动中的表现力和思维能力等，仅靠一纸测试是片面和无趣的。因此，项目设置必须体现的学习主观能动性、表达交流的能力、探究能力、实践与综合运用能力、创新精神及团队合作精神。因此评价项目要从纸质中跳出来，教师的评价意识、评价思路、评价创意，以及设置和实施表现性评价内容，都显得很重要。

表现性评价突出学生的"表现"。不同的学生各方面的智能有明显的不同，如有的学生善于观察，有的学生乐于动手，有的学生喜欢以独特的方式解决问题。教师应当顺应学生的智能发展，张扬学生的个性表现，并

对其不足之处进行有效弥补。例如，在表现性评价的"小小建筑师"的评价设置中，对于不太专心听讲但是动手能力很强的学生，教师可开展立方体模型制作、立方体绘图、立方体拼接等活动，以实践性表现逐步引导其主动探索立方体的性质，提高其课堂注意力。

表现性评价还有一个重要特征："复活"。这就让师生都能积极乐观地看待期末测评的内容和意义。教师不会因为同行竞争而忧心，学生不会因为学业成绩不佳而焦虑。当然，"复活"不是教师敷衍了事、放松要求，降低标准，使学生皆大欢喜获得愉悦。"复活"不是学生不劳而获、唾手可得。我们必须了解到，学生没有经过自身努力得到的愉悦是副作用、负能量。学生必须了解学期内自己的缺陷和短板，在规定时间内予以改进和弥补，不断进取，不断提升，这是"复活"的前提。

"复活"是让不同程度的湾豆，都能摘到苹果。只是有一定短板的湾豆，需要跳起来摘，而教师给了鼓励和机会。也就是学生在收割的时候，教师需认同禾苗成长速度不一。学生可以向经验丰富的人取经，了解自己在播种、育秧、移栽、浇水、除草除虫中规定动作的不足之处，予以自我提升，在进取过程中收获，并获得经验、获得能力、获得愉悦。

（二）实践策略与方法

1. 不断转变教师评价观念

评价观念的转变，不只要体现在思想上，还要体现在行动上。教师要深刻认识到多元评价的发展趋势及其对提高教学效率的重要性，坚持以生为本的评价观念，将自己从评价的掌控者转变为评价的参与者、组织者与开拓者，树立从知识性评价走向智慧型评价的教育理念。真正的智慧型评价，对教与学具有诊断功能、调控功能和激励功能。有一位妈妈这样写道：每天放学回家，孩子都慎重地拿回班币，一有时间就会去数一数。学习越来越认真了，课堂发言也越来越积极，各科老师不断地鼓励，使得孩子学习的动力更强，这一年的进步特别明显。我很好奇为什么一张张小小的班币有如此大的效果，直到后来才想明白，其实每个孩子都需要父母、老师以及同学正面的、持续不断的评价。一把火把它点燃，星星之火就可以燎原，因此，好的评价方式就是点燃星星之火。

2. 不断提升教师评价能力

(1) 在专业技能方面，教师需要具备专业知识和技能来规划评价方案、观察学生学习行为、分析和解释学习结果、向学生反馈信息、帮助学生进行自我评价的能力。

(2) 在评价方法方面，教师应该就如何改进给学生提供建设性指导，明确指出学生的长处，建议如何进一步发扬；明确、智慧地指出弱点并告知如何改进，向学生提供加以改进及"复活"的机会。通过采取保护学生自主性、提供学生选择性、给予学生建设性反馈、创造学生各种机会等评价方法，来维持或提高学生的学习动机。

(3) 在评价态度方面，教师应该意识到任何评价都会对被评价者产生情感影响。包括评价语、分数、等级、特色班币、荔湾章、荔湾豆等对学生自信心和学习热情的影响，给出的反馈信息应该尽可能具有正能量。

3. 不断营造活动性评价环境

小学生容易受到评价环境的影响，他们对有评价内容的学习会比非评价内容的学习更认真，对活动性评价内容的学习会比非活动性评价内容的学习更认真。他们对学习的兴趣会随着评价内容、评价时间以及评价方式等的变化而转变。教师应当为学生营造活动性评价环境，培养学生整个学期持续性的学习兴趣，以评价促成学生良好的学习素养。例如，三年级的步测操场的周长，活动量很大。学生既要测出自己的步长，又要运用自己的步长测量操场。有些教师知道期末测试不考，也就是不会评价，直接把这项数学活动取消了。有些教师没有做出任何评价方案，学生在操场的嬉闹中耗尽了课堂时间。荔湾小学将这项活动列入表现性评价后，学习小组的解决方案，合作的过程，态度的端正，数据的准确，都在评价范围之内。最后评出的测量师获得湾豆，获胜小组每名成员再获湾豆，这种精神鼓励是维持学生认真学习、快乐学习的源泉，不仅发展了学生的思维、能力，还培养了学生的团结合作精神，从而实现表现性评价的教育目的。

4. 不断应用探究式学习方法

探究式学习方法是一种教师给出问题、学生自主探索的学习方法，得到了教育界专家学者的广泛重视，教育改革期间，教师也大量应用探究式学习方法，但大多数应用于课堂教学。对于课堂之外并纳入评价系统的实践活动，教师设计得比较少。例如，六年级表现性评价中《圆的认识》教学前，教师发起了以圆的认识为主题的探究式学习活动，内容为圆有哪些性质、圆在生活中有哪些应用等，活动时长为一个星期，很明显它不适合在有限的 40 分钟课堂内完成，而在课外给予不同层次的学生各尽其能，建立其问题意识、合作意识、实践意识和评价意识等。再如，四年级表现性评价中也有为期一周的《多边形内角和》，除了探究为什么三角形的内角和是 180 度，更为接下去的多边形内角和探究，做好了拓展延伸的铺垫。表现性评价重视过程的态度、情感和价值观，重视团体合作精神和集体智慧、集体成果共享。这使得形成性评价和表现性评价成为不同层次学生，学习兴趣和动力的源源活水。

结语

综上所述，不同层次的学生在学期的湾豆收获季中，一定会有不同的体验和收获。这些收获，无论是知识、能力，还是情感、价值观、合作意识、创新意识等，都是每一个湾豆的精神和物质财富，都值得教师去珍惜和爱护它。在荔湾小学综合性评价体系这片沃土上，通过对理论和实践的进一步研究和深化，把湾豆收获季做好、做实，可以让每一季都收获，让收获的喜悦洒满校园，让收获的孩子幸福满满。

参考文献

[1] [美] 霍华德 . 加德纳 . 多元智能 [M]. 北京：新华出版社，1999.

[2] 陈玉琨 . 课程改革与课程评价 [M]. 北京：教育科学出版社，2001.

基于多元评价的小学数学教学测评思考

伍婉婷

【摘要】评价是数学课程实施的重要环节，评价是对学习结果的检验，也是对学习过程的考查。对学生期末学业水平进行多元化评价，有助于全面评价学生在知识技能、数学思考、问题解决和情感态度等方面的表现，恰当运用评价的方式与结果，可以激发学生的学习兴趣，增强学生学习的信心。

【关键词】多元评价　　小学数学　　思考

传统的纸笔测试在现今的教育观念下局限性较大，因此，实行传统的纸笔测试的同时，多元评价体系应运而生。多元评价有助于教师了解学生日常的学习情况，掌握学生的学习效果，改进教学的方式手段，是促进学生全面发展的重要激励方式。在实施多元评价的过程中，教师需要对学生的能力与表现、评价的方式与方法、评价的主体等方面进行深入的思考，针对出现的问题进行修正。

一、基于多元评价的小学数学教学思考

（一）基于各学段的基础与能力，恰当评价学生的能力

小学阶段的数学学习，主要学习基础知识与基本数学技能、工具。因此，在期末进行学业水平的多元评价时，应该把评价的重点放在基础的知识与能力上。[1]

对基础知识和能力的评价，首先要把握《课程标准（2011 年版）》的要求。《课程标准（2011 年版）》在各学段的课程内容中对每一个内容知识提出了具体的要求，分为：了解、理解、掌握和应用。程度的不同，要求学生掌握的程度也不一样。在设计多元评价活动的时候，教师应该先深刻理解本学期各个知识点要求学生掌握的程度，根据学生的基础与能力，设计难度适合的活动或题目，恰当地对学生的基础与能力进行评价。例如，北师大四年级下册，需要学生认识直角三角形、锐角三角形、钝角三角形、等腰三角形与等边三角形，期末表现性评价可以设计让学生将三角形分类的活动，例如，针对四年级下册中要求学生掌握三角形"两边之和大于第三边"此知识点，以及要求学生熟练掌握分辨三角形的类型，设计了让学生随意从不透明的纸箱中抽取 3 个数字作为三角形三边的长度，判断是否能拼成一个三角形并说明是何种三角形，若不能拼成，则需要说明原因；北师大三年级下册，学生需要掌握长方形、正方形的面积，在测评时可以让学生运用分割法和拼补法求解不规则图形的面积，将不规则化为规则，难度稍有增大，但仍在学生的能力之内。

---

[1] 中华人民共和国教育部.义务教育数学课程标准（2011 年版）[M].北京：北京师范大学出版社，2011：282

第二章　各学科小学生激励性评价改革的探索

（二）运用恰当的评价方法

传统的纸笔测试往往过多地考查学生对知识点的记忆与掌握情况，忽略了书本知识在具体情景中应用。作为纸笔测试的补充，多元化评价活动更着重于创设现实情境，让学生尝试运用书本中所学的知识解决实际生活中的具体问题。例如，北师大二年级下册第二单元《方向与位置》中，学生常常只在题目中描绘路线与方向，当运用到生活中就会比较陌生，不知如何入手。在多元评价活动中，可以让学生几人组成一个小队，决定两个标志建筑物，绘制两个标志建筑物之间的路线，真实地走一走，记一记，学生对方向与位置的知识点会理解得更深刻更深入。

除了期末的多元评价活动，在日常的课堂中也应该运用恰当的评价方式激励学生在日常的学习中更积极更努力。如，在数学课堂上，可以给学生分小组，以小组加分的方式进行评价。也可以对学生进行阶段性的评价，如一个单元结束后，针对学生本单元的学习情况进行评价以及提出改善的意见。日常性的评价对激励学生长时间保持良好的学习状态有着正面的影响，日常性的评价包括老师与同学的评价，多方位的评价对学生全面了解自己的学习情况，改善自己的学习状态也有着正向的积极的引导。

（三）关注学生的个体差异，给予学生多次尝试的机会

测评时题目的设计应考虑学生的身心发展规律，科学地设计测评内容与环节，尽可能让每个层次的学生都能在测评中体现自己的学习情况，设计难度有梯度的题目，让每个层次的学生都可以"跳一跳就能够到"，增强学生向难题冲关的自信与能力。义务教育阶段的学生存在着明显的个体差异，在小学阶段尤为明显。针对学生的个体差异，在评价时应该多方面考虑，为学生设计不同层次的题目。多元化评价的目的不是为了考倒学生，而是激发学生的学习兴趣，以促进学生多元发展。因此，在期末多元化评价活动中的表现性项目中，应该给予基础较差的学生"复活"的机会，鼓励学生通过努力与指导达到既定的目标，获得更好的成绩，逐步减少学生间的差距，发展学生的能力。可以提前告知需要"复活"的学生"复活"的题目范围，要求学生针对这个知识范围进行有效的复习和巩固。出于公

- 231 -

平性考虑,"复活"时拿到满分的学生只能拿到 4 颗豆,以此鼓励参与"复活"试的学生在今后的测评中要重视复习、提前复习、有针对性地复习。

(四)丰富评价主体

《课程标准(2011 版)》指出:"评价主体的多元化是指教师、家长、同学与学生本人都可以作为评价者,可以综合教师评价、学生自我评价、学生相互评价、家长评价等方式,对学生的学习情况和教师的教学情况进行全面的考查。"[1] 小学阶段,低年级的学生能力发展的速度较慢,在评价时更多地依赖教师评价与家长评价。因此在小学低段进行期末测评时,家长义工起到关键性的作用。但因家长是以义工的身份参与测评,对测评的标准与要求尚未完全掌握,因此教师需要在测评前认真仔细地培训家长义工,更要与家长义工强调鼓励的重要性。例如,小学二年级下学期时,数学期末测评中,有一个测评项目是学生根据抽取的纸条上的要求,在黑板方格中放置指定的冰箱贴。此测评项目对学生来说具有一定的难度,在测评时观察到有部分学生会因为没读懂句子意思或粗心大意摆错冰箱贴位置,因为在测评开始前的培训中与家长义工们强调了鼓励的重要性,因此家长义工在发现了学生的错误后立马对他进行鼓励,引导学生再认真仔细地阅读题目的句子,让学生找到正确的位置。小学高年级的多元化评价应该更注重学生间的互评与学生自评。内驱力的形成是学生学习能力发展的重要前提,学生在学习过程中通过自我评价与生生互评形成的积极的情感,有助于他们形成自我认识、自我发展、自我进步的能力。在日常课堂中,可以多加利用生生互评的形式点评学生的回答与表现,在生生互评的时候引导学生善用表扬的、鼓励的语句,如"我欣赏……""我赞同……"等。在期末多元测评活动的时候,可以运用"小老师"的形式,教师先培养一些能力较强的"小老师",在测评的时候,由"小老师"负责题目较为简

[1] 中华人民共和国教育部.义务教育数学课程标准(2011 年版)[M].北京:北京师范大学出版社,2011: 297

单的部分。例如，在三年级下学期的数学测评中，其中一项是数学测评的必考项目——计算比赛，测评后教师先批改交卷前 10 名的学生，然后将班级里其他学生分为 10 组，由前 10 名的学生作为"小老师"去批改，批改后点对点地进行生生之间的辅导，教师在学生批改过后再次复批，询问每位"小老师"辅导的情况，对普遍出现的问题，教师在课上评讲；对小部分基础较差的学生，在生生辅导过后进行一对一地师生辅导，将学生计算的易错易误点逐一击破。

教师在评价主体中应该发挥协调、连接的作用，做好综合的评价工作，让丰富的评价主体在多元评价中发挥各自的作用。

二、结语

多元评价渗透在教学的方方面面，体现在教学日常的时时刻刻。作为传统纸笔测试的补充，多元评价对学生的评价与激励属于更多维度更全方位评价，有利于激发学生的学习兴趣，增加学生的学习动力，引导学生产生学习的内驱力。但多元化评价实施的同时，有时也会因为对学情把握不足或对多元评价的理解不够透彻，导致多元评价活动只流于表面，设计的活动并不能很好地体现学生的能力，激发学生的潜力。今后的教学过程中，应该深入研究课程标准，把课程标准与多元评价相互结合，体现出多元评价的补充性与优越性。

聚焦多元评价，提升数学素养

凌晓霞

【摘要】 "分数是老师的法宝，学生的命根。"在过去，期末考试就是纸笔考试，以一次考试、一张考卷的卷面成绩评定学生的成绩，学生的学科素质没有得到综合的评定考查，素质教育和新课改没有得到真正落实，因此评价与考试改革至关重要。本篇以一年级数学学科为例，简单介绍荔湾小学"湾豆收获季"学生期末学业水平多元评价的实践。

【关键词】 期末测评　　　多元评价　　　实施方案

为了让孩子摆脱考试的"阴影"，不再惧怕考试，为了让每一个学生都有发展、都能成长，学有所获、学得快乐，荔湾小学自开办以来就一直以"荔湾收获季"的形式代替传统期末考试。

《数学数学课程标准》指出："评价的主要目的是为了全面了解学生的数学学习历程，激励学生的学习和改进教师的教学，应建立评价目标多元，评价方法多样的评价体系。"荔湾小学数学科组老师们以《数学课程标准》为依据，立足学校、老师和学生实际细化目标，自己考核评价目标，制定"湾豆收获季"数学学科考核方案。

我们根据形成性评价和终结性评价相结合、评价内容多维化、评价方法多样化、评价时间全程化和评价结果激励化的评价原则，依据《义务教育数学课程标准》以及一年级上册数学学段目标制定并实施一年级期末数学学科"湾豆收获季"期末测评实施方案（以下简称"方案"），开展期末多元评价活动，设计合适的测评项目，搭建平台，努力为每一个孩子找到展示自己的舞台。

一、方案设计思路

根据《义务教育课程标准》和北师大版一年级上册数学的教学目标，我们将期末评价分为形成性评价和终结性评价两部分。形成性评价主要为日常性测评，有每日课堂和每日作业。终结性测评有展示性测评和期末卷面测评。一年级上册数学的展示性评价主题为"玩转数学、爱上数学"。评价项目有"数学书写小能手""小小探索家""图形与几何大王""聪明城堡""扑克速算大王"和"5×5舒尔特方格游戏"。

测评方式为开展"湾豆收获季"集豆活动。每位学生都有一本湾豆集豆册，每个测评项目都会设置1～5颗豆的评价标准，老师、家长或同伴会根据评价标准给予相应的豆数，活动结束后学生要计算总豆数，根据豆数最后兑换礼品，然后放入成长记录袋。

展示性测评为现场展示，在各项测评中，学生不仅要调用平时所学和所积累的知识，还需要调用自己的生活经验和生活常识，更需要在团队合作中学会与老师、同伴甚至家长义工沟通与交流。整个测评过程既是一场非纸笔考试，更是一种项目式学习的体验。

我们试图通过对小学生数学学习发展性能力进行研究，对学生数学学习进行全面的发展性评价，构建评价内容多元化，评价过程动态化，评价主体互动化的期末考核评价模式。让学生在"湾豆收获季"中唤起自身学习内驱力，自觉学习行为，调动起学习数学的热情，从而达到学习目标。

二、具体操作

（一）数学书写小能手

评价内容：书写本册教材0～20共21个阿拉伯数字。

评价形式：书写要求正确、规范、整洁，按书写情况评等级，A级得3颗豆，B级得2颗豆，C级得1颗豆。

评价目标：培养学生的书写规范习惯。

（二）小小探索家

评价内容：找规律

评价方式：两套各 5 道找规律的题目，学生抽答一套题；答对一道得 1 个湾豆，全对得 5 个湾豆。

评价目标：培养学生的观察力和分析问题的能力。

（三）图形与几何大王

评价内容：立体图形的认识

评价方式：学生能指出长方体、正方体、圆柱、球，共 4 个图形，指对一个得一个荔湾豆。

评价目标：增强学生对图形的认知，发展空间观念。

（四）聪明城堡

评价内容：整时、半时的认识

评价方式：学生能说出钟面有 12 个数，认识时针、分针，能认读时间（整时、半时），答对一道题得一颗豆。

评价目标：认识钟表，会认读整时和半时。

（五）扑克速算大王

评价内容：20 以内的加法，不退位减法的口算

评价方式：一副扑克牌，分成两碟，每次各抽 1 张，要快速说出整个加法和减法算式及结果。完成一次游戏可得 3 个荔湾豆。

评价目标：发展学生的速算综合能力。

（六）6.5×5 舒尔特方格游戏

评价内容：舒尔特方格游戏

评价方式：在平板 APP 用"练习模式"完成游戏。成绩小于 29 秒得 5 个荔湾豆，成绩在 30 ~ 44 秒得 3 个荔湾豆，成绩在 45 ~ 50 秒得 2 颗豆，用时超过 50 秒重新考核。

评价目标：注意力的训练。

三、方案实施的总结与反思

每学期的湾豆收获季如约而至，通过多元化评价让学生既感受到一学期以来学习的快乐又获得了成就。我们设计了一张调查表（如表2.7所示），以了解学生在本次期末测评中的收获。

表2.7 期末测评感受调查表

调查项目	想法或收获	请你在和你想法相同的后面画上♡
在这次测评中你感到快乐吗？	非常快乐	
	没感觉	
	不快乐	
你在这次测评中有收获到知识吗？	收获很多	
	收获一些	
	没收获	
你对自己所获得的豆数满意吗？	很满意	
	还可以	
	下次努力	

根据调查数据统计，共有380名湾豆参与调查，有362名学生在本次测评中感到非常快乐，有18名湾豆觉得没感觉。有350名湾豆在本次测评中有收获到知识，27名湾豆收获一些知识，仅有3名湾豆表示没收获。有320名湾豆表示对自己收获到的豆数很满意，23名湾豆表示还可以，37湾豆表示要下次努力。说明许多孩子在湾豆收获季的测评中不但收获了知识，还体会到成功的快乐。

小李是一年级1班的一个天真可爱的孩子。入学时，识字量几乎为零，语言发展迟缓，连最简单的数数0～20都不会。孩子入学以来，老师们一直在关注孩子的课堂表现、课外作业等情况，坚持课内课外辅导，但由于孩子接受能力受限，学了知识很快就忘记，一学期下来，收获甚微。孩子只会顺着数0～20的数，会简单的10以内的加法计算。孩子失去学习的信心，常常挂在嘴上的一句话是"老师，能不能不要考那么难的题，我不会做"。小李同学在此次测评中，除了"扑克速算大王"稍逊，其他测评项目均得了5颗豆。每测完一个项目，孩子就会高高兴兴地和我分享："老师，您看我，我又得了5颗豆！"从孩子的笑容中就能看出孩子内心的欣喜，通过这样多元化的测评活动，她不仅掌握了和学科相关的知识，还收获了学习的快乐，最重要的是重拾了对数学学习的信心。孩子的父母非常感谢学校，感谢学校给予孩子展示的舞台，孩子能在轻松愉快的环境中掌握知识，而不是干巴巴的纸笔考试。

方案不是完美的，在实施的过程中我们也遇到了很有意想不到的困难，比如可能会给部分学生带来过重的负担、多学科的多样考核学生可能会厌烦，在某些项目上拿不到好成绩可能会带来挫败感，等等。学生身心发展尚未成熟，在评价中受到老师和同伴积极的鼓励与肯定，就会心情开朗，充满阳光；受到批评、惩罚就会意志消沉，甚至自暴自弃，使学习更加困难。其实"没有最好，只有更好""最好""最差"这些只是相对的标志、暂时的现象，而不断地争取更好，才是学业评价的目的。我们今后努力的方向是进一步要对学生的认知、能力、态度和情感进行科学评价，同时要根据学生的个体差异设计更加多元的评价体系，评价项目多一点，细一些，全面一些，多把衡量的尺子，就会多出一批各有所长的好学生。

"湾豆收获季"的多元化评价尽管是一个阶段的终结性评价，但从长远来看，这不仅是学生成长过程中的一次阶段性评价，更是学生学习成长之旅的加油站，它指导着学生的学习安排，为不同学生提供个性化的学习建议和学习指导，给每位学生的成长储蓄力量。让学生用自己喜欢的方式评价他们的学习，让他们感受到学习的快乐，体验到成功的喜悦，让"湾豆集豆册"伴随孩子健康快乐成长！

"传道，授业，解惑"，时代赋予教师重责，让我们携手同行，全面助推学生的多元成长，助力学生数学素养提升，在推动和持续深化教育改革创新的征程中奉献出不可或缺的一份力量。

参考文献：

[1] 蒋文和.开展多元化评价提升小学生数学素养小学科学（教师版）[J].2018（06）.

[2] 陈钱林.多元评价法：聚焦孩子与众不同的精彩[J].《中小学德育》，2012年第8期69—73.

小学英语

"教子十过，不如奖子一长"。南山脚下，荔湾小学英语科组以"尊重、激励、宽容、赏识"为出发点，致力创设丰富多元的激励性评价，力求每位学生都能感受英语、理解英语、欣赏英语、表现英语及创作英语。

瞧！26 个字母，就像 26 个跳动的音符，只有按顺序排列，才能奏出美妙的乐章。在"字母猎手"测评中，小湾豆们用他们灵巧的小手，绘就 26 个美妙音符，一起在字母王国里翱翔起舞！

看！我们的"伊索星剧场"开场咯！小演员们身穿华丽的服饰，五彩的道具，夸张的动作，流利的英语……火热的氛围真是堪比美国百老汇！

听！小湾豆们化身为树林里的百灵鸟，在"我是歌王"测评中，用美妙的歌声与微笑点缀着校园，渲染了春日的和风，打破了夏日的沉寂，鼓舞了秋日的丰收，也丰富了冬日的回忆。

寻！在句子森林里，有许许多多形式不同，发音不同，含义不同的英文句子，等待湾豆儿们去挖掘，去认读，去发现。小湾豆们化身为"句子猎手"，在仔细认读中一起去捕获这些精彩语句！

快乐测评，趣味横生。英语王国巡游开始，Boys and girls, are you ready ?

新课程改革下正确运用学生多元评价
促健康全人发展

——"湾豆收获季"学生期末学业水平多元评价案例分析

黄珊珊

【摘要】每个人都同时拥有多种智能，使得每个人的智能都各具特色。每个学生都是独特的，我们应该尊重学生的个体差异。由于不同的智能类型，学生存在着学习方式、学习习惯、对学习内容敏感性的不同，因此，"湾豆收获季"学生期末学业水平多元评价体系是倡导建立可促进学生全面发展的发展性评价体系，较好地弥补了传统评价在功能、内容、标准、方法单一及评价主体和重心错位等弊端，侧重评价功能的激励作用、评价方法和主体的多元化，注重评价过程，关注学生个体差异，更尊重学生在学习过程中的情感体验、态度形成、能力发展和习惯养成，突破了简单以分数衡量学习效果的机械性模式，使评价增添了许多情感和人文因素，基本实现了新课程改革"为了每位学生的发展"的基本精神，能够在教学过程中进一步激发学生的学习兴趣，提高教学活动的有效性。

【关键词】新课程改革　　多元智能　　多元评价　　全人发展

一、评价改革背景

孩提时听到过一个令人啼笑皆非的故事：爱迪生曾因学习成绩不佳被拒之于校门外，多次被老师讥笑"笨蛋"；孩童时期的牛顿是校长口中的后进生；丘吉尔的父亲曾担心他将来连谋生的能力都没有；拿破仑读小学时老师和家长都认为他将来不会有出息……或许，年少的我们还曾经拿这些名人故事来安慰自己，但多年后已为人师的我了解到多元智能理论后再反观这些故事却陷入了沉思。

那么，什么是多元智能理论呢？多元智能理论指出：人类所有个体在不同程度上都具有相对独立的八种智能，包括语言智能、数学逻辑智能、音乐智能、空间智能、身体运动智能、人际交往智能、自我认知智能和自然智能。每个人都同时拥有多种智能，只是这些智能在每个人身上以不同的方式、不同的程度组合存在，使得每个人得智能都各具特色。因此不应该存在谁聪明谁不聪明的问题，而是存在哪一方面聪明以及怎样聪明的问题。而谈到评价，又是一个敏感而又令人困惑的话题。评价究竟是什么？是考试？是杠杆？可以说评价是世界性的难题，也是实施新课程的"瓶颈"。评价是一种价值判断的过程，反映着教育的价值去向，取决于教育的价值观念。新课程评价的指导思想旨在"创造适合儿童的教育"，为了每一位学生的发展，开发个体的潜能，培养独立的个性，而不是"选择适合教育的儿童"，因此，学生的评价改革关乎新课改的成败，同时也是新课程改革能否深入进行的重要环节。学生评价是学校教育评价的核心，新课程改革倡导建立促进学生发展的发展性评价体系，它较好地弥补了传统评价的功能、内容、标准、方法单一及评价主体和重心错位等弊端，侧重评价功能的激励作用，评价方法和主体的多元化，注重评价的过程，关注学生的个体差异，更尊重学生在学习过程中的情感体验、态度形成、能力发展和习惯养成，突破了简单地以分数衡量学习结果的机械性模式，使评价增添了许多情感和人文的因素，这种评价不再是简单的终结性评价和量性分析，而要求建立定性和定量，客观和主观、形成和终结相结合的动态评价，基本实现了新课程改革"为了每位学生的发展"的基本精神。

二、"湾豆收获季"学生期末学业水平多元评价体系案例分析

（一）立德树人，落实"教育就是成就"的办学理念

荔湾小学以贯彻《南山区中小学学业质量评价指引》为目的，落实"教育就是成就"的办学理念，夯实立德树人的根本任务，在遵循学生身心发展和教育教学规律的前提下，把关注学生"全人"发展，培养具有民族根基、国际视野、人文情怀、科学精神、社会责任的现代公民作为学校发展目标，践行创新型学业水平多元化评价的改革。

（二）"湾豆收获季"学生期末学业水平多元评价体系的理论依据

2013 年，教育部出台了《关于推进中小学教育质量综合评价改革的意见》，并通过多种方式推进教育质量综合评价改革，其总体目标是：基本建立体现素质教育要求、以学生发展为核心、科学多元的中小学教育质量评价制度，扭转单纯以学生学业考试成绩和学校升学率评价中小学教育质量的倾向，促进学生全面发展、健康成长。

《义务教育英语课程标准》指出："英语课程要优化评价方式着重评价学生的综合语言运用能力。英语课程评价体系要有利于促进学生综合语言运用能力的发展，要通过采用多元优化的评价方式，评价学生综合语言运用能力的发展水平，并通过评价激发学生的学习兴趣，促进学生的自主能力、思维能力、跨文化意识和健康人格的发展。"评价体系应包括形成性评价和终结性评价。日常教学中的评价以形成性评价为主，关注学生在学习过程中的表现和进步；终结性评价着重考查学生的综合语言运用能力，包括语言技能、语言知识、情感态度、学习策略和文化意识等方面。

（三）"湾豆收获季"学生期末学业水平多元评价与传统测验的相比较有以下几个优点：

（以下部分以英语学科为案例进行细化分析）

1. 评价内容多元化

英语教师在设计评价活动时，要根据实际情况，把语言智能与其他智

能的运用有机地结合起来，使活动生动有趣，以达到全面综合的评价目的。

(1) 语言表达。比如四至六年级的英语期末测评中都会有一个《超级演说家》项目，让学生在理解该话题的基础上学会发表自己的观点并进行辩论，对学生的语言智能进行评价。

(2) 空间表达。侧重考查学生的空间感和观察能力。比如二年级英语学科的测评项目《看图说画》，就是让学生结合话题画一画，并结合画作进行说画，该项目中教师着力于评价学生对刚进入小学的一年级学生的观察能力与语言表达能力。

(3) 非语言表达。非语言表达更多的是用肢体语言或动作等来进行学习。比如测评项目《最强大脑》，正是通过以你比画我来猜单词的形式来进行小组竞赛。

(4) 人际交往表达。教室就是一个小型的社交场所，课堂分组合作是一种有效的评价学生人际交往智能的方式，其中一种常用的就是角色扮演。在小组里，有分配任务的组长，有负责主要角色的主演，有配角，有旁白，有道具组。如在英语伊索寓言测评项目《伊索星剧场》中，有的学生会挑选只有一两句简单台词的角色，或甚至全程只有一句"Hooray"的角色。这些同学都是语言智能比较欠缺的同学，但他们热爱自己的角色，乐于参与其中，即使只是个配角，他们也要把这仅有的一两句话表演到位，表情夸张。而评委也会在学生从准备到表演的过程中，对组员的行为和在小组中担任的角色进行观察评价，使学生积极参与，提高其人际交往能力。

(5) 音乐表达。音乐表达的评价，包括对学生旋律及节奏的运用能力评价。比如英语学科的期末测评都会对课内外歌曲或节奏感较强的韵律歌chant 进行不同程度的测评。

2. 评价标准多元化

"湾豆收获季"学生期末学业水平多元评价注重设计测评过程，突出评价的过程性。评价结果以定量与定性评价相结合，形成性评价与终结性评价相结合，而终结性评价又包括表现性评价和期末试卷评价。形成性评价就是学习的过程，包括各学科基本评价项目（比如每日课堂、每日作业和小组活动等）和各学科选择性评价项目（比如兴趣特长和成长记录等）。形成性评价考核时间为整个学期，终结性评价考核时间为本学期最后一至两个月，期末结束完成整个期末测评项目。并且，"湾豆收获季"学生期末学业水平多元评价有一套能激励学生学习兴趣和自主学习能力发展的评价体系，注重学生差异，通过复活赛、手拉手、救援小组等方式，对不同阶段、不同层次、不同能力的学生给予不同的评价标准，评价标准人性化。在评价过程中根据学生的学习情况用心去发现他们的优点和不足帮助他们取长补短，最终让所有的学生获得成功的体验增强学习的自信心，充分体现人性化的标准，成就快乐学习的幸福学生。

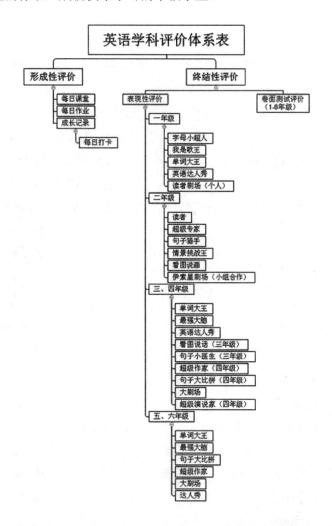

图 3.1 2018—2019 学年第一学期英语学科评价体系表

3. 评价方法多元化

传统的学生评价方法单一：过于注重量化和传统的纸笔测验，忽视质性评价，不利于培养学生的探究、创新和实践能力。"湾豆收获季"学生期末学业水平多元评价恰当运用多样化的评价方法，学生通过"听说读写画演唱"等多种形式落落大方，信心十足地阐述知识路径，全方位展示自己。

表 3.2　2018—2019 学年第一学期一年级英语学科部分项目形成性评价标准表

评价形式	日　期	年级	内容	标准	方法及评价主体	测评能力点
形成性评价	2018 年 9 月至 2019 年 1 月	1～6 年级	每日课堂	课堂认真倾听，积极回答问题。根据记录每 5 个荔湾赞折算 1 颗豆。	自评 教师评价	口语表达能力
	2018 年 9 月至 2019 年 1 月		每日作业	作业书写工整，正确率高，3 个 A+ 折算成一个荔湾豆。	自评 家长评价 教师评价	倾听与书写能力
	2018 年 9 月至 2019 年 1 月		每日打卡	1.每日朗读打卡。标准：正确、流利、有感情地朗读。2.以打卡次数为计算。0～90 天按每 5 天为一颗豆来折算。	教师评价	口语表达能力

表 3.3　2018—2019 学年第一学期一年级英语学科部分项目终结性评价标准表

评价形式	日　期	年级	内容	标准	方法及评价主体	测评能力点
终结性评价	2018 年 12 月 28 日	1 年级	字母小超人 Alphabet Superman	1. 学生能够按顺序默写 26 字母的大小写；2. 学生按书写的规范与美观程度集豆，大小写字母对应正确（1 颗豆），字母顺序正确（1 颗豆），未漏写字母（1 颗豆），书写格式正确（1 颗豆），工整美观（1 颗豆）	全体学生参与，全部英语老师评价	英语基础知识掌握程度

续表

评价形式	日 期	年级	内容	标准	方法及评价主体	测评能力点
终结性评价	2018 年 12 月 29 日	1 年级	读者剧场 Readers Theater	1. 自选一本英文绘本的片段进行正确、流利、有感情地朗读。2.标准：朗读流利（一颗豆），声音响亮（一颗豆），吐字清晰（一颗豆），发音准确（一颗豆），有感情（一颗豆）。	全员参与 家长评价 教师评价	英语课外阅读拓展的程度
	2019 年 1 月 3 日		单词大王 Words Experts	1. 学生能准确认读三本教材中的高频词汇共 209 个；2. 学生按正确认读个数集豆。10个以内 F 得 6 颗豆；20个以内 F 得 5 颗豆；40个以内 F 得 4 颗豆；60个以内 F 得 3 颗豆；90个以内 F 得 2 颗豆；120个以内 F 得 1 颗豆。	全员参与 家长评价 教师评价	英语高频词掌握程度

4. 评价主体多元化

可以从上文所附的形成性评价与终结性评价标准表中可知，"湾豆收获季"学生期末学业水平多元评价突出学生在评价中的主体地位。家长、教师、同学全面参与，使评价成为多主体共同参与的活动，评价形式为生生评价、家长评价、教师评价以及小组评价相结合的形式。在这个过程当中，教师、学生、家长都感到了评价主体—评价者与被评价者之间的民主平等的关系，有利于全面对学生的总体学习评价，即能减轻老师的负担又能调动学生学习积极性，加深家长对孩子的教育促进家校共育的黏合性。

5. 评价环境多元化

优化评价环境，创设良好氛围。每一期的湾豆收获季荔湾小学都会精心布置活动场地，把测评当作一个节日或一次嘉年华，教室、多功能厅、体育馆甚至是操场等地方都可以是测评场所，无论在哪个场地开展的测评项目荔湾小学的教职员工都会同心同力认真进行布置，学生在这样仪式感十足的盛会上毫无压力，与其说是测评不如说是一次游园盛会。测评结束学生可以以积分兑换礼物的形式换取激励性奖品，很多孩子大呼不过瘾，还想再测评一次。

三、结语

受高考制度和书面评价等考试形式的影响，学界现行的课程评价往往过多关注学生的学科知识和技能，对学生的学习能力，实践能力，创新精神，心理素质以及情绪、态度和习惯往往忽视。教师们往往会自觉或不自觉地以一定的标准，甚至僵硬的模框去对待千差万别的个性。多少丰富多彩的个性被修理成千人一面，多少个性在"温柔的麻醉"中死去，或被粗暴地扼杀。荔湾小学的"湾豆收获季"学生期末学业水平多元评价体系强调过程性评价与终结性评价有机融合，尊重学生个体差异，尊重失败的权利，注重激励性评价，关注学生的智能特点，帮助学生认识自己的智能优势领域，再投入学习的时候，所表现出的兴趣会更加浓厚，也更乐于发挥自己的智能优势。再通过教师设置合理、具体的教学目标，实施多元教学方式进行引导，使学生能更容易找到适合自己的学习方法，并且通过小组合作的形式利用不同智能特点的同伴的帮助，激起学习的兴趣，利用智能强项领域的经验，带动弱势智能的学习和学业表现。而对于那些在学习过程中，在某方面智能欠缺的学生，我们要尊重其"失败的权利"，我们不能否认其在其他智能方面的兴趣和表现，如果给予适当的鼓励和教育，他们或许能产生意想不到的进步。我们荔湾人的愿望是让每一个孩子都能尝到成功的喜悦，让每个孩子都能自信地说出"我能行"，能够让每个湾豆都能成就更好的自己！"湾豆收获季"学生期末学业水平多元评价历经三个春秋，回首实践之路收获满满，我们听到了拔节生长的声音，但是改革之路漫漫，未来是我们荔湾人要更加努力去创造的地方，希望荔湾小学的"湾豆收获季"能够影响更多的学校，惠及更多的学子，成就更多的人。

参考文献：

[1] 霍华德·加德纳，大维·亨利.多元智能的理论与实践：让每个儿童在自己强项的基础上发展 [M].北京：北京师范大学出版社，2015.

"形成"与"终结"，两手都要抓

——以荔湾小学英语学科学业水平多元评价为例

梁玮宁

【摘要】荔湾小学的学业水平多元评价实践研究不仅是湾豆们的"收获季"，更是教师和家长们的"反思录"。不仅体现了素质教育和通用素养的培养要求，促进了学生们的收获和成长；同时引导家长正确地看待评价、全面地看待孩子的发展，反思家庭教育方法；更促使教师更新教育观念，在实践中不断反思和完善教学，进一步增强了教师的教育科研能力和教学实践水平。据观察，在实践过程中教师往往着眼于终结性评价的设计与实施，容易忽视对形成性评价的记录与反思。形成性评价与终结性评价同样重要，只有双管齐下，两手并抓，才能让多元评价体系更好地发挥其积极作用。

【关键词】小学英语 多元评价 形成性评价 终结性评价

笔者参与荔湾小学学生学业水平多元评价实践已有一段时间，在这过程中体验到了多元评价的魅力，也积累了一些想法。 因此，本篇将结合英语学科的案例，从自身实践出发，初步探讨多元评价的积极意义，反思评价过程中发现的问题，为日后的实践研究提供经验与思考。

一、评价实践的积极意义

（一）激励学生全面发展

多元评价能有效激励学生成长，符合学生的个性发展。在实施评价的过程中，学生的潜能被激发，通过评价发现自己的闪光点，建立自信，更好地学习和成长。以笔者所任教的班级为例，在实施英语学科测评的过程中，部分学生注意力不集中，无法专心做题，笔试测验评价结果不佳。但这几个孩子平时非常活泼，喜欢表达，大胆表现。他们在 "伊索星剧场""我是歌王"等测评项目上表现自如，同样也能收获成就感，激励了他们的学习和成长。同时，比起单一地看学生的卷面测验等终结性测评表现，形成性评价中对学生的日常学习，文明礼仪、课堂表现等评价会更为全面。有的孩子虽然在终结性评价项目上表现不佳，但是日常学习认真，礼貌待人，遵守纪律，同样可以通过形成性评价获得不少荔湾豆，有利于更全面地评价学生，帮助学生建立自信，鼓励学生全面发展。

（二）协助教师反思教学

多元评价对教师的教学工作也有重要的指导意义。教师可以根据学科的评价方案，合理地设计教学、安排教学进度，并针对学生的测评表现进行反思，不断改进教学策略。例如在准备"单词大王""英语达人秀""我是歌王"和"伊索星剧场"等英语测评项目时，教师在教学中就要有意识地帮助学生复习和强化。除了加强指读、认读单词和课文，也要培养学生大声演唱、表演绘本的习惯，引导学生敢于说、大声唱、尽情演，让学生喜爱阅读，大方表达。

（三）引导家长更新观念

多元评价体系也能引导家长正确地看待考核，全面地认识、评价孩子。例如担任家长考官对学生进行期末考核，以家长的身份对学生的日常表现进行评价，让家长在测评中有参与感，也能在评价中逐渐学会去用发展的眼光，全面地看待孩子的进步与成长。在测评的过程中，家长也能更深入地了解学习考核要求，更好地帮助孩子学习，配合教师教学，也增强了家长对测评的认同感，有利于家校沟通与合作。

二、评价实践的问题反思

荔湾小学的英语学科多元评价体系设计合理有序，符合《英语课程标准》提出的培养学生英语学习兴趣，建立学生自信心，培养语感语音语调，初步形成运用英语进行简单交流能力的要求。但笔者在实践中也发现教师们对形成性评价不够重视，在总结经验和方案调整时，也时常着眼于终结性评价项目的设计上。因此笔者主要从形成性评价入手，总结了以下常见问题。

（一）忽视形成性评价的过程记录

学生的形成性评价是多元评价体系的重要组成部分，教师对学生形成性表现过程的每一次记录与评价都有意义。以一年级 2019—2020 学年第二学期的形成性评价方案为例（见表 3.4），一年级的形成性评价从语数英等各学科，以及学生的文明礼仪等方面设置了不同的评价项目，多角度全方位地记录学生的成长。

表 3.4　形成性评价

	语文	数学	英语	科学	体育	艺术	美术	文明礼仪
每日课堂								
每日练习								
荔湾星星主播台								
荔湾书房读书王								
绘本绘说我来秀								
单元练习								

续表

	语文	数学	英语	科学	体育	艺术	美术	文明礼仪
每日打卡								
体育荣誉兴趣社团								
小组合作								
总计								

结合学科特点和学习内容，不同的学科对学生的形成性评价侧重点也有所不同。其中，一年级英语学科形成性评价主要有每日课堂（课堂行为表现）、单元练习（单元测试成绩）和每日打卡（听读打卡）三大部分。随着年级的增长，每日练习（书写作业）、小组合作（小组绘本表演）等也会逐步纳入形成性评价的范畴。据观察，教师们对形成性评价的记录不够重视，往往基于课堂行为观察以及作业登记表等方式来评价学生的平时表现。在教学时大都采用小组游戏评价法，即以小组为单位进行比赛，纪律好、积极互动的小组可以加分，并达成游戏任务，以此来管理纪律并调动课堂气氛。但老师们课后也疏于记录这些观察和评价，或者仅凭荔湾赞表格、班币兑换数量等方式简单记录。有详细记录的一般是单元测试、书面作业、网络平台小打卡等数据。

（二）家长和学生的参与度不够

评价的主体可以是教师、家长、同学，也可以是学生自己。让教师对每个学生都进行全面细致评价的任务量是非常大的。以教师为主，家长、学生共同参与的多主体评价不仅更加全面，既提升学生的自主学习能力和意识，调动家长参与学校教育的积极性，也一定程度上减轻教师的负担，将教师从繁重的评价工作中解放出来。但在实际实施过程中，家长和学生的参与度并不高，往往只限于报名家长义工，担任家长考官、学生考官等方式参与终结性评价。对于形成性评价中的日常表现、小组合作等方面的评价，家长并未参与进来，也没有学生自我评价和同学、小组成员评价。

（三）评价的内容不够全面，形式不够多样，方法不够具体

以一年级英语为例，终结性评价的内容侧重于听说读写基本技能（见表 3.5），而英语学科素养方面的思维品质、文化意识，以及英语学习策略和情感态度等都较少涉及。形成性评价中，学生日常参加的各种比赛（英语演讲、配音、手抄报）、社会实践、课题研究项目以及积极沟通乐于助人等班级行为表现也较少涉及。

表 3.5　一年级英语终结性评价表

项目 No.1	我是歌王 I am a music man. （6 月 29 日）
要求	任选课本中一首歌曲进行演唱，拍成视频上传至班级 QQ 群
标准	发音正确（1 颗豆）；流利（1 颗豆）；响亮（1 颗豆）；有感情（1 颗豆）；吐字清楚（1 颗豆）。
评价内容	牛津课本中 let's enjoy. 部分。
我能得到	
项目 No.2	英语达人秀 English Talent Show（6 月 29 日）
要求	随机抽取学生牛津《英语口语交际》一段对话进行朗读
标准	发音准确（1 颗豆）；朗读流利（1 颗豆）；声音响亮（1 颗豆）；语调自然（1 颗豆）；仪表大方（1 颗豆）。
评价内容	牛津《英语口语交际》，考察学生英语基本口语交际能力
我能得到	
项目 No.3	伊索之星 The Star of Aesop（6 月 30 日）
要求	选取伊索绘本里的某一个片段（至少三页）进行表演
标准	正确(1 颗豆)；流利(1 颗豆)；响亮(1 颗豆)；有感情(1 颗豆)；有动作表情(1 颗豆)。
评价内容	伊索绘本片段（至少三页）
我能得到	
项目 No.4	字母猎手 Alphabet Hunter（7 月 01 日）
要求	学生能按照字母顺序正确书写 26 个字母
标准	大小写字母对应正确（1 颗豆），字母顺序正确（1 颗豆），未漏字母（1 颗豆），书写格式正确（1 颗豆），工整美观（1 颗豆）
评价内容	26 个字母大小写书写
我能得到	

同时，在实际实施过程中评价的形式和途径相对单一，通常限于实物评价（荔湾豆、荔湾赞、奖状班币等）和文字评价（作业批改、卷面测试等）。口头评价较少，也比较泛，不够具体。例如英语学科的每日课堂评价，教师的评价语言通常比较简单笼统，不够具体；实施评价时也通常以小组、或者全班大多数同学为主，没有关注到学生差异，不够有针对性。

三、评价实践的经验总结

（一）评价主体多元化，内容全面化，形式多样化，方法具体化

1. 评价主体上，提高家长与学生的参与度

在以教师评价为主的基础上，适当增加学生自我评价、同学评价以及家长评价。例如形成性评价中的每日打卡既可由老师进行评分，也可以请家长对学生在家的练习情况进行反馈，并及时做好记录。小组合作部分，可让学生对小组成员进行点评和建议。同时要积极发挥学生小考官的作用，做好考官培训，让学生考官负责一些简单的考核项目。

2. 评价内容上，多维度全面考量设计

内容不仅限于听、说、读、写等语言知识和语用能力，还可以将学科素养、文化意识、情感态度等纳入评价。课堂行为表现方面，还可以对学生能否长时间专注上课，积极帮助小组同学学习，主动与同学沟通交流解决困难等维度进行评价。同时，参加社会实践活动过程中来自社会的评价也可以纳为形成性评价的内容。

3. 评价形式上，结合实际调整创新

评价的方式有很多，包括语言评价、肢体动作评价、文字评价、奖品班币手工作品等实物评价等，都可根据实际选择使用。例如结合学科和班级特色设计学习档案，与集豆册一起建立学生成长记录袋；通过与学生面谈（潜力生帮扶记录、家访记录 ）、作业批改记录、课堂行为观察记录和荔湾赞表格、读书笔记、手抄报思维图作品以及学生参加的各种比赛活动记录等对学生日常学习表现进行评价；通过问卷调查、自我评价表、同桌互评表等让学生自评和同学互评，了解学生的自主学习意识和小组合作

学习能力；同时还可利用网络平台，对学生网上自主学习情况进行跟踪，运用 QQ、微信对学生进行评价。例如通过可瀚学堂、一起作业等网上平台布置练习，并利用平台的网上学习记录对学生的日常学习进行评价；在疫情期间，可以让学生将作品上传到 QQ 群相册，教师直接在作品下方点评，同学之间可以互相欣赏，同时家长也可互相交流教育心得，进而实现了师生家长共评。另外，评价还可利用环境布置，在教室设置评价栏，表扬展示优秀学生作品，或者举办优秀作业展览等活动，进一步激发学生的学习动力。

4. 方法上，分时分层，注重评价的艺术性与针对性

具体情况具体分析，关注学生之间的差异。例如课前让学生自评，初步预测即将学习的内容和目标，激发学生的学习欲望，保证课堂活动参与度；课中让同学互评，课后教师点评等。在形成性评价中，对于学力较弱的同学，应当以学生自身的能力表现起点作为参照，如果他们比自己刚开始的表现有所进步，同样可给予激励性的评价。

无论何种形式的评价，都要注意语言的艺术性，保护学生的自信心，让学生感受到教师的关爱和学习的快乐。同时富有艺术性的语言表达也给学生带来丰富的语言输入，培养学生的语言素养。评价也要有针对性，不能泛泛而谈。以英语课堂评价为例，比起"Good, Good, Very Good!" "Hey, Hey, Super!" "Wonderful！" "Well done!" 等比较简单的评价，"You did well in speaking." "Your answer is clear and logical." 这种评价语言就更具体化有针对性。

（二）结合学科，灵活调整

测评项目的设置可以结合学科特色，让学生在测评中感受学科魅力。例如语文学科可把学校的传统文化节元素融入测评中，设置与传统文化相关的测评项目。英语学科可将英语文化节的比赛项目与评价有机结合，将学生的比赛作品纳入形成性评价，例如手抄报、英语配音等。另外，评价方案可根据实施的过程、环境、条件，灵活地进行调整。例如空中课堂在线教学时期，形成性评价可结合学生的课前小主播和课堂连麦互动情况以及线上作业打卡等表现进行评价。终结性评价也可将小组合作表演项目"伊

索星剧场"调整为 "伊索之星"，以录制视频的形式单独表演，符合疫情防控减少聚集的要求。

(三) 有"产出"也有"售后"

评价不能光"产出"，也要有"售后"。评价结束后并不只是留记录存档，应当发挥评价的促进和反馈作用。例如设置班级公示栏，评比"学习之星""表演之星""进步之星""湾豆之星"进行表扬鼓励。还可组织学习小组的评比，培养学生的团队合作意识。同时也要持续关注那些稍微"走得慢"学生，与家长保持沟通与交流，不断地督促和提醒学生自我提升。对于学生表现不佳的终结性评价项目，可以有针对性地提出指导和建议，并及时反思、调整教学。

多元评价对学生、家长和教师都有积极意义。但在实施过程中，教师应当留意，形成性评价与终结性评价同样重要，只有双管齐下，两手并抓，才能让多元评价体系更好地发挥其积极的作用。同时，教师也要不断学习培训，提升专业素质，熟悉小学各阶段的学习侧重点、评价内容与要求。并留心观察、及时记录评价过程中出现的各种问题，做个善于思考的有心人，不断地反思总结，进一步完善多元评价的探索和实践。

参考文献：

[1] 朱秋凤.多元化评价让小学英语教学更添活力——小学英语的多元化评价在教学中的实践与探索 [J].华夏教师，2017(09)：41—42.

[2] 王正福.构建发展性评价体系是学生评价改革的精髓 [C].国家教师科研基金十一五阶段性成果集（青海卷）.北京中教创新软件发展研究院，2010：53—55.

[3] 梅士宏.基础教育英语学业质量评价存在的问题与对策探讨——以信阳职业技术学院附属小学为例 [J].考试研究，2018(06)：101—104.

[4] 宋鸿慧.基于核心素养培养背景下学生发展性评价体系的构建 [J].华夏教师，2018(16)：17—18.

[5] 杜爱红.论英语课堂行为的表现评估 [J].教学与管理，2007(03)：88—89.

幸福绵绵无绝期

——激励性多元评价对小学生幸福指数提升的探讨

周小金

【摘要】在 2010 年 1 月 12 日举行的春节团拜会上，温家宝同志说："我们所做的一切，都是为了人民生活得更加幸福，更有尊严……"党的十八大以来，习近平总书记提出以"人民为中心"的发展思想："为人民谋幸福，是中国共产党人的初心。我们要时刻不忘这个初心，永远把人民对美好生活的向往作为奋斗目标。"幸福，从来没有像今天这般被国家重视！荔湾小学顺应时代的呼唤，开展"湾豆收获季"激励性多元评价，这种评价，内容丰富多样，方式不拘一格，过程具有人文关怀，对小学生幸福指数的提升具有非常积极的意义。本篇试从六个方面进行阐述。

【关键词】湾豆收获季　　激励性多元评价　　小学生　　幸福指数

一、教育承载着酝酿幸福的大任

著名的教育学家乌申斯基多次坚定地提道："教育的主要目的在于使学生获得幸福，不能为任何不相干的利益牺牲这种幸福，这一点当然是毋庸置疑的。"历代许多教育家提出了教育的目的是使学生获得幸福。孩子是家庭的希望，祖国的未来，他们都将走进学校成为学生，他们每一个都与教育有着千丝万缕的联系；学生大多数时间是在学校度过的，他们的幸福自然来源于学校、教师、课堂等；因此，教育承载着酝酿幸福的大任。

然而，纵观课堂教学、再看期末评价，现状不容乐观。课堂教学重视知识传授、关注学生对知识的掌握，功利性太强；期末测评一张试卷测试简单了事，忽视了学生的主体体验，无法满足学生的个性发展，这些在很大程度上导致学生幸福感不强。

深圳是全国的前沿城市，在教育教学改革中取得非常优异的成绩，课堂教学逐渐走向民主、平等甚至卓越。但是如果只着眼于期末一张试卷的测试方式显然不适合教育的发展趋势，学生的幸福指数需要提升，学生的日常幸福需要得到重视。

单一的测试方式过度关注学生对知识的掌握，导致课堂教学功利性太强，最后导致学生的主体体验太少、学生的幸福感缺失，所有这些都与教育应该为人生幸福奠基的教育理念是相违背的。每一个教育工作者都必须顺应时代的呼唤，迎合孩子心灵的渴望，从评价方式上寻找出路，为学生的幸福出谋划策，通过评价方式的改革指导课堂教学改革，为学生的幸福提供源头活水，提升学生的幸福指数，提高学生的生命质量。

二、激励性评价充盈着学生幸福的源头活水

荔湾小学自建校以来一直以"一切为了学生的发展"为核心目标，以《义务教育课程标准》为指导思想，不断探索、不断思考，找到了问题的症结所在：要想让学生在学校幸福成长，评价方式至关重要，于是，"湾豆收获季"激励性多元评价（以下简称"激励性评价"）顺势而生。激励性评价一举改掉单一的测评方式，实行激励性的多元测评，测评形式多样、测评项目丰富、测评内容趣味性强。让每一个学生在评价中得到不同的体验，是激励性多元评价的独特目标。每次快到期末，学校以"湾豆收获季"集豆册为手段，以多个项目为期末评价内容，对学生的学业水平进行全面、综合甚至个性化的考查。

激励性评价有着丰富的测评内容，每一个学生可以参加几十个测评项目，每一个项目的体验不一样，他们学习着、挑战着、锻炼着、体验着；他们分项目集豆，清理自己豆章；他们走进荔湾期末超市，选择性地兑换奖品；他们收获荣誉，获得奖品……每一个奖品、每一项荣誉称号 如"阅读之星""识

字之星""速算大王""English Star"等都给学生们带来不一样的幸福。形式多样的评价较好地激发学生的各方潜能，他们主动做事、主动阅读，课堂上主动思考、积极发言；听课习惯、书写习惯、行为举止都是朝着良性发展，他们认真地通过自己的努力从老师那里获得豆章，他们开心地数着自己的丰收成果，他们愿意和同学分享自己的集豆册上的满满收获和兑换到的奖品，他们脸上布满了灿烂幸福的笑容，"湾豆收获季"激励性评价充盈着学生幸福的源头活水。

三、丰富测评项目，持续学生幸福体验

"湾豆收获季"激励性评价项目丰富多样，就英语科目测评项目来说吧，学生可以进行6个项目测评：单词挑战大王、句子猎手、伊索性剧场、故事我来秀、英语精彩秀、最佳辩手，等等，具有很强的体验性；尤其是"英语伊索星剧场"给学生创设的是五彩缤纷的英语舞台，学生在学习、组队、排练、预演会汇演过程中学会了合作、学会了取舍，在表演英语中使得英语语言童趣化、生活化；这里所指的"表演"，不仅是一种"结果"、一次"演出"，更是一个语言学习的过程，一种高质量的语言输出，一种别样的英语风采展示，一种从未有过的幸福体验！

记得六年级上学期期末伊索星剧场测评，当时我请了一些懂英语的家长做评委，有一组学生表演《下金蛋的鹅》农夫追杀鹅的那一片段，表演鹅的是一个身高一米七〇的男生，在鹅被抓到的那一瞬间，他毫无顾忌地扑通一声倒在地上，农夫夫妇却高兴地紧张地表演追鹅、杀鹅取蛋、最后希望落空、后悔痛哭，他们非常投入，赢得在场家长和学生的情不自禁的热烈掌声。他们快乐地表演，同时也把快乐带给他人。"湾豆收获季"激励性评价类似这样的测评项目很多，以幸福为目标，重视学生在测评过程中积极的心理感受，努力使学生在期末测评中积极参与而不是被动应付，着眼于学生的主观体验，在这一过程中，学生是快乐的，而不会感到恐惧。当学生的多种感官参与进来，他们不仅能获得丰富多样的幸福体验，更能形成健康向上的人格特质，学生的幸福体验不再是昙花一现、稍纵即逝，而是持续、持久，甚至永恒！

四、巧用测评集豆册，引领学生幸福创造

"湾豆收获季"激励性评价的重要手段——集豆册，是学生期末水平的见证。每到期末，荔湾小学就会印制精美的包含考核项目在内的集豆册，学生们拿着集豆册去进行各项测评，学生们如果在文明习惯、卫生纪律、各科学习、活动参与等方面表现积极，老师都会在集豆册上给他们盖上相应数量的豆章。每当老师在集豆册上轻轻盖上豆章，学生们是一脸的灿烂。

为了使自己的集豆册爬满了豆章，学生们想尽各种办法，开动大脑不断思考：在背古诗中加入自己的想法，在朗诵中更加注重情感和语音语调，在英语表演中加入了自己的动作、台词，在美术作品中认真着色，要使自己的作品变得独一无二，争取给老师留下深刻的印象，他们不断思考、不断精益求精，思维越来越活跃。"老师，我要英语表演；老师，我要背古诗；老师，这是我的美术作品；老师，我是小小探索家，老师，我想讲故事……"他们所有的参与行为和学习热情都是主动的，他们的大脑是兴奋的，他们的思维是独特而且具有创造性的。

"湾豆收获季"激励性评价鼓励学生大胆创新的理念，为学生的创造性培养播下了幸福种子。测评内容来源于教材，测评方式却可以不拘一格，鼓励学生在教材的基础上加以创新，加上自己鲜活的思想，这种做法非常符合建构主义提倡的开放式的学习方式，建构主义学习理论强调学生学习的自主创造性，这样的学习意义非凡，能让学生捕获到"跳一跳就能摘到苹果"的那种挑战性的成功和幸福。

五、开展"复活式"测评，鼓励学生做幸福的自己

后现代主义认为，这个世界是多元的。每一个孩子是一个独一无二的，只有当这个灿烂缤纷的现实世界无限包容每一个孩子，孩子的奇思妙想才能充分展现。开放和包容在很大程度上能激发孩子的无限潜力，发挥孩子的特色和特长，是孩子个人发展的动力源。后现代主义以其兼容并蓄的宽

容态度和尊重个性主体性的宽广胸怀给生活在这个世界中的每个人开放了生命的空间。多元智力理论也认为：各种智力只有领域的不同，而没有优劣之分，轻重之别，也没有好坏之差。

确实如此，每个学生都自己不同于他人的独特潜能。而且每一个人的心智成熟有早晚之分。荔湾小学"湾豆收获季"激励性评价就是在尊重每一个孩子的差异的情况下，以促进学生发展为终极关怀，摒弃一张试卷定英雄的传统测评方式，在评价方式和评价内容上大刀阔斧进行了非常彻底的改革和创新，评价内容上丰富多样，如语文 6 个项目，英语 6 个项目、数学 5 个项目等一共有 36 个项目，在这么多测评项目中，学生总能找到适合自己、自己擅长的项目，从不同的视角、不同的层面去看待自己，充分挖掘、激发自己的优质品质，并用自己的优质品质带动薄弱品质，实现正向迁移。

在"湾豆收获季"激励性评价中，教师再也不会以传统的文化课学习成绩为唯一的标准与尺度，而要在实际生活及学习情境中，从多方面来观察、记录、分析和了解学生的优缺点；允许学生用多种方式展示其学习结果；允许学生用某个领域的优秀操作弥补其在其他领域的不足，实现个性张扬、百花争艳，做最好的自己。

"湾豆收获季"激励性评价是一项非常具有人文关怀测评方式，学生觉得自己在某一个项目上不够完美，可以进行再准备，在自己觉得准备充分的情况下再次申请复活考核，这种"复活式"的考核方式给予了学生充分的尊重，让学生通过自己的再次努力获得自己最满意的测评结果，同样能做最好的自己，从而做幸福的自己。

六、强化综合能力测评，全面提升学生幸福指数

一张试卷测试的知识点是非常有限的，无法进行全面的考查。"湾豆收获季"激励性评价安排的内容是包含了课程标准规定的所有内容，几乎没有遗漏任何一个知识点，评价内容丰富、覆盖面广。就拿一年级来说，共 32 个项目（其中语文 8 项、数学 7 项、英语 6 项、体育 4 项、美术 3 项、

音乐3项、德育1项）。再深入地看一下一年级的语文测评内容：（一）认读拼音：评价学生能否读准声母、韵母、声调和整体认读音节。能否准确地拼读音节，正确书写声母、韵母和音节。（二）识字：评价学生能否准确地认读教材中要求认的300个汉字。（三）写字：评价学生能否正确、整洁、美观地书写教材中要求写100个字。（四）朗读：评价学生能否用普通话正确、流利朗读课文。（五）口语交际：评价学生能否认真听别人说话，努力了解讲话的内容，是否能主动参与口语交际，表达的时候是否完整。（六）情感态度：评价学生学习的态度、习惯、兴趣以及受到高尚情操与趣味的熏陶程度。所有这些内容全面考察了学生的综合能力。

"湾豆收获季"激励性多元评价还进行了学科整合，如美术与语文学科进行融合创作绘画，这一活动不仅让学生在精美绘画、独立思考之后组织语言表达展示自己的作品，更能不断发展学生的绘画能力、独立思考能力、语言表达能力、舞台展示能力等综合能力，从而全面提升学生的幸福指数。

结语：多元测评参与高，风景这边独好

实践证明，"湾豆收获季"激励性多元评价是奇妙的，每个学生参与其中，获得了不少体验和欢乐，在学生的心里，它就像是一个奇妙的潘多拉盒，充满神秘感和亲近感，人人可以尝试着去打开探索其中的奥秘并收获不一样的体验和幸福，它远远优异于传统的纸笔测试。在传统的纸笔测试中，学生是在机械被动地接受考试，学生的心里充满了压力、畏惧、抗拒。"湾豆收获季"激励性评价开展至今已经有三个年头了，三年来，"湾豆收获季"激励性评价以其"内容丰富、形式多样、以生为本、人文关怀"的颇多优点，深受学生的喜欢，深得家长的肯定。整个评价过程有相应的激励措施予以推进，如根据学生所获得的豆章数量，可以在荔湾期末超市兑换相应的奖品，根据评选结果，评选"阅读之星""识字之星""背诵之星""书写之星""朗诵之星""速算大王""书写大王"等称号；如果自己不满意还可以申请复活测评。在这一评价过程中，学生不断增强自信，学习的积极性不断提高；学生的体验多样，学生的兴趣和爱好得到了尊重；

学生是轻松的、愉快的、幸福的，他们迎接一个个挑战、战胜一个个挑战，展现一个个最好的自己；他们把测评当作一个节日、一个嘉年华，毫无压力，信心十足。测评过后，学生收获满满的成就感和幸福感；很多学生大呼不过瘾，还想再测评一次，"湾豆收获季"已然成为学生们的向往和期待，学生的幸福指数在不断提升。

参考文献：

[1] 崔允漷，王少非，夏雪梅.基于标准的学生学业成就评价 [M].上海：华东师范大学出版社，2008.

[2] 中华人民共和国中央人民政府.国务院关于印发国家教育事业发展"十三五"规划的通知

[3] 加德纳著，沈致隆译.多元智能新视野 [M].浙江：浙江人民出版社，2017.3

[4] 金娣，王钢.教育评价与测量 [M].北京：教育科学出版社，2007.

[5] 程雯.幸福教育及其实施策略 [J].教育探索，2008.

[6] 樊亚奎.论教育的幸福维度 [D].河南大学，2003.

[7] 扈中平.幸福是教育追求的终级价值 [J].教育科学论坛，2007.

浅谈多元评价在小学英语教学中的应用

——以荔湾小学"湾豆收获季 Happy English"期末测评为例

蔡凯欢

【摘要】应试教育的评价标准比较单一，不仅忽视了学生在发展过程中的学习能力、创造能力及实践能力，而且缺乏对学生的综合性评价。《义务教育英语课程标准》中指出："英语课程评价体系要有利于促进学生综合语言运用能力的发展，要通过采用多元优化的评价方式，评价学生综合语言运用能力的发展水平。"因此，在英语教学过程中实施多元评价方式可以极大地提高学生的学习积极性，促进学生的自主学习能力、思维能力等方面的发展，进而促进学生的全面发展。

【关键词】多元评价　　表现性评价　　能力　　兴趣

随着新课程改革的深入落实，培养学生的核心素养已经成为当代教师们教学中的重要任务。英语核心素养包括语言能力、文化品格、思维品质、学习能力四个方面的内容。然而，传统的评价方式已经无法满足学生核心素养发展的需要。因此，小学英语教师应深入研究多元评价方式，通过创新、有趣且有效的评价方式促进学生语言能力、文化品格、思维品质、学习能力的发展。

一、制定英语多元评价方案

《义务教育英语课程标准》中提出，"英语具有工具性和人文性两种特性，就工具性而言，英语课程承担着培养学生基本英语素养和发展学生思维能力的任务。就人文性而言，英语课程承担着提高学生综合人文素养的任务"。因此，教师在制定多元评价方案前应清楚了解学生的发展方向以及应该培养学生哪些方面的能力。

为此，在制定英语多元评价方案之前，英语教师们仔细研读了《义务教育英语课程标准》这一指导性文件，并且深入分析深圳市以及南山区的学情。基于《义务教育英语课程标准》综合采用多种评价方式，以培养学生英语核心素养为目标。在英语科组教研会议上，老师们针对这一方案的制定提出初步意见，各备课组教师根据初步意见制定出各年级的初步评价方案，接着老师们在科组教研会议上针对各年级的初步评价方案提出修改意见，在多次修改和论证后，最终形成了英语期末测评方案。

"湾豆收获季"中的英语学科评价体系分为形成性评价和终结性评价两部分（见图 3.1）。其中，形成性评价包括每日课堂、每日作业和小打卡，终结性评价包括表现性评价和卷面测试评价两部分。以二年级为例，在终结性评价中，老师们设计了"单词大王""句子猎手""超级专家"和"伊索星剧场"四个项目，这四个项目涉及的学习内容包括英语国家教材和荔湾小学的校本课程《伊索寓言》，目的是提高学生在英语听、说、读、写各方面的能力。

为了更准确地对学生每日课堂表现进行评价，老师们制作了每日课堂评价表（如表 3.6 所示），评价内容包括课堂倾听和发言。如果学生在课堂上既认真倾听又积极发言，老师就会在评价表上对应位置盖上荔湾赞。每学期期末，老师们会根据学生的荔湾赞数量对每日课堂这一项进行评分，满分为 5 分（如表 3.7 所示）。

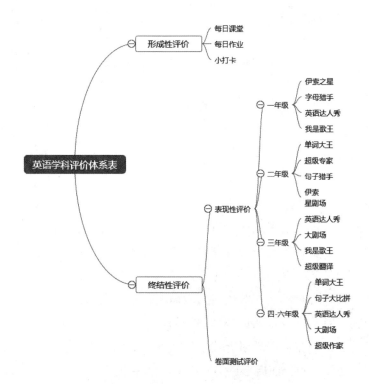

图 3.1 "湾豆收获季"英语学科评价体系表

表 3.6　每日课堂评价表

	周一		周二		周三		周四		周五	
第2周	倾听	发言	倾听	发言	倾听	发言	倾听	发言	倾听	发言
第3周										
第4周										
第5周										
第6周										
第7周										
第8周										
第9周										
第10周										
第11周										
第12周										
第13周										
第14周										
第15周										
第16周										
第17周										
第18周										
第19周										

表 3.7 形成性评价项目、评价要求、标准、方式

形成性评价					
评价时间	项目	评价要求	评价标准	评价内容	评价呈现形式及评价主体
2020 年 7 月 1 日--2020 年 7 月 20 日	每日课堂	依据课堂倾听和发言进行评价，及时用荔湾赞记录每天课堂表现	根据记录每 5 个荔湾赞折算 1 颗豆	倾听和表达能力	每日课堂表现 / 学生自评 同学评价 教师评价
	每日作业	根据学生作业完成情况	5 个 A+折算成 1 颗豆	听说读写语言技能	平日作业 / 学生自评 教师评价
	小打卡	1）朗读打卡；2）要求：正确、流利、有感情地朗读或背诵相关内容	以打卡次数计算，按每 5 次打卡为 1 颗豆来折算	口语表达输出的能力	上传视频 / 教师评价

二、实施英语多元评价方案

制定完最终的英语多元评价方案后，英语老师们开始在各年级全面落实。接下来重点对"湾豆收获季"英语表现性评价进行说明，以二年级为例。

（一）评价内容多样化

英语课程的核心目标是学生英语综合语言运用能力的发展，由此看来，传统的卷面测试方式已经不能满足当代教育的需要。"湾豆收获季 Happy English"表现性评价打破"一考定终身"的笔试方式，采用笔试、故事表演、认读等多样化的评价形式，对学生的英语知识、能力、口语表达等方面进行评价。

二年级表现性评价包括"单词大王""句子猎手""超级专家"和"伊索星剧场"四个项目。评价内容包括了国家教材深圳版牛津和荔湾小学校

本课程《伊索寓言》。其中，"单词大王"和"句子猎手"考查学生认读高频词汇和重点句型的能力，"超级专家"考查学生能否正确拼写教材中的高频词汇或词汇中重点音节，"伊索星剧场"考查学生能否以小组合作形式表演《伊索寓言》绘本片段。

（二）评价目标多维化

英语新课标中提出，现代英语课程方向是培养学生英语核心素养，包括语言能力、文化品格、思维品质、学习能力四个方面的内容。然而，仅仅依靠期末的一张测试卷无法提高学生这四个方面的能力。"湾豆收获季"英语表现性评价通过四个项目全方位考查学生的知识掌握情况，促进学生多方面能力的发展。其中，"单词大王"提高学生单词认读能力，"超级专家"旨在培养学生单词积累和拼写能力，"句子猎手"考查学生重点句型认读和朗读能力，"伊索星剧场"促进学生英语口语表达和小组合作能力的发展。

图 3.2 "单词大王"项目生生评价

图 3.3 "句子猎手"项目生生评价

(三) 评价主体多元化

传统评价方式中的评价主体往往只有教师, 学生是被评价者, 是评价的客体。学生在评价中的被动地位导致了不少问题的出现, 例如: 评价对学生在心理上造成一定的压力, 使他们对评价产生一种畏惧甚至逃避的心理, 从而影响学生心理的正常发展; 由于在评价中缺乏被评价者的参与, 教师往往不能准确地发现问题, 从而使评价的调节、激励、改进功能得不到很好的发挥。因此, "湾豆收获季 Happy English"以多元评价方式替代传统的教师评价, 让学生和家长加入评价主体的行列, 使课堂教学充满魅力, 焕发生命的活力, 让课堂成为师生共同的乐园, 在此乐园中学生才能成长为真正的主人。

英语表现性评价采用生生评价、家长评价、教师评价以及小组评价相结合的形式。对学生而言, 生生评价不仅有利于民主、平等、和谐师生关系的形成, 而且可以充分调动学生学习的积极性, 让学生成为学习的主人。

对家长而言，家长评价既能加深他们对孩子学习情况的了解，又可以促进家校联系和家校合作。

（四）评价标准人性化

《义务教育英语课程标准》（2011版）中明确指出："小学英语教学评价应该以激励学生的学习兴趣和自信心为主要目的。"因此，在培养和发展学生英语学习能力的过程中，教师不能"一刀切"，应该充分尊重学生之间的个体差异，对学生所取得的进步给予适当的鼓励和支持，使学生切身体会到英语学习的乐趣，以激发他们的学习兴趣。为此，我们的评价体系充分体现人性化，对不同阶段、不同层次、不同能力的学生给予不同的评价标准。

表现性评价中的各个项目都有对应的具体标准，例如，"伊索星剧场"的评价标准包括以下五方面内容，分别是：发音准确；朗读流利；声音响亮；语调自然；有感情有动作。学生每达到一项标准便可得一个豆章，每个项目满分为五颗豆。为了激励学生的学习兴趣和自信心，老师们还设计了复活赛、手拉手、救援小组等形式。对于一些首次测试无法得到四颗或四颗以上豆章的学生，他们可以自愿通过这些形式争取更多的豆章，获得成功的体验，增强学习的自信心。

表 3.8 二年级"湾豆收获季"集豆册之英语表现性评价

英语	单词大王		
	超级专家		
	句子猎手		
	伊索星剧场		
	合计		

三、英语多元评价见成效

以往传统的纸笔测验无法全面提升学生的英语能力，学生取得的成绩也是片面的，无法真正体现学生的实际能力。而我校实施的多元评价方式提高了学生多方面的能力，例如：英语认读、朗诵能力、英语口语表达能力、英文书写能力、表演能力、小组合作能力、思维能力、创新能力等。可以说，"湾豆收获季"在我校取得了显著的成效。以下重点阐述"伊索星剧场"评价项目对学生带来的积极影响。

为了培养学生英语核心素养，除了国家教材，我校引进了《伊索寓言》绘本，针对这一校本课程，老师们为学生设计了"伊索星剧场"评价项目，在这一项目中，学生们不仅拓宽了自身的高频词汇量，而且能够模仿故事中角色的语音语调并进行表演，绘声绘色地讲述英文故事。由此，学生们的诸多英语语言能力都得到了发展。

表3.9 校本课程《伊索寓言》评价内容

	评价内容				
	1-2年级	3年级	4年级	5年级	6年级
1至6年级校本课程《伊索寓言》	1)能在图片和动作的提示下听懂简短的句子并做出反应； 2)能根据绘本动画模仿说英语； 3)能够根据表演猜测意思、说出词语； 4)能做简单的角色表演	1)能在图片和动作的提示下听懂简短的小故事并做出反应； 2)能表达简单的情感和感觉； 能表演简单的童话剧； 3)能正确书写字母和单词； 4)能在图片的帮助下，读懂简单的小故事	1)能在图片、图像、手势的帮助下，听懂简单的对话或录音材料； 2)能运用一些最常用的日常套话； 3)能读懂联系和作业中简短的要求或指令； 4)能写出简单的问候语；	1)能绘本图片和动画的帮助下听懂并理解绘本故事大意； 2)能在教师的帮助下简单地复述故事； 3)能正确朗读所学故事和短文； 4)能模仿范例写句子； 5)能在教师的帮助下表演故事	1)能独立地听懂绘本故事，并理解故事含义； 2)能正确运用综合的语言进行话题讨论，回答老师的开放性问题； 3)能借助图片读懂故事，并养成按意群阅读的习惯； 4)能用简单句改写绘本故事； 5)能完整的表演故事剧本

四、结语

综上所述，在小学英语教学中采用多元评价方式有利于调动学生的学习积极性和主动性，促进学生英语综合语言运用能力的提高，进而帮助学生在英语学习过程中获得一定的成就感，树立良好的自信心。因此，改变以单一、呆板的纸笔测试为主的传统评价方式，实施多元评价方式对学生英语核心素养提高以及长远发展都有深远意义。

参考文献：

[1] Black P，William D. Assessment and classroom learning［J］. Assessment in education：principles，policy & practice，1998（1）

[2] 教育部. 义务教育英语课程标准（2011 版）［M］.北京：北京师范大学出版社，2012.

[3] 李兴业. 非智力因素与创造力的培养［M］.湖北教育出版社，2002.

[4] 丁俊华. 小学英语课堂中的多元化评价研究［J］.中国教育学刊，2015（S1）.

浅谈创新英语评价模式

——以二年级英语伊索星剧场测评项目为例

孙赫

【摘要】英语教学评价机制为英语教学服务，有效的英语教学评价能够切实地反馈学生在英语课堂中的学习效果，能够让学生对自身的英语学习和掌握程度进行梳理和内化，同时，有效的评价还能够激发学生学习英语的兴趣，建立学生自身内部动机，打造高效的英语学习输入与输出的可见式和感受式通路。因此，本篇对创新英语教学评价模式进行探索，以期通过英语评价方式的创新，突破以分数衡量英语学习结果的局限性，增强情感和人文的因素，使英语教学评价更高效，为新课程改革"健康第一"的指导思想、"为了每位学生的发展"的基本精神助力。

【关键词】新课程改革　英语教学　创新英语教学评价　伊索星剧场
Star Show（英语测评项目）

随着课程改革的逐渐深入，对小学英语教学提出了更高的要求。同时，在粤港澳大湾区发展的背景下，人们对英语的学习需求越来越大，对学校英语教学效果的期望也越来越高。因此，英语教师们都非常注重课堂教学活动，生动、有趣、有知识含量的英语课堂活动，能较好地带动学生积极参与并激发学生学习英语的兴趣，建立学生英语学习的内部动机，打造顺畅、有效的输入环节。任何一种语言的学习，包括英语，大量输入是关键，考查输出的形式更为重要。传统的纸笔测验评价英语水平的方式较为片面和局限，不能全面反映学生的实际英语水平和发展情况，不利于激发学生英语学习主动动机的形成。那么，如何激发学生学习英语的兴趣，建立学生自身学习的内部动机，打造高效的英语学习输入与输出的可见式和感受式通路，与英语教学评价的模式息息相关。

一、英语创新评价模式初探

（一）明确英语教学评价时间安排

我校英语科组对期末英语的形成性评价和总结性评价进行重新分配分值，以期能更全面地对学生的英语学习效果进行评价，并促进学生形成更积极主动的英语学习动机。在英语学科的期末教学评价中，英语科组以学期为单位，按比例（7：3）分配形成性评价和终结性评价分值，这样的测评分配使学生和教师对过程性和结果性都很重视。

1. 合理安排时间及评价内容

我们年级组结合各学科上报的评价测评时间，把英语期末评价的内容与评价时间和其他学科评价内容及时间进行相互协调、统筹安排，做出较为合理的期末评价计划安排，形成年级期末评价安排表（见表 3.10）并广而告之，这让年级所有教师、学生、家长一目了然，使得测评紧而有序推进。

2. 明确评价内容要求与评价标准

首先，学校从年级层面统一制定详细的期末评价内容考核表并组织年级上报各学科形成期末测评湾豆册。学生和家长通过手册内的评价项目内容、评价时间和评价标准该表，明确每个考核项目的要求及标准，从而更好地引导学生进行针对性的分散复习，这样既不会造成学生集中复习的记忆负担，同时学生在经历了分散复习后，纸笔测验进行得更顺利，且均能取得较好的纸笔测验成绩。

以考核表中"伊索星剧场 Star Show 为例"：从提升孩子们的合作表演与表达能力出发，以书友队内小组合作的方式，表演呈现一个片段或整本绘本。教师分别从 5 个方面给予小组孩子们评价：发音准确；朗读流利；声音响亮；语调自然；有感情有动作。如表 3.11 所示。

表 3.10　年级期末评价安排表

2020/6/16	二年级	数学	小动物找家	各班教室	凌晓霞	朱彦、凌晓霞、黄少月、闫海亮	
2020/6/17	二年级	音乐	声入人心	各班教室	张赛勤	张赛勤	第18周
2020/6/18	二年级	语文	嘉鸿王播云电台视频作品提交	无	伍蔚琪	于峻、李艳肖、倪孟琪、潘欣欣、伍蔚琪、李文静、谢晶晶	
2020/6/19	二年级	音乐	声入人心	各班教室	张赛勤	张赛勤	
2020/6/22	二年级	体育	50米	操场	陈凯彬	陈凯彬、杨楚盈	第19周
2020/6/23	二年级	语文	记忆宝盒大揭秘（课内）	各班教室	伍蔚琪	于峻、李艳肖、倪孟琪、潘欣欣、伍蔚琪、李文静、谢晶晶	
		数学	计算比赛	各班教室	凌晓霞	朱彦、凌晓霞、黄少月、闫海亮	
2020/6/24	二年级	英语	句子猎手	各班教室	孙赫	王霞、殷雯雯、孙赫、蔡凯欢	
2020/6/25	二年级	数学	大数读写找最棒	各班教室	凌晓霞	朱彦、凌晓霞、黄少月、闫海亮	
2020/6/26	二年级	语文	识字大王竞选记	各班教室	伍蔚琪	于峻、李艳肖、倪孟琪、潘欣欣、伍蔚琪、李文静、谢晶晶	
2020/6/29	二年级	体育	跳绳	操场	陈凯彬	陈凯彬、杨楚盈	第20周
		英语	伊索星剧场视频作品提交	无	孙赫	王霞、殷雯雯、孙赫、蔡凯欢	
		数学	变化莫测的大数	各班教室	凌晓霞	朱彦、凌晓霞、黄少月、闫海亮	
2020.6.30	二年级	美术	美术知识我最懂	各班教室	刘祎赫	刘祎赫	
		科学	磁极我会判	各班教室	林霞娟	林霞娟	
2020/6/30	二年级	语文	我是嘉鸿小诗人	各班教室	伍蔚琪	于峻、李艳肖、倪孟琪、潘欣欣、伍蔚琪、李文静、谢晶晶	
		英语	单词大王	各班教室	孙赫	王霞、殷雯雯、孙赫、蔡凯欢	

表 3.11　年级期末评价内容考核表

二年级终结性评价

终结性评价					
评价时间	项目	评价要求	评价标准	评价内容	评价呈现形式及评价主体
2020/06/17 -2020/7/17	单词大王 Word Expert	1）学生能准确认读教材中的高频词汇；2）学生按正确认读单词个数集豆	1）正确认读该词词得 T，反之则得 F；2）20个以内 F（5颗豆）40个以内 F（4颗豆）60个以内 F（3颗豆）80个以内 F（2颗豆）100个以内 F（1颗豆）	单词认读能力	单词认读
					教师评价
	超级专家 Super Writer	1）学生能正确拼写教材中的高频词汇或词汇中重点音节；2）学生按正确拼写单词个数集豆	1）正确拼写该词词得 T，反之则得 F；2）10个以内 F（5颗豆）15个以内 F（4颗豆）20个以内 F（3颗豆）25个以内 F（2颗豆）30个以内 F（1颗豆）	单词积累和拼写能力	单词拼写
					教师评价
	句子猎手 Hunter	1）学生能准确认读教材中的重点句型；2）按正确认读句子数量集豆	1）正确认读该句得 T，反之则得 F；2）30个以上 T（正确）（5颗豆）20-30个 T（4颗豆）；15-19个 T（3颗豆）；10-14个 T（2颗豆）10个 T（1颗豆）	认读和朗读能力	句子认读
					教师评价
	伊索星剧场 Star Show	1）小组合作表演两本《伊索寓言》绘本或片段；2）按是否正确、流利、有感情地小组表演集豆	发音准确（1颗豆）朗读流利（1颗豆）声音响亮（1颗豆）语调自然（1颗豆）有感情有动作（1颗豆）	表达能力合作能力	小组表演
					家长评价；教师评价

（二）创新英语学习材料

目前深圳地区英语学习方面的教材主要以牛津英语教材为主，同时也跟进孩子们的年龄等特点，我校选取伊索寓言系列绘本作为学生的英语拓展学习内容。主要有几个方面的原因：

1. 伊索寓言每个故事独立呈现，故事内容短小具有趣味性，学生学习用时性价比高。教师能较容易教学：教学视频、课件齐全，尤其是以句子为单位的学习视频非常便于英语教学。

2. 每个小故事均能揭示一个道理或提出警醒，有利于促进学生的德育发展。

3. 每个故事中角色丰富、情节有趣，能激发学生表演欲，使得最后学习成果的展示灵活多样。

4. 伊索寓言符合中、低段学生的年龄特点及学习特点，故事内容多以对话形式出现，适合中、低段学生模仿并合作表演，能较好地提高学生的英语语感。

伊索寓言绘本是一种图文结合艺术，图文并茂的英语绘本吸引学生注意力并满足学生的心理预期性。伊索寓言的配套视频，更让学生欲罢不能，学生总能在此学习的过程中情绪高涨，积极观看学习、跟读、回答教师提出的问题，体会其中英语学习的乐趣。

（三）创新英语评价模式

从英语学习输入与输出完整理念出发，对于拓展类学习的效果也需跟进评价。因此，我们英语科组从学生的年龄、学生的性格、学生语言表达的能力及表演能力等多角度进行考量，设计出"伊索星剧场 Star Show"的考核评价方式和标准。

"伊索星剧场 Star Show"从提升孩子的综合语用能力出发，锻炼学生的表达能力与合作能力，以班级书友队为单位，用小组讨论、分角色扮演的方式，呈现一个片段或整本绘本。学生自主选取绘本长度作为表演剧本，讨论如何分配角色，并自行设计服装、道具、表演动作等，最后录制成小视频。整个过程以学生为主导，学生在提升英语能力的同时，小组合作与观察探究等其他各方面的能力也得到了相应的锻炼和提升。

下面以范例说明：

例：《Aesop's Fables》中的一则寓言故事《The Frog and the Ox》P33～35页的节选内容，这段内容处于故事高潮部分。经过前6个课时的学习，学生已经基本掌握故事开头部分的内容，基本能够复述之前的故事情节，并能与小伙伴进行角色扮演，也能对故事后续发展进行充分的预测与猜想。

本节节选故事是：The Mother frog puffs up her belly. She wants to make me bigger than the ox. But she isn't even close.

图3.4 二年级（7）班学生小组表演图片

图3.5 二年级（7）班学生分组表演图片

图 3.5 为学生在学习后正在分组表演，学生愿意用自己喜欢的表演方式积极地表现出来，互动中，感受学习的快乐。整个过程中学生能做到语音语调原汁模仿，口语表达正确、通顺、流利，学习语言并编码内化，这样的结果无论是教师还是学生都能获得较大的成就感，从而使得彼此更有信心进入下一个学习阶段。

（四）创新英语评价模式初效

经历了几次"伊索星剧场"评价考核，不仅大大提高了学生英语的学习兴趣，学生英语的口语表达能力也得到了较大的提升，同时学生之间的合作默契程度也更加紧密。

1. 家长感言

刘凯文妈妈：通过孩子的表现和我亲自参与到荔湾小学的"湾豆收获季"之中，我觉得荔湾特色的"湾豆收获季"是素质教育的典范，其中凝结着每一位老师的心血，也是为湾豆们的学习和成长成才奠基，让孩子们掌握知识得更加牢固。

孩子很喜欢每一科老师安排的复习内容，而且在收获季到来的时候，都是提前做好计划表准备各科的复习，孩子觉得不枯燥，相反还很有趣。从孩子积极准备测评中，作为家长也能感受到孩子的开心与严谨。整个"湾豆收获季"过程中，孩子们快乐又全面地复习了本学期所学习的内容。

儿子非常喜欢英语的伊索寓言表演，之前很胆小的他，在台上有声有色地表演，听起来还挺纯正的英语发音，一长串一长串的流利的英文，加上各种模仿动作，他很有成就感。他之前的同学看到他的表演，还挺羡慕的。

2. 教师感言

伊索寓言的学习和评价创新，让英语面向每一个孩子，在不知不觉中开口说地道的英语，帮助孩子们高速度地提升英语的综合语用能力。评价主体中，既有学生自主评价、生生互动评价，还有来自教师评价、家长评价。通过与家长电话、微信留言、家校互访等多种形式沟通，与凯文妈妈相似的感言是大多数家长的心声，看到孩子的成长，家长由衷地感谢。我作为教师，为能够参与到荔湾湾豆收获季的评价改革实践而感到自豪。

二、结语

　　爱因斯坦说："兴趣是最好的老师。"激发学生的英语学习兴趣，提高孩子英语方面的综合语用能力，让每个孩子都能自信地开口说英语是英语测评的最终目的。到目前为止，荔湾小学"湾豆收获季"学生期末学业水平多元评价历经三个春秋，教师用爱心、耐心、知识、智慧点亮学生心灵，回首实践之路收获满满，学校处处是孩子们拔节生长的声音，希望孩子们信心满满地开口说英语并表达自己的观点，从而拥有更加自信的人生和感受更好的生活。

参考文献：

[1] 王笃勤 . 小学英语教学策略 [M]. 北京：北京师范大学出版社，2010.

浅谈"湾豆收获季"期末综合测评
对学生成长的促进作用

李玥

【摘要】素质教育，是以全面提高人的基本素质为根本目的，以尊重人的主体性和主动精神，以人为的性格为基础，注重开发人的智慧潜能，注重形成人的健全个性为根本特征的教育。全面实施素质教育的今天，对学生的综合素质评价，不仅关注学生的学业成绩，更关注学生在创新能力、实践能力、与人合作的能力以及健康的情感、积极的态度、科学的价值观等方面的发展情况，而且发现和发挥学生多方面的潜能，了解学生发展中的需求，帮助学生认识自我、建立自信。本篇从三个方面浅谈荔湾小学"湾豆收获季"期末综合测评对学生成长的促进作用。

【关键词】湾豆收获季　　激励　　学生　　评价　　成长

素质教育是以全面提高全体学生的基本素质为根本目的的教育，它不仅主张智慧潜能的充分开发，而且主张个性的全面发展，重视心理素质的培养。素质教育"不是选择适合教育的儿童，而是创造适合每个儿童的教育"，我们必须把每个人都当作人才来培养。基于现代教育理论，素质教育评价方式坚持"以生为本"，坚持以"促进学生发展"为目的。

传统的以分数来评价学生的评价方式准确，高效，应用广泛，可移植性和说服力强，但是它忽略了那些难以量化的重要品质和行为，忽视学生个性发展和多元标准，把丰富的个性心理发展和行为表现简单化为抽象的数量表征，缺乏对能力、情感、态度、价值观等非智力因素的评价。

"湾豆收获季"期末综合测评关注学生的学习过程以及在活动中所表现出来的对知识的掌握情况、能力的发挥、情感、态度以及价值观，使评价激励每一个学生，让学生在测评中收获成长与快乐。

一、发挥期末测评的导向作用，促使学生明确努力的方向

"湾豆收获季"期末综合测评不只是期末时的一个终结性评价，它贯穿于学生整个成长过程。"湾豆收获季"期末综合测评充分考虑学生的年龄、心理特征以及认知水平，把对学生的评价分为形成性评价和终结性评价，形成性评价对学生课堂表现、活动参与情况、日常作业完成情况以及日常行为习惯等进行评价；终结性评价采用不同类型的综合性和表现性评价形式。教师不仅要关注学生最终的学习结果、知识掌握情况，也要在平时关注孩子的学习状态、心理状况等。教师在日常教学中要立足于学生的长远发展，把对学生的评价从学期初到学期末按不同学科分成几个阶段、各项内容来进行评价，帮助学生清晰地了解自己真实的学习情况，从而帮助学生对自己进行总结与反思，促使学生明确接下来要努力的方向。

如班级有一位学生，家长对孩子要求不够严格，父母双方对孩子要求不统一，导致孩子日常行为习惯、学习习惯较差，自律性不够，对自我要求比较低，平时比较任性妄为。在学期初，老师发现孩子的问题后，帮助他从个人习惯以及学习习惯两个方面定下自己的目标：在个人习惯上，上衣扎进裤子里，课间不追逐打闹，午休时安静休息，不打扰其他同学休息；在学习上，按时完成并上交作业，课堂上认真听讲，遵守课堂纪律。老师在帮助学生制定目标时，尽量使目标具体化、细致化，让学生从一件件小事中明确努力的方向。在一段时间后根据这些目标对学生逐项进行评价，根据学生的表现进行具体的表扬，如"你已经连续两周能按时上交作业，并且完成得非常棒，字也有进步"，"午休老师说

你今天中午很早就睡着了，睡得特别香"等，让孩子在非常明确的表扬中不仅获得成就感，也能清晰地了解自己在哪些方面做得好，从而继续努力的方向。同时，也要对学生进一步提出要求，如课堂上积极举手发言，主动帮助他人等，帮助学生在每一阶段都能有不同的前进目标，并不断地根据目标努力前进，改进自己，成为更好的自己。

二、发挥期末测评的激励作用，激发学生努力学习的内在动力

期末综合测评从教师单向评价转向师生互动、生生互动。班主任、各学科教师、每一位学生、家长都是评价中的主体，改变了过去学生单纯接受老师评价的状况，发挥了学生在评价中的主体作用，学生在评价中了解自己的优、缺点，更体会到了自己的"闪光点"，感受到成功的快乐，并能够保持且发扬自己的长处。而同学互评能在同学之间产生一种良好的激励机制和竞争机制，学生可以了解自己的位置，并能在同伴间相互学习、相互促进，提升自己，展示自己。

"湾豆收获季"期末综合测评是一个从播种到收获的过程。在学业评价方面，它不仅仅以一张试卷、分数来对学生进行评价，而是从日常行为习惯、上课状态、礼仪、各项学科活动等来综合性地对学生进行评价。例如英语测评项目"大剧场"—— 伊索寓言绘本演出，正确、流利、有感情地进行小组表演，这一项目培养学生的合作能力、表达能力、表演能力、创新能力，观察学生能否自信、充分地展示自己，并在展示中学会如何与他人进行良性合作。在该项目进行过程中，部分学生还会自己动手制作道具，对故事进行创编，加入音乐，在准备表演直至完成表演的这一过程中，孩子既得到了成长，也收获了快乐。此项测评项目是在教室分组进行，同学们可以充分观看、欣赏其他组的表演，在观看中发现其他组的优点、创意，有的同学会感慨"原来还可以这样表演""我也可以这样做""我可以比他表现得更好"……激发学生努力的内在动力。

三、发挥期末测评的多元作用，让学生在不同领域百花齐放

新的综合评价体系改变了单一考察学习成绩的方式，评价涉及学生的意志、兴趣、习惯等非智力因素的发展情况。学校特别设计的《湾豆收获册》内容更具体、更详细，教师对学生的评价是全方位的，不再局限于一张卷子、一个分数。教师在整个过程中可以发现学生的优点和可以改进的地方，坚持不懈地为学生的每一个微小的进步加油，学生也可以在各种测评项目中发现自己的长处，可以在每一次微小的进步中感受到克服困难、超越他人、战胜自我的快乐，从而获得成就感。

例如学生的计算能力差，但他能在诗歌朗诵中脱颖而出；有的学生绘画能力一般，但在体育项目中能超越他人；有的同学缺乏音乐细胞，但记忆能力超群。通过期末综合测评，学生不仅能看到自己的不足，更能看到自己的长处，这有利于增强学生的自信心，让学生在他擅长的领域中继续保持优势，大放异彩，也能激发学生学习的动力，使学生以积极上进的心态去学习。

期末综合测评帮助教师从不同的方面去观察学生，评价学生，挖掘学生的优点，从积极的角度看学生，尊重学生的个性差异，使教师能更好地帮助学生发挥其长处，保持"闪光点"，并使闪光点发扬光大。

"湾豆收获季"期末综合测评可以使每个学生各显其能，获得不同程度的成功，收获成功的喜悦，从而激发学生主动学习、全面发展的积极性，使他们德、智、体、美全面发展，知、情、意、行和谐统一，健康成长。

多元评价显特色,湾豆收获乐其中

李田清

【摘要】基于现代教育理论,素质教育评价方式应该体现"以人为本"的思想,始终坚持以"促进学生发展"为目的。荔湾小学落实中国学生发展核心素养目标,关注学生个性和特色发展,重视学生创新意识和实践能力的培养,为学生的可持续发展夯实基础。为成就每一个湾豆儿成为最好的自己,学校遵循儿童身心发展规律,满足个性化要求,丰富课程体系与综合实践活动,改革评价方式。别具荔湾特色的"湾豆收获季"更侧重于关注学生的学习过程和在活动中所表现出来的情感与态度,以发展性评价激励每一个学生,使被评价的学生都能获得快乐的情感体验。注重对学生心理、认知发展水平的观察与研究,采取切实可行的评价方法,使评价准确、公正、科学,促使每一位学生在德智体美劳等各个方面生动、活泼、主动地发展,养成良好的习惯,积极参与各种活动,在评价中享受快乐,在进步中感受成功的喜悦,增强自信,健康成长。

【关键词】多元评价　　形成性评价　　学生发展

一、多元评价指方向,学生发展全面化

学生期末学业水平多元评价不再只是期末时的一个终结性评价,而是贯穿于学生整个发展过程。教师在教学中要立足于学生的长远发展,把对学生的评价从学期初到学期末分成几个阶段,注重过程性评价,定期帮助学生进行总结、回顾与反思,激励学生自省、自律,明确努力方向。如在

英语教学中，对于课堂表现积极的学生，以及小组表现优秀的学生，我会在课下奖励"荔湾赞"。还有认真完成作业并获两个 A+ 的同学可以收获一个"荔湾赞"，尽量使评价指标显性化。一段时间后根据这些指标在班级颁发奖状和奖品。这样在阶段性的评价中可以根据学生发展的情况，有意识地修正目标，引导学生自觉地将评价与日常行为表现联系起来，帮助学生巩固已取得的成绩，发现不足，继续努力。

二、发挥多元评价的全程性，激发学生潜在动力

科学的评价体系是实现课程目标的重要保障，有效的评价能对教学全过程和结构进行有效的监控。而评价的目的不是考学生，看学生能得多少分，知识掌握到什么程度，而是让学生体验进步和成功，让学生有机会展示自己能用英语做什么事情，促进学生综合语言运用能力和综合素质的全面发展。

正因为学生学习的差异性，所以对学生的评价并不能一把尺子测量，要从评价的多元化着手，从不同方面给予学生肯定和鼓励，使每个学生都能体验到成功的乐趣，从而产生更大的动力去学习，最终提高自身的英语学习成绩。根据学科特点在教学中进行形成性评价，英语学科针对学生学习态度学习习惯方面，从上课、听课及提问、发言情况、预习复习、作业完成情况及作业质量、坐姿、学习的努力程度等方面全面考查，给予综合评定。例如作业方面，学生每次学完新课后，都有一定量的书面作业，如活动手册、抄写本。因此，书面评价也是小学英语教学中不可或缺的一个重要部分。学生作业的评价与批改也可以成为营造轻松气氛、激发学生学习兴趣、培养创新意识的重要途径。其中，多样的激励性评价语，如 Awesome；Nicely work；Keep up the good work；Your handwriting is so pretty；Try to do better next time！寥寥数笔，增添了批语的活泼程度，更能贴近学生，缩短师生之间的距离。学生觉得翻开作业本看老师的批阅，就像是在接受老师的一个神秘礼物，不知道今天又能得到什么样有趣的批语。从实践来看，这种方法相当有效。同时连续三次作业得 A

则盖一个精美的"荔湾"小印章，这样学生就会在一次得 A 后，更加加倍认真完成作业争取多拿第二、第三次 A，这样便造就了无数的 A，达到对学生的鼓励和促进的作用，而学生也能在这种机制的促进下得到自主的发展，通过自己的努力获得成功感。如对学生英语听、说、读、写能力的学生期末学业水平测试项目分为"单词大王""句子大比拼""英语达人秀""大剧场""超级作家"。每一项目在平时家庭作业和课堂表现中，对学生的评价就是全方位的，不再局限于一张卷子一个分数。在教学中处处留心发现学生身上的闪光点，为他们的点滴进步而骄傲，鼓励他们一步步超越自己。如五年级的一位学生，由于英语基础差，成绩一直不太理想。但是他对英语有一定的兴趣，喜欢模仿书中人物的语音，因此在平时"可瀚学堂"app 的配音和跟读练习上，我及时对他的作业进行反馈，让他看到自己的不足，更看到自己长处，激发他学习的动力。最后，他在期末测评的绘本表演中大放异彩，受到老师和学生的认可和赞扬。"用发展的眼光、动态的眼光看我们的学生"，无可否认，人与人之间是有差异的，但更应看到作为一个成长的个体，他每时每刻都会在进步。这就需要我们不断地创造条件找到学生身上的闪光点，发现其进步，肯定其成绩，激励其全貌。因此在形成性评价中，要从不同的角度去观察学生，注意挖掘学生身上的优点，不断鼓励和告诉学生，只要保证了过程，结果一定不会差。

三、采用激励性评语，成就更好的自己

作为一名班主任，我也充分尊重学生的人格，尊重学生的个性，尊重学生的需要，渗透对学生的人文关怀，增强对学生的信任与尊重。根据学生实际情况，针对不同的个性特点赋予适当期末评语，对学生表达自己的爱意，充满期望，使学生看到的是希望，得到的是前进的动力。温暖有爱的语言能深入学生的心灵深处，对学生的进步起到"催化剂"的作用。如班上有位男学生个人行为习惯较差，与同学相处经常发生矛盾。为了帮助他认识到自己的缺点，同时给予他足够的信心。我是这样给他写评语的：在老师的眼里，你是一个非常聪明的孩子，用于探索，思维敏捷。不仅这些，

你还有着强烈的好奇心及非常好的理解能力和领悟能力，这些都是你最大的优点。如果你能上课专心听讲，多思考多积累，和自律交朋友，那么你的学习就会更上一层楼。同时做一个文明上进的学生，学会和同学友好相处，学会理解他人。希望你扬长避短，严格要求自己，争取在突破新的自我！老师相信你可以做到的，加油宝贝！——爱你的李老师。这样不仅保护了他的自尊心，又含蓄地指出了他的缺点。新学期之后，他进步显著，与同学间和平相处，收获新的成长。学会欣赏孩子，善于捕捉学生的闪光点，给予他们适时的表扬，哪怕一个小小的会心的微笑、一个鼓励的手势，一次善意的包容，都将成就孩子美好的未来。

四、结语

"湾豆收获季"可以使每个学生都能各显其能，都能收获不一样的成长，遇见不一样的自己。学习生活上的每一个小成就，每一份小喜悦，都能激发学生主动学习、全面发展的积极性，让学习和考试不再是一件枯燥乏味的事情，而是趣味十足的"历险"过程，每一步都是在攀登成长的高峰，成就最好的自己！

参考文献：

[1] 马婷娟. 义务教育英语课程标准（2011年版）解析 [J]. 教育教学论坛，2013.

[2] 韩雪. 探析小学英语教法课程中的多元评价 [J]. 高教研究，2013（230）：231.

[3] 何平. 小学英语教学多元主体评价体系的构建与实施[J]. 课程与教学，2013(90): 92.

探索多元教育评价，奏响深圳教育高质量发展最强音

邓华鑫

【摘要】评价是对教学质量的监控，是办学方向和教学目标的导向。传统的教学评价方式单一、教条，不注重人的个性发展，这样的教学评价已经失去了对学生评价的公平性、全面性。因此，改革普通中小学教学评价模式势在必行。基于评价改革的迫切需要及多元化智能理论的广泛传播，多元评价随之产生。荔湾小学致力于建立促进学生全面发展的评价体系，引导教师在教育教学的全过程采用多样的、开放式的评价方法了解每个学生的优点、潜能、不足以及发展需要，以学生发展为核心，努力让每个孩子都能享有公平而有质量的教育。本篇从荔湾小学"湾豆收获季"多元教育评价实践出发，通过考察国外多元化教育理念，以价值理性、工具理性、生本主义为依托，以优化多元化评价功能及数据治理效能为抓手，探索为多元化教育评价及深圳教育高质量发展提出建议。

【关键词】普通中小学　　教学评价　　多元化

一、普通中小学教育教学评价的缺点

传统的教学评价模式单一，教师对学习目标设置得单一、一致，这使得学生在此模式下易产生两极分化的学情：一般学习基础较好、能力较全面的学生学起来轻松，单纯凭借考试能拿到较好的分数及较高等级评价；

另一部分学习能力较弱、偏科或者学习兴趣不高的学生，在学习时明明很认真却依旧没能在课堂上取得好成绩。试问，这些考试没获理想成绩的学生在智商、情商、德行上就一定不如考试成绩优秀的学生吗？结果不尽其然。由此看出，传统教学评价虽出发点是好的，但其评价模式太过简单粗暴，其评价主体、对象、方式、标准单一成为关键病灶。诚然，每一个学生都是独立的个体，个体差异决定了教学方式和方法应属不尽相同。所谓"因材施教"，就应摒弃传统教学模式下千篇一律的教学评价方法和标准，根据不同学生的个体差异量身定制评价方法，根据学生的个体需求来丰富教育教学端的供给，使教学输入和输出和谐衔接。

二、"湾豆收获季"教学评价多元化模式的理论基础

（一）多元化评价的教育理论基础

1. 人本管理理论

以人为本一直是教育追求的目标，即从学生的视角出发，紧紧依靠师生推进人而为人的教育，充分尊重学生主体性，真正实现学生价值的全面成长。马克思指出："他们的需要即是他们的本性。"传统教育侧重统一化、标准化，使学生的个性需求禁锢在狭小的校园甚至是教室。而将多元教育评价引入教学，将教育的落脚点真正放在人身上，这不仅可以充分激发学生的自由天性，更可倒逼学生、家长、教师、社会各方关注学生思维的创造性、独特性、复合性。学生可以在多重的评价对象、评价目标中发现自己的优势和劣势，发挥自己的潜能，结合自身发展需求优化末端输出，将自己塑造成理想中的自己。同时，多元化评价在激发学生求知兴趣的同时，也可使教师受益匪浅，倒逼教师自觉用课内、课外的知识武装自己，使师生共同进步，使教学过程更加高效。

2. 加德纳多元智能理论

传统智力理论认为智力是以语言能力和数理逻辑能力为核心的一种能力，且这种能力可以通过智力测验获得结果。美国心理学家加德纳反驳上述观点，他认为智力是以组合的方式呈现的，每个人都是拥有多种能力组

合个体，包括：语言智能、数学逻辑智能、空间智能、身体运动智能、音乐智能、人际智能、自我认知智能、自然认知智能。因此，应以多维度、全面的、发展的眼光来评价学生。教师通过多元化评价体系可以发现学生个体的学习风格，尊重学生的学习习惯与兴趣，为社会发展培养各色各样的人才。

3. 美国理查德·莱特的"校园多元化理论"

美国学校的招生委员深信校园多元化理论，认为只有组建一个能尽可能多地影响到校园生活的班级，才能更大程度地完成学校的使命。1986年，理查德·莱特受哈佛大学校长德里克·博克（Derek Bok）的委托，组织了 65 个代表 25 所美国大学的研究人员，对很多学生进行访谈以确认为学生创造多元的环境是否可以帮助学生成长，调研主要问题是：学生在哪种状态下学习效果最好？经过十几年的研究，莱特完成了一本畅销书《充分利用大学时光》（Making the Most of College: Students Speak Their Minds）。这本书认为在大学里，接触不同宗教和不同种族的同学，会给大学生带来更大的收获。莱特的此项调研成果形成了西方学校教育的普遍思维：对大学生思想及其他方面的发展影响最大的不是学校，不是教授，而是他们的同学。因此，学校教育应从小学开始营造多元的文化，多元思维，学生们可以开启丰富的对话，形成没有偏见的思维及能够包容各种文化的氛围。多元的校园文化就要求入学时候的多元评价。

4. 价值理性与工具理性的完美结合

教育不仅仅是工具，其本身也是价值所在。马科斯·韦伯用"形式合理性—实质合理性""责任伦理—意图伦理"这两对概念向我们阐述了价值理性和工具理性的二元范畴，用以描述资本主义在经济、法律、政治以及精神领域的合理化，揭露了工具理性吞噬价值理性所产生的现代性问题。故大多数新兴事物给受众呈现出来的多半是价值理性与工具理性不可兼得的印象。然而，在教育领域，多元化评价十分注重个性化、独立精神的塑造，以生本主义、因材施教、注重学生个性化发展为价值导向，其以公平、公正、复合化的形式将工具理性与价值理性完美融合，形成教育评价过程中形式与实质的双赢，使学生、家长、学校、社会都成为多元教育模式下的受益体。学生在多元教育评价模式下获得全面发展，教师在因材施教、教书育人中实现自身价值的提高，这本身就将价值性、工具性合二为一了。另外，类似人们能够预见人工智能助力社会生产生活领域所产生的好处及问题一样，从莫顿的功能理论看，多元教育评价可明确评价功能项有所助益的单位，而且能够分评价清功能项的显性功能与隐性功能、正功能与反功能等。

（二）"湾豆收获季"教学评价多元化模式的内涵

荔湾小学的办学理念：教育就是成就，落实立德树人的根本任务，遵循学生身心发展规律和教育教学规律，坚持科学的教育质量关，充分发挥评价的正确导向作用，从而形成良好的育人环境，促进素质教育的深入实施，成就每个孩子都能做最好的自己。荔湾关注学生生命成长，希望通过表现性评价记录成长，强化对学生学习态度、学习习惯以及关键能力的培养；切实减轻学生的课业负担和心理压力，促进学生学科兴趣和个性特长的发展，实现学生的全面发展与个性发展。引导学科教师积极探索课堂教学的有效形式与施教策略，促进教与学方式的根本转变，强化学科核心素养的培养；促进家校之间的良性沟通，提高家庭教育的科学性和有效性。

三、"湾豆收获季"教学评价多元化模式的开启

（一）评价主体多元化，确保结果公正客观

在"湾豆收获季"教学评价多元化模式中，教师评价学生的课堂成绩只占了一小部分的比例，学校将对学生成绩的评判权利交给了学生、家长、教师。通过改革，荔湾小学改变了原有的只有教师有权利评价学生上课成绩的模式，学生通过匿名自评、互评等方法，家长通过受邀观摩表演、比赛、公开课等给孩子们进行表现型评价，教师通过平时表现、期末测评多环节考核学生，使评价主体可从更多角度、通过更多对象、凭借更多方法对己、对他表现、才能进行考查。另外，在表现性评价模块中，

荔湾小学引入网络评价环节，使测评过程成为亲子教育、互助交往的平台。多个评价主体，也使对学生表现、能力、学情的测评更为全面客观、公正。通过这样的布局，潜移默化地增强学生注重全方位进步的意识，科学有效地保证学生动静相宜的成长节奏，扎实稳步地提升学生的综合学习实践能力。学生真正成为评价主角，收获的就不仅仅是知识。孩子在评委面前落落大方，通过听、说、读、写、画、演、唱等多种形式，阐述知识路径，运用卓越思维，充分展示出自己的学习水平，自信优雅。

（二）评价过程动态化，确保成长全面无死角

由于目前安排的测评项目包含了课程标准规定的所有内容，尽力不遗漏知识点，所以测评覆盖面广、持续时间长。对比传统中小学教学评价模式以教师对学生的考核成绩为唯一标准，"湾豆收获季"多元化教学评价加入了学生、教师、家长对学生的动态评价，大大激发学生想学习、要学习、能学习的兴趣，促进学生全方位无死角发展。荔湾小学不会以某一次或者某几次考试得分的高低给学生定性，而是综合学生各方面才能与表现、德行，用发展的眼光看待学生学习成长曲线，并在学生学习低谷时给予特殊关注，使问题各个击破。这种教学评价模式可以让教师对学生的整个学习行为有完整的了解，对学生的评价更加公允。

（三）评价内容复合化，确保因材施教

荔湾小学秉持加德纳多元智能理论，尊重学生个性化差异发展，对学习成果有目的有计划地进行阶段性考核，评价的方式不仅仅局限于考试，而是追求多学科参与并融合，一项测试经常是多个学科的全面能力展示和知识检验，让每个孩子都能找到成功的机会。激发学习动力，极大减轻了期末考试心理压力。荔湾小学坚持单项评价与纸笔测试并重，师生、家长、孩子更多感受到的是轻松、愉快和期盼。学生如对测评结果不满意可以要求"二战"甚至"三战"，强势"复活"。孩子们主动学习、不轻言放弃的状态与一张试卷造成的传统焦虑形成了鲜明对比，真正达到因材施教的目标。

四、存在问题及路径优化

多元化教学评价在荔湾小学的试行已走过三个学期，在实践过程中也积累了丰富的经验，同时也产生了一些问题，例如：形成性过程评价需要更加科学，各项评价项目的操作过程需要更加细化，评价标准设置需要更加具体、明确，评价结果的运用需要更加多样，学校应该开发评价平台，有效减轻老师们机械、重复的评价负担，评价任务过重，评价的公平公正及怎样做到使学生发展最优化，等等。综合上述问题，笔者提出路径优化探索如下：

（一）以"一人一评"个体独立性为标准创制明晰的评价指标

学校应开拓以学生特长、偏好、性格、心理状况为核心的信息化成长记录档案，将每一次评价流程纳入档案中。通过成长记录袋，形成针对学生个体的专项成才方案，该方案将一直伴随学生各个教学阶段。这不仅便于各个教学阶段的老师提前了解学生情况，也使得各项评价从开始到结束的整个流程都可以有效记录。今后评价主体对学生进行评价之前可以针对每个学生制定不同的评价对象和促进目标，针对不同个体设定不同的学习指标和内容，类似于医学领域中针对不同个案病例作出不同的诊断方案，做到"一人一评"。因材施教方能彰显教书育人的本质，引导学生进行自我评价，帮助学生看到自己的进步，树立学习的信心，注重发挥自己的优势。教师应制定客观合理的运行标准，建立相应的制度和评价机制，帮助学生在课程中培养自己的技能，促进学生的学习能力，以最科学的形式量化评价指标，帮助学生提高学习技能和水平。

（二）以信息化涵养多元化评价的公平公正

多元化教学评价不仅要重视评价的种类，更要重视评价主体的多元。除了荔湾小学已经引入的学生自评、学生互评、家长评价、老师评价等，还可以分阶段分种类将社会评价引入教育评价指标中，例如参与社区文艺活动、志愿者活动等。教师在评价的过程中要为学生提供民主和谐的评价氛围，关注个体差异，让学生客观公正地进行评价，发挥评价的重要作用，不流于形式，避免其对学生的发展产生负面影响、消极影响。为了寻求突破，可以探索引入"医生会诊"的理念规范教育多元评价，将现有的形成性评价、表现性评价、终结性评价从以往10%、20%、70%的占比分类变为初级、中级、高级评价三类（占比均分）：将终结性评价即考试评价列为初级评价，将形成性评价、表现性评价列入中级评价，将社会评价、校长级别的评价列入高级评价，各个层级的评价指标、内容、得分均以电子数据的形式存入成长记录档案内，以区块链的形式存储，保证数据的安全性、保密性和不可篡改性。各级别评价之间不互通，且不能相互唤醒及引发，由数据算法综合三类评价最终计算出学生的评价总和。

（三）以智能化平台减轻各方评价主体的负担

学校可以探索开发智能化评价平台，引入司法系统内部"类案类判"的思维，将具有相同兴趣爱好、相似性格特征和心理成熟度的学生的档案分置在同一文件库，当评价主体需要发起初级、中级乃至高级评价的时候只需在手机端触发"申请"按键，即可以不同文件库为单位发送评价指令，减轻工作负担。当然，对于具有特殊情况、爱好、才能的学生，可以在信息化档案中对相关信息进行标红处理，起到突出作用，便于教师给予特别关注。同时，信息部门可以邀请学生、家长、老师实名注册（实名注册以杜绝恶意评价）评价平台，探索开发自动发起评价指令的功能，使各方评价主体都能不分时间、地点、天气情况在端口进行署名或者是匿名评价。

五、结语

"其作始也简，其将毕也必巨。""湾豆收获季"之多元化教学评价模式是对传统教学评价模式的彻底改革。学校、教师、社会只有克服万难，在充分把握学生个体差异和总体全局的基础上开展和丰富多元评价，同时注重把握信息公开和个人隐私的维度，细化评价指标和内容，在实践中不断完善，才能探索对学生能力的全方位提升及深圳教育高质量发展添砖加瓦。

浅谈多元评价在英语学科中的运用

殷雯雯

【摘要】荔湾小学学生期末多元评价，是基于我国教育部门《基础教育课程改革纲要（试行）》《关于中小学评价与考试制度改革意见》《中小学教育质量综合评价改革的意见》及十九大对我国教育改革发展提出的新要求："努力让每个孩子都能享有公平而有质量的教育。"应运而生的。本篇将以英语学科为例，详述湾豆收获季在该学科是如何开展和实施的。

【关键词】湾豆收获季　期末多元评价　英语学科

湾豆收获季——荔湾小学学生期末多元评价，是基于我国教育部门《基础教育课程改革纲要（试行）》《关于中小学评价与考试制度改革意见》《中小学教育质量综合评价改革的意见》及十九大对我国教育改革发展提出的新要求"努力让每个孩子都能享有公平而有质量的教育"应运而生的。湾豆收获季是以"一切为了学生的发展"为核心目标，以《义务教育课程标准》为指导思想，以"湾豆收获季"集豆册为手段，以多个项目为期末评价内容，对学生的学业水平进行全面、综合、多方考察的一项评价机制。湾豆收获季——期末学业水平多元评价活动本身对学生来说就是一个学习和锻炼的过程，学生分项目集豆——清理自己豆印的数量——走进荔湾期末超市——选择性地兑换奖品——获得荣誉，每一个奖品、每一项荣誉称号 如"阅读之星""识字之星""English Star"等都深得学生的欢迎。形式多样的评价能较好地激发学生的各方潜能，他们主动做事、主动阅读，课堂上主动思考、积极发言；听课习惯、书写习惯、行为举止都是朝着良性发展！下面我将以英语学科为例，详述湾豆收获季在该学科是如何开展和实施的。

一、评价改革体系创新点

（一）评价目标多维化

英语课程的核心目标是学生综合语言运用能力。一次考试反映学生一个学期以来所有的书面表达是不科学的，是不能全面反映学生的综合素质和发展能力的。因此把形成性评价中口试面试成长记录等，定性评价中观察描述评语等评价方式，作为突破点，将定性评价和定量评价结合起来，真正地关注学生学习过程中表现的态度、情感、能力等，全面客观地反映学生的英语学业成绩和英语能力。

（二）评价主体多元化

由评价主体的单一性改为多样性；封闭性改为开放性；评价主体由老师评价改为生生评价、家长评价、教师评价以及小组评价相结合的形式。在这个过程当中，教师、学生、家长都感到了评价主体——评价者与被评价者之间的民主平等的关系，有利于全面对学生的英语学习评价，即能减轻老师的负担又能调动学生学习积极性，加深家长对孩子的教育促进家校共育的黏合性。

（三）评价内容多元化

打破以往单一呆板的笔试方式，采用笔试、口试、竞赛、考试、操作等多样化的评价形式，对学生的英语知识、能力、特长等方面进行评价。注重学生学习过程中的评价，以形成性评价方式和终结性评价相结合，让学生在整个学习过程中都注重自己的最佳学习水平，同时为终身发展打造良好的基础。

（四）评价标准人性化

建立能激励学生学习兴趣和自主学习能力发展的评价体系。课程评价改革的核心评价标准的设立要充分体现人性化，对不同阶段、不同层次、不同能力的学生给予不同的评价标准。在评价过程中根据学生的学习情况用心去发现他们的优点和不足帮助他们取长补短，通过复活赛、手拉手、救援小组等方式最终让所有的学生获得成功的体验增强学习的自信心。

（五）评价方式多样化

定量与定性评价相结合；书面考试与口语考测试实践应用相结合；形成性评价和终结性评价相结合。评价多样化关注学生的思想、身体成长、心理健康知识、技能行为习惯、学习态度、学习方法、合作能力及创新能力等综合考量全方位考量学生的能力。

二、评价改革体系内容点

表 3.12 国家课程

	评价内容
国家课程《英语口语交际（深圳版牛津）》	教材按照模块建筑式（building-blocks）结构编写，每册教材分为 4 个模块，每个模块为一个主题（theme），每个模块下设 3 个单元话题（topic），围绕模块主题展开。这样，每个年级的上下册教材共有 8 个主题模块（Module），这 8 个主题模块在不同年级循环出现。 　　新的年级的学习内容是在前一个年级的基础上开展的，这样学生的学习从入门阶段进入话题，学习最基本的词、句，然后在同一话题下不断积累语言知识，直到能够就相关话题自由表达。整个学习过程是在不断循环复现已学内容的基础上学习新的语言知识。从一年级进入话题 Getting to know you，到六年级小学阶段学习结束，学生从功能意念方面依次学习问候他人、与他人告别、介绍自己或他人（性别、年龄、姓名、能力），描述自己或他人的情感、职业理想，谈论生日、饮食习惯、交通方式、假期活动以及成长变化。从纵向结构来看，学生通过不同年段的学习，对主题相关内容涉及的语言结构、语言知识不断积累丰富，最终能够实现对主题的自由表达。本教材学练结合，通过引导学生用英语做事情，培养学生初步的口语交际能力从而提高学生自主学习的能力，注重培养学习策略。

表3.13 校本课程

	评价内容				
	1～2年级	3年级	4年级	5年级	6年级
1至6年级校本课程《伊索寓言》	1) 能在图片和动作的提示下听懂简短的句子并作出反应。 2) 能根据绘本动画模仿说英语。 3) 能够根据表演猜测意思、说出词语。 4) 能做简单的角色表演。	1) 能在图片和动作的提示下听懂简短的小故事并作出反应。 2) 能表达简单的情感和感觉；能表演简单的童话剧。 3) 能正确书写字母和单词。 4) 能在图片的帮助下，读懂简单的小故事。	1) 能在图片、图像、手势的帮助下，听懂简单的对话或录音材料。 2) 能运用一些最常用的日常套话。 3) 能读懂联系和作业中简短的要求或指令。 4) 能写出简单的问候语。	1) 能绘本图片和动画的帮助下听懂并理解绘本故事大意。 2) 能在教师的帮助下简单地复述故事。 3) 能正确朗读所学故事和短文。 4) 能模仿范例写句子。 5) 能在教师的帮助下表演故事。	1) 能独立地听懂绘本故事，并理解故事含义。 2) 能正确运用综合的语言进行话题讨论，回答老师的开放性问题。 3) 能借助图片读懂故事，并养成按意群阅读的习惯。 4) 能用简单句改写绘本故事。 5) 能完整的表演故事剧本。

三、评价改革体系落实

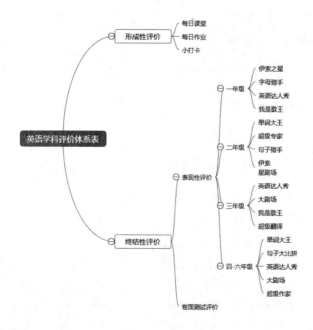

四、评价方式

具体评价内容及评价标准、方式及详细安排如表 3.15、表 3.16 所示。

表 3.15　一至六年级形成性评价

形成性评价					
评价时间	项目	评价要求	评价标准	评价内容	评价呈现形式及评价主体
	每日课堂	依据课堂倾听和发言进行评价，及时用荔湾赞记录每天课堂表现	根据记录每5个荔湾赞折算1颗豆	倾听和表达能力	每日课堂表现
					学生自评同学评价教师评价
	每日作业	根据学生作业完成情况	5个A+折算成1颗豆	听说读写语言技能	平日作业
					学生自评家长评价教师评价
	小打卡	1) 朗读打卡。2) 要求：正确、流利、有感情地朗读或背诵相关内容。	以打卡次数计算。按每5次打卡为1颗豆来折算	口语表达输出的能力	上传视频
					教师评价

表 3.16 终结性评价（以一年级为例）

终结性评价					
评价时间	项目	评价要求	评价标准	评价内容	评价呈现形式及评价主体
	伊索之星	1）学生能选取伊索绘本里的某一个片段进行表演。 2）仪态大方自然，能有感情、流利熟练并用丰富的肢体语言表演故事。 3）声音响亮，吐字清晰，读音准确发音标准。 4）不吞音，不丢词，轻重音和停顿较正确，不拖长音。	发音准确（1颗豆）； 朗读流利（1颗豆）； 声音响亮（1颗豆）； 语调自然（1颗豆）； 有感情有动作（1颗豆）。	表达能力 合作能力	个人录制视频
					教师评价
	字母猎手	学生能按照字母顺序正确书写26个字母	大小写字母对应正确（1颗豆）； 字母顺序正确（1颗豆）； 未漏写字母（1颗豆）； 书写格式正确（1颗豆），工整美观（1颗豆）	26个字母大小写书写考查	单词认读
					教师评价
	英语达人秀	随机抽取学生牛津《英语口语交际》中一段对话进行朗读。	发音准确（1颗豆）； 朗读流利（1颗豆）； 声音响亮（1颗豆）； 语调自然（1颗豆）； 仪表大方（1颗豆）。	英语基本口语交际能力	对话朗读
					教师评价

评价时间	项目	评价要求	评价标准	评价内容	评价呈现形式及评价主体
	我是歌王	任意抽选课本中任一首歌曲进行演唱，拍成视频上传至班级群；	发音准确（1颗豆）；朗读流利（1颗豆）；声音响亮（1颗豆）；语调自然（1颗豆）；仪表大方（1颗豆）；	英语歌曲的掌握程度	歌曲演唱
					教师评价
	综合测评	1）统一命题、统一考核、统一阅卷。2）按等级进行核对奖励。	95-100分（5颗豆）；90-94分（4颗豆）；80-89分（3颗豆）；70-79分（2颗豆）；70分以下（1颗豆）。	英语综合能力	命题试卷
					教师评价

五、评价方式

（1）分项目集豆。

（2）根据豆的数量，兑换湾豆，参加荔湾期末超市兑换奖品。

（3）根据评选结果，评选各项荣誉称号。

六、评价效果

（1）学生课堂积极性提高，各行为习惯得到较大提升，以获得荔湾赞为荣。

（2）学生及家长更重视学习的过程了，能够在日常学习中稳扎稳打，日积月累。

（3）考试成绩不够理想也学生也能够在期末丰富多彩的湾豆收获季活动中找到自己喜欢的项目，并取得好的成绩。这就大大提升了学生的自信心，提高了他们的学习兴趣。

（4）在合作式的评价项目中，学生能积极主动的参与合作式项目，并养成了认真负责的学习精神及为他人着想的团队意识。

（5）丰富多维的湾豆收获季活动令学生及家长不再只看重考试成绩，而更重视学习能力及兴趣的培养。

小学科学

　　一学期的科学学习你会学到什么？怎样展示学到的科学知识？如何实践科研精神？荔湾小学科学组老师在每个学期根据孩子们的学习内容：植物观察、测量比较、材料特性、天体月相、天气规律、水的变化、空气的组成、溶解、身体运动、生物环境、设计与制作、运动与机械、电和磁，等等，在"湾豆收获季"搭设了展示平台，让湾豆儿们大显身手，展现荔湾学子的综合学习能力。

　　看看，"火眼金睛观植物"湾豆儿们面对老师拿出的绿植自信满满："这些结构我可都会啊，老师换个植物也难不倒"；"椅子不简单"项目科学老师推来了自己的办公椅，湾豆儿们更是通过眼看手摸，判断材料并推测功能；"小车运货比赛"综合运用了本学期的工程设计、动力选择等知识，更体现了小组合作的高效交流能力和执行力……

　　还有哪些科学与教育理念藏在其中？让我们走进科学教师眼中的湾豆收获季，听她们娓娓道来。

小学科学多元化评价的探索与实践

林雪婉

【摘要】评价是教学过程的一个重要组成部分，它贯穿于教学过程的每一个环节，然而，过去小学科学教学的评价模式单一，学生没有得到充分发展。因此从教学实际出发，探索建立符合新课程理念，着眼于学生全面发展的开放性的多元化评价机制，改变过去传统的单一的评价模式，是身为科学教师应当研究的课题和值得掌握的重要举措。

【关键词】小学科学　　多元化评价　　全面发展　　新课程理念

为了推动多元化评价体系的形成，促进学生全面发展。荔湾小学开创的"湾豆收获季"学生期末学业水平多元评价已经实践探究了三年了，"湾豆收获季"不仅镌刻下孩子们的成长足迹，也记录下孩子们求知世界里遨游的欢畅。

《义务教育小学科学新课程标准》提出："科学课程的评价应能促进科学素养的形成与发展。评价既要关注学生学习的结果，更要关注他们学习的过程。评价指标应该是多元的，要包括科学素养的各个方面。评价方法应该是多样的，评价主体则应包括教师、学生、家长等。"荔湾小学科学组经过长时间的思考与实践，在评价中既注重对学生独立思考能力、合作能力和实践能力的综合评价，同时通过评价激发学生的积极性，注重培养学生的个性，尊重学生的主体意识。将定量评价与定性评价相结合，以全方位、多角度的多元化评价来激励每个学生的发展，拓展相互合作的空间，突显科学特色。

一、多种评价，多元理论

聚焦目前社会重点关注的学生学业评价，普遍存在的问题是对学生的评价过分突出评价的甄别与选拔功能，不能反映学生个体存在的偏差和努力方向；其次，学生的诊断性评价缺失，对学生的评价不能有效促进学生发展和教师发展，以及改进教学实践的问题；除此之外，对学生的评价还是以教师为主，学生、同伴、家长难以参与评价问题，评价以纸笔测试和分数呈现为主，不能为学生的学业发展作出全面、准确的诊断与指导问题。因此将加德纳多元智能理论付诸实践，建立科学的多元评价机制，形成有效的评价标准，在新形势下显得尤为重要。

（一）评价是促进学生发展的基石

关注全体学生的发展，促进学生的全面发展是多元智能理论评价的核心。反对主要侧重考核学生语言智能和逻辑数理智能的传统考试，因其考试内容单一化。各种智能都应被评估，尤其是个体智能强项要能被识别出来，这样，学生的个体潜能才能得到充分发挥。不仅学生的过去被评价，而且学生的现在被看重，学生的未来更是要考虑。教师不用仅仅追求一个精确的分数，而是要让学生感到被关心、被欣赏。通过评价，不仅让学生在自己原来的基础上或多或少取得进步，而且使学生的认知领域更加广泛，学习内容更加丰富多彩。在学生的优势智能得到发展的同时，他们的弱势智能也得到激发，帮助学生将优势智能的特点迁移到其他学习领域中，进而得到全面发展。

（二）评价重视过程胜于重视结果

突出评价的过程性是多元智能评价的一个重要特征，即关注和引导学生的发展过程。教师要收集学生在日常教学活动中学习和解决问题过程中的资料，教师对学生学习和解决问题的全过程进行评价的标准要多方面、多维度，反馈要及时准确，改进建议要详细具体。要使评价能够做到扬长避短、因材施教，学生能够在现有基础上得到高效发展。为了能准确体现学生发展变化的轨迹，使教师能够对学生某个阶段的学习状况有清晰全面地把握，学生的日常评价和重要的资料应该由教师系统完整地保存下来，这种做法也能督促学生反思自己的学习，改进自己的学习方法，进而提高自己的学习。

（三）评价注重个体差异因材施评

多元智能理论认为学生只有差异，没有差生，各个智能无所谓高低，每个人都有一种或多种优势智能和特长，而并非像传统智能观那样以语言、逻辑、数理智能为标准。标准化考试或评价把学生进行分类并贴上标签，判断的是学生的弱项和短处，而多元智能评价充分了解学生的个体差异和潜能，善于发现学生的闪光点和强项智能。每个学生都能找到自己的切入点，每个学生多方面的潜能都能被发现，教师的教学能满足每个学生发展中的需求。为学生确定个体化的发展性目标是多元智能评价的特点之一，教师要不断收集学生发展过程中的信息，根据学生的具体情况，判断学生存在的优势与不足，在此基础上提出具体的、有针对性的改进建议，达到每个学生都能得到发展的目的。

二、多元评价，多种机制

（一）评价内容多元化

多元化的评价内容能为师生和家长提供全方位、多层次的综合信息。学生认知能力及学生基本知识和各项技能的掌握情况被评价的同时，还要对学生的科学态度、人际关系、兴趣特长、学习自主能力、合作精神等非智力因素进行评价。根据教学内容和学生智能特点，教师在安排评价活动时，应用更加丰富多彩的教学内容，以达到全面综合的发展。如表4.1所示，为了评价学生的观察能力，可以通过"火眼金睛"等项目实现；评价学生的语言表达能力，则通过设计"能言善辩"等项目让学生能够用自己的语言进行分享或讲解所学到的科学知识；通过"小小实验家"，"纸桥承重"等各种比赛评价学生的实验操作技能、合作技能、动手实践技能等；通过让学生设计帽子、设计衣服、穿着设计的衣服进行走秀表演等，来评价学生的创新技能、绘画技能以及身体动觉技能等；通过用观察日记、思维导图、气泡图或手抄报等方式总结，评价学生的归纳能力、自我内省能力等。让学生在活动中潜移默化地提升自己各项技能，提高综合实践能力。

能言善辩	观察人体结构图，说说身体是由哪几部分组成的，并且回答人体外形结构有什么特点。	答对 1 个部分得 1 颗豆，能够正确回答出人体外形结构特点得 1 颗豆。	能利用多种感官或简单的工具，观察对象的外部形态特征及现象。	现场考核
				教师评价
磁极我会判	出示两个条形磁铁，其中一个条形磁铁用白纸包裹，两端分别标上数字 1 和 2，学生自己根据所出示的物品设计实验判断 1 跟 2 分别代表什么磁极，并用字母表示出来，同时说明理由。	1）能正确判断磁极 1 跟 2 分别代表什么磁极。（说对 2 点得 1 颗豆）； 2）能够正确将磁极用字母表示出来。（说对 1 点得 1 颗豆，说对 2 点得 2 颗豆）； 3）同时说明理由（能够正确答出"同极相斥，异极相吸"可得 2 颗豆）	利用身边可制作加工的材料和简单工具动手完成简单的任务。	现场考核
				教师评价
火眼金睛	出示两幅图，学生找出 5 个不同点。	每找出 1 个不同点得 1 颗豆，找出 5 个不同点得 5 颗豆，低于 3 颗豆的学生需要重新测试；	能运用观察与描述、比较与分类等方法得出结论。	现场考核
				小组评价

图 4.1

（二）评价主体多元化

1. 教师评价

给学生鼓励性、建议性、商榷性的评价，任何评价都会带来学生信心、学习热情的影响。教师应对学生的优点，提出如何进一步保持和发扬；对学生的缺点，给以适当、善意的提醒和建议，给学生改进的机会和改正的信心，切忌套话或一棍子打死式的评语。

2. 学生自评

学生发现和认识自己的进步和不足，使评价成为学生自我教育、自我调控和促进自我发展的有效方式。通过自评，教师可以培养学生的内省智能，逐步成长为一个自主和自立的学习者。教师通过学生的自评，能了解学生的需求以及学生对待学习成果的态度，引导和帮助学生确定新的学习目标。

3. 学生互评

学生之间相处最多，相互之间的评价比较丰富、客观，更易于被学生接受。教师可以根据学生的不同智能、性格、爱好等，将学生交替划分为同质或异质小组，组内成员相互评价，小组之间相互评价，全体学生都能参与评价。学生互评可使学生学会沟通和合作，提高人际交往智能。

4. 家长参与评价

家长通过当家长义工的方式参与到考官当中，可以更有针对性地协助教师督促教育好孩子，与教师一起体验到孩子进步、成功的喜悦。

（三）评价方式多元化

应试教育严重影响了学生的全面发展，多元智能理论反对采用量化范式下的纸笔测验和考试的评价方法，主张以质性评价为主，量化评价为辅。质性评价常用的形式有：观察记录、面谈采访、学习档案袋等进行口头或书面评价。质性评价的方法不追求固定的形式和严格的程序，它的运用贯穿于教师与学生交往的整个过程中，具体方法灵活多样。教师要让学生以适合自己优势智能的方式展现特定的学习内容，给予每个学生充分展示智能的机会，对学生的智能展示进行评价。

（四）评价标准多元化

教师根据每个学生独特的智能特征和个性特点，打破传统的"一刀切，齐步走"的评价标准。多元评价着力于人的情感、意志、态度的激发和价值观的形成，是以人为本的思想指导下的科学评价方法，有助于从学生的德智体美劳、合作、爱心等诸多方面对学生有一个中肯、全面和积极的评价，使得每一个学生都能在不同的水平和位置上体会到进步与收获，多元评价标准培养出来的人才能满足社会多元化的需求。

三、多种评价，多种精彩

对学生活动过程的评价，既要评价学生活动的成果，更要评价学生在活动中的各种表现，包括丰富多彩的体验和个性化的创造性表现。因此我们在以下几个方面进行了小学科学多元特色评价的实践与探索。

（一）即时评价

在实践活动过程中，教师对学生的即时表现，做出有效的指点与鼓励，教师的即时评价是伴随教学活动过程而存在，而又无时不在影响着学生的学习行为的。即兴评价不是给学生"你真棒！""你真行！"的廉价表扬，而是"你真是我们班的小小科学家""你的回答给我们带来了惊喜"应运而生，学生得到了自我肯定的满足感和成功体验，即时评价一般要包括老师评价与生生互评。

（二）信息发布会

当布置学生观察一天中太阳下影子的变化或者一个月的月相变化等活动时，就会在课上安排一个小小的"信息发布会"，学生可通过拍摄视频（如图 4.2 所示）说说观察这些现象时经历的酸甜苦辣，也概括地说说他观察到的核心内容，这样既达到了资源共享，又达到了方法互补。在这之中，一个学生小小的成功发布，就是对他的一种极大肯定，他会在今后的科学探究活动中迸发更多的热情，发挥更大的作用。

图 4.2

（三）成果展示

一个关于"做一顶帽子"的项目式学习主题活动开始后，学生会在小组内进行一段时间的探索和小组分工。之后，成果展示就显得十分重要了。成果展示时，小组几位同学上来分享，大家你一言我一语，说说为何设计这一顶帽子，这一顶帽子有什么功能，用上摄影图片，用上自己编制的图纸，同时戴上自己制作的帽子（如图 4.2 所示），又是多么荣耀。

图 4.3

（四）作品展览

作品展览的种类也不少，有科技小论文、科技实践活动报告、观察日记，还有各种实验记录单、实验记录照片、小制作、小发明、手抄报，等等。荔湾小学有一个"科学学生作品展览板"，就是把学生的作品进行展示（如图 4.4 所示），学生看到自己的"作品"被收入其中，兴趣更浓了。

图 4.4

（五）科技比赛

除了把学生作品进行展示外，还有一个激励他们的举措就是把他们的作品推荐到区里市里参加各种科技比赛（如图 4.5、图 4.6 所示）。例如深圳市小实验家比赛，南山区小制作小发明比赛，科技小论文、科技实践活动报告比赛等，当学生发现自己的作品能够获得一定成果时，不仅能够获得成就感，同时也明白努力付出就会有回报的人生道理。

图 4.5 图 4.6

（六）科技表演秀

这是科学组正在新尝试的一种表现性评价方式。不仅仅是语文英语音乐体育等学科可以有表演，科学学科也可以有让学生上台表现展示的机会。例如在去年科技节上，学生们利用生活中的废纸，创作出了一件件光彩夺目的服装，孩子们穿上自己设计的服装，站在台上伴随着音乐进行服装走秀，该是多么难忘的一次经历（如图4.7、图4.8所示）。相信在这个过程中，孩子们的动手能力、合作能力、创新能力、交流能力、表演能力一定会有所提高。此外，科技魔术表演，科技话剧表演，将会继续让学生们享受科技带来的乐趣。

图 4.7 图 4.8

四、多元评价，多种感悟

（一）提高教师评价认识，关注学生全面发展

教师是学生学习活动的参与者、组织者、促进者和合作者，在过去的评价中，教师一直是评价者，学生是被评价的对象，因此当评价的主动权一直掌握在教师手中，就很难发挥学生参与评价的主动性，也很难体现对学生的激励性评价。在科学课程中，教师要明确自己的角色定位，把目光更多投向学生，关注学生的核心素养。

在低年级"小小设计师"测评项目中，先出示一张手工纸，让学生尝试用这个现成的材料进行项目设计的比赛活动，由于问题情境是真实而又开放的，湾豆儿们的参与的积极性一下子被调动了起来，当黑板上出现五颜六色的小纸船、小衣服、剪纸、书法等作品时，极大地激发了学生进行科学探究的兴趣，还为师生间、生生间的相互评价搭建了一个平台。接着我又让学生以小组为单元，用柔软无力的纸做成纸桥，接着提问学生如何将这张纸进行加工让他能够承受更多重量，这激起了同学们感兴趣的话题，只见各小组纷纷开动脑筋，提出自己的办法，接着设计出一个小组的实验方案。进行实验交流时，学生们充分发表自己的意见，总结出了"将纸折成瓦楞状可以让纸承重力变强"的秘密。学生汇报时，不仅锻炼了语言表达能力，还提高了他们合作能力、应变能力和创新能力。使评价在学生的科学学习活动中，发挥了积极的促进作用。

另外，教师要善于用发展的眼光，去看待每一个学生，在我任教的其中一个班级中有一个孩子，上课不认真听讲，学习不专心，但是我发现他对科学这一门学科很感兴趣，有一次看到他举手回答问题，他的回答让我感到惊喜，他还能够在问题的基础拓展更多内容，因此我点评他是班上的"小小科学家"，当天家长便找我说，孩子回去非常高兴。在接下来的课当中，发现他上课的时候小身板坐得直直的，作业也完成得非常认真，在科学竞赛中也取得了不少好成绩。从那时候我发现，原来，每一个特别的孩子都是一份特别的教育资源，教师对学生的期待，可以激发学生无限的潜能，因此教师要有一双慧眼，用全方位多角度的眼光去看待孩子，注重他们的全面发展。

（二）拓展合作空间，张扬学生个性

一个人可以走得很快，但一群人才能走得更远。学生与学生之间除了能够互相准确地进行交流，同时还要学会互相接纳、赞赏、分享、互助，等等，这样才能够在思维与思维的碰撞中共同获得成长。因此在"湾豆收获季"评价实践过程中，学生通过自评和对他人评价，倾听别人的想法，善待批评以审视自己的观点，从而拓宽了思考的视角，超越了他们原有经验，丰富了学生的个性人生。

在三年级"我的养蚕日记"测评项目中，学生通过小组合作进行设计和制作养蚕日记手抄报，在制作完成后进行小组展示，在展示过程中，每个小组都要组内评价以及对其他组进行评价：你认为哪一小组的观察方案是可行的？理由是什么？你们小组有更好的方案吗？这样利用孩子们好胜心强的心理特点，引导他们去关注别人的发言，从中取长补短，把交流的面从小组的几个人，扩大到全班的范围内。在这个过程中，不仅能够让学生亲身参与，还能互相学习，让他们参与到评价中去，通过对别人的评价来反观自己存在的问题并及时进行调整与改进，达到发挥学生张扬个性的目的。

（三）湾豆收获季，家校齐努力

"湾豆收获季，也是老师与家长们的收获季。"这句话是一名湾豆家长参与了"湾豆收获季"学生评价后发自内心的话，让家长义工作为"考官"参与评价（如图4.9、图4.10所示），不仅建立了家长与学校的沟通桥梁，同时也是让家长更好地了解自己子女学习情况的方式。学生家长用科学的方式针对学生的个性特长、兴趣爱好等进行恰如其分的评价，这对学生的个性完善好能力提高有着独到的促进作用。同时还可转变家长旧的评价观，引导他们掌握一些激励为主的评价方法，把关心孩子的着力点放在最合适的地方，从而与教师保持一致性原则。

在养蚕日记手抄报活动中，学生们需要亲身经历完整的养蚕经历，在为期两个月多的养蚕过程中，家长们跟孩子们一起体验，一起喂桑叶，一起记录，一起拍摄蚕宝宝蜕皮、吐丝、结茧的过程，有的家长说，这个评价项目不仅促进了亲子关系，同时也让家长对动物的一生有更加系统的认识。在评价中实现家长与孩子的共享、共进、共乐。

图 4.9　　　　　　　　　　　　　　　图 4.10

五、总结

　　总之，要想发挥学生的潜能使其向积极健康的方向成长，就必须实行多元化评价策略，把时间还给孩子，把健康还给孩子，把能力还给孩子。三个"还给"是成就每一个孩子最好的诠释。让我们携手努力，构建落实好多元化评价，为每一个孩子的健康成长创造更大的舞台，让每一个孩子在多元化评价中和谐、快乐地成长，使他们的自信心得到提高，自主性得到赏识，生命力得到激活！

参考文献：

[1] 张红霞主编 . 小学科学课程与教学 [M]. 北京：高等教育出版社，2004.

[2] 陈华彬，梁玲 . 小学科学教育概论 [M]. 北京：高等教育出版社，2005.

[3] 喻伯军 . 小学科学教学案例专题研究 [M]. 杭州：浙江大学出版社，2005.

综合评价，展现每个孩子的闪光点

江妙珍

【摘要】荔湾小学科学科组通过对学科特点和学生发展规律进行深入分析研究后，适应学生身心特点，制定具体的综合评价体系。借助"湾豆收获季"平台，给予学生展示舞台，利用实物、图形、创设情境进行学生学习评价，通过学生作品展示学习成果，通过活动促进学生的多元发展，提高学生综合素养，尤其是培养科学学习的兴趣，提高学生科学素养。通过全校的综合评价，进行学科融合，激发学生主观能动性，展现项目式学习成果。

【关键词】综合评价　　科学素养　　身心发展　　多元智能

荔湾小学在每学期都开展综合评价活动，评价活动设计基于国家相关文件精神、国家各学科课程标准，以及荔湾小学以"教育就是成就"办学理念为核心的顶层设计，内容涉及学生德育、语文、数学、英语、体育、音乐、美术等方面，贯穿整个学期，渗透在每个活动，尽可能地展现每个孩子的综合素养。

一、从学科特点出发，为闪光埋下伏笔

各科综合评价的内容主要由本学科学习内容决定，为了更好地体现科学学科特色，首先要理清本学科地主要学习内容、需要达成的学习目标，为挖掘每个孩子的闪光点理清思路，为孩子们的长远发展奠定基础。

（一）科学分析学科特点

荔湾小学科学组基于课标中对于学生科学学习综合评价的要求，体现"以人为本""以学生发展为本"的思想，因此，科学综合评价不仅考察学生对知识的掌握，更重视学生学习的过程和体验，对学生发展的各个方面都给予关注，注重以激励为主的发展性评价，发挥评价的诊断、导向和发展功能，促进学生科学素养的形成与发展，并为他们的终身学习和发展打下基础，并由此此构建了科学学科多元评价项目。

（二）系统整理学习要点

通过一学期的学习，各年级的小湾豆们分别学习了植物观察、测量比较、材料特性、天体月相、天气规律、水的变化、空气的组成、溶解、身体运动、生物环境、设计与制作、运动与机械、电和磁等科学知识，科学科组通过评价体系的构建（如图 4.10 所示），借助"湾豆收获季"搭设了展示平台，让湾豆儿们大显身手，展现荔湾学子的综合学习能力，展现每个孩子的闪光点。

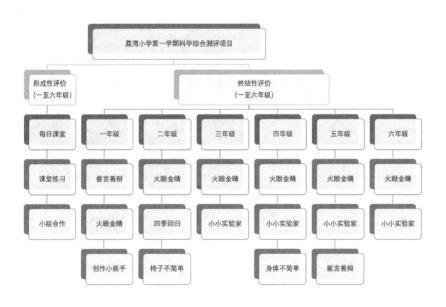

图 4.10 荔湾小学科学学科 2019—2020 学年第一学期评价体系

二、从学生成长入手，为闪光寻找路径

各年龄段的学生发展水平不同，综合评价的内容需要根据学生当前的发展情况、身心特点，进行筛选、调整，遵循学生发展的规律性。

（一）分析学生发展特点

学生的认知特点与其身心发展有着密切联系。低年段儿童主要为具体形象思维，对图形、表格等具象的理解更加直观、易于接受；高年段学生则已经抽象逻辑思维，对数据分析、逻辑推理更加得心应手。同时，学生的表达也从语言表达到文字表达有了转变。

（二）结合现状进行评价

根据不同年龄层次的学生发展特点，综合评价需要结合图表等信息让低年段学生方便读取信息，表达自己；使用数据信息、问题解决等给高年段进行分析、推理和设计实践。通过针对不同年龄段的学生发展情况，使用不同的评价方式，如低年段的测试内容多用图片、实物呈现，高年段则常常用解决问题的场景进行（如图 4.11 所示）。

图 4.11 低年级实物考核及高年级解决问题场景

低年段学生通过教师所带的实物进行植物各部分结构的指认，不仅解决了他们识字少不便进行纸笔文字表达的问题，更锻炼了他们的口头表达能力

和动手实践能力；高年段学生通过协作对问题进行解决，既增强了团队合作意识，又对科学探究的路径进一步加深了印象。

三、从学习兴趣启动，让孩子自发闪光

科学学科学习内容较多，在不同年级的教学和评价过程中，运用不同的方法、活动激发学生学习兴趣，将有利于科学学科的高效学习。通过学科趣味性的挖掘和展现，让学生自发学习，主动合作探究，展现自己的闪光点。

（一）展现科学学习的趣味性

根据 2017 年出版的《义务教学小学科学课程标准》，小学科学阶段学生将学习物质科学、生命科学、地球与宇宙科学和社会与工程这四个领域共 18 个主要概念。这些学习内容在各个年级有不同程度的学习目标，为了评价学生是否达成这些学习目标，科学组通过将学习内容进行改进，在教学中带领学生在校园里进行植物观察，使用植物盆栽进行一年级学生植物各部分器官名称的测评。比起图片和文字，学生对真实的植物更有亲切感，也更能理解学习的内容；在高年段，则是将对小车动力改进做成

图 4.12 小车制作比赛

了自制小车比赛（见图 4.12）、将浮力与船只形状、材料的关系变成了造船称重比赛，使得科学学习、测评更具趣味性。

（二）增进学生学习的动力

荔湾小学的科学综合评价通过各类展示，使用"荔湾赞""荔湾豆"获取和兑换的方式，让学生主观能动性得到激发，提高他们学习科学的兴趣和动力。通过"科学小辨手"的评选，让学生明白观察活动需要细心和耐心；"实践小能手"评选，让学生收获动手实践的乐趣；"小小设计师"的选拔，让学生将工程设计的知识才能发挥得更加充分，为每个学生增加闪光点。

（三）用活动提升科学素养

整个综合评价过程渗透在全学期、各活动中，通过教学过程中的形成性评价，鼓励学生在日常科学学习中积极实践探索，如高年级的"搭高塔"活动，学生通过两两组队的方式进行建筑框架的稳定性探究，了解构架的作用，感受工程力学的魅力。在学期末的"湾豆收获季"综合测评时，通过小组合作、实验设计、探究验证等活动，让学生积极进行科学探究，培养了学习能力、思维能力、实践能力和创新能力，全方位提高学生的科学素养。在长期的科学观察活动中，学生通过把教师设置的评价体系作为动力之一，坚持记录和总结（如图4.13所示），形成了自己的科学观察作品，并在学校进行展示，真正做到用行动释放光芒。

图 4.13 养蚕及植物种植活动记录

四、从学科融合着力，让光芒更加闪耀

学生学习的过程中，存在着多学科并行并且相互关联，通过学科融合能有效促进学生的综合运用能力，使得学生的光芒更加闪耀。

（一）学科融合改进评价内容

学科学习从来都不是完全割裂的，在各年段学习过程中，针对不同学科的学习内容和培养目标，科学组与其他科组进行了学科融合。在一年级植物学习时，设计了"叶贴画""叶拓画"的评价项目，学生通过科学课程的学习认识不同植物叶子的形状特点，结合美术工具、创作技法，展现了美术与科学的完美结合（如图4.14所示）；科学组还与语文、数学科组合作，引导学生进行科技小论文写作、综合实践活动设计，通过写作、推算等方式，将科学观察、规律探索的内容一一呈现。此外，还有利用信息技术创作太阳系天体数据模型等活动，让学生将所学各科知识进行充分运用，提高学生综合素养。

图4.14　一年级叶贴画、叶拓画作品

（二）多元展示呈现项目学习

在综合测评中，科学组通过实物辨认、立体模型制作等发展学生的空间智能，通过"能言善辨"项目展现和提高学生的语言智能，通过情境推算等展现学生的逻辑一数理智能，在各年段的"火眼金睛"综合展现学生的自然观察智能。以上项目都是基于学生的学习内容，在不同的测评项目中，科学组通过某一主题的综合设计，使学生在项目中多方位展现科学学习能力，并收获学习动力，让科学学习成为一个有益循环，不断提高学生的科学素养，让每个孩子都有闪光点，都更加闪耀。

综上，荔湾小学的科学综合评价体系已经相对完整，并在不断改进和完善中，展现每个孩子的闪光点，探索出激发学生学习动力，促进学生科学素养的有效途径。在今后的实践探索中，相信此评价体系将更好地贴合"教育就是成就"的理念，并成为学生综合素养提高的重要途径。

参考文献：

[1] 王道俊，郭文安主编. 教育学（第七版）[M]. 北京：人民教育出版社，2016.31—32.
[2] 加德纳著，沈致隆译. 多元智能新视野 [M]. 浙江：浙江人民出版社，2017.13—17.

多元个性测评，成就科学之光

陈睿

【摘要】小学科学是一门综合性学科，既包含着理论性知识点的梳理归纳，也有数理方面的逻辑推理和整合，而课程标准要求下学生的科学素养单从试卷题目测试中是很难全面展现出来的。如何进行科学的测评，体现学生良好的科学素养一直是一个困扰广大一线科学教师的难题，在荔湾小学，这个问题有了进一步的深度研究。荔湾小学的科学老师们通过集体的智慧，开启头脑风暴式的共同探索，积极实践，精心设计，反思总结。利用"湾豆收获季"的平台，通过多种形式改革实践了科学学科的学习评价方式，并达到了很好的效果。

【关键词】科学评价　　科学素养　　多元智能　　评价改革

一说起期末测试，面对满满白纸黑字的题目、试卷，相信不少学生都会觉得压力倍增。但在荔湾，期末测评却成了孩子们非常喜欢的一项活动，通过参与"豌豆收获季"活动，孩子们既能充分利用所学知识通过考核，同时也能在测评过程中不断有新的收获和成长。

参考《义务教育科学课程标准》中的要求，荔湾小学在科学学科的期末测评中始终秉承着"以人为本""以学生发展为本"的思想，不仅重点考察学生对知识的掌握和运用，更重视学生在学习过程中的知识建构和情感体验，对学生发展的各个方面都给予关注，注重发展以激励为主的过程性评价、发展性评价。通过科学有效的形式充分发挥了评价的诊断、导向和发展功能，促进学生科学素养的形成与发展，为他们的终身学习和发展打下了坚实的基础。

一、设计思路

每一次测评，老师们都会反复集中交流，共同研读《义务教育科学课程标准》和小学科学教材及参考资料，对学科知识的重点难点部分了然于胸。在此基础上对测评的内容进行精选并对形式过程巧妙设计，不仅有书面试卷等基本测试，更有实践探究、合作探究、综合探究等多种动手动脑才能通过的形式。我们认识到，教师在学习评价中起着重要作用，但在新课改理念指导下，教师不再是"裁判员""审判官"，而是提供资料辅助，共同参与到测评中的学生科学学习的"引导者""激励者"和"伙伴"。从发展性、多元性、全面性、综合性的角度出发，一些活动还调动家长和学生共同参与其中，将评价的视角更加扩大，延伸到了课外，通过各方面综合设计充分保证了孩子们的多元化参与，最大限度激发每个孩子的潜能，保护和提高孩子们的科学学习热情。我们坚信，只要保证了过程，结果一定不会太差。在这样的测评过程中孩子们也能积极保持学习，不断进步。

二、实施过程

基于以上的设计思路，我们根据各年级学生身心发展的特点和学习内容分别设计了不同形式的测评，第一种是围绕基础的知识点，通过观察生活中的一些常见现象，利用所学的知识进行分析、指认、答辩等，例如，四年级的火眼金睛项目，给出了一些常见的天气类型图片，请学生说出天气，并画出相应的天气符号，既锻炼学生的观察思考力，也促进孩子们灵活运用所学的知识点解释生活中的现象，同时感受到天气符号的重要意义。五年的能言善辩项目通过选取现实生活中一些不同的地形实例，让学生在判断出地形的基础上说明该地形的形成原因，从不同的层次考察了课本上关于地球表面相关的知识，也结合生活中经常会被忽视的现象启发学生将学到的知识灵活运用到生活中同时也充分照顾到不同层次的学生水平，保证他们都有进步。很多学生在观察和思考的过程中感悟到科学就在我们身边，一些积极思考的同学还提出了在之前学习这部分知识时未考虑到的问题，并综合运用所学的知识进行了猜测探究，还有同学提出要进一步研究并整理出一篇小论文（见图4.14）。通过交流，同学们在测评中再一次碰撞出思维的火花，进一步提升了学习科学的热情。同学们都非常喜欢的实验环节，不同于平常"纸上实验"看图考试的测评方式，老师们精选一些重要的实验，为学生们提供整套材料，通过小组合作的形式再一次展开，并对整个实验的过程进行监控和量化评价，学生再一次通过实验操作的加深实验中的要点和注意事项，通过这样的形式不仅加深了知识的运用，也充分考虑到一些平时能准确说出原理但实践能力较差的同学的测试体验，再一次加深对知识的领悟。

关于草原生态的初步探讨

五年二班　　刘涵煦

今年暑假我和爸爸妈妈奶奶一起去内蒙古乌兰布统草原旅游，看到了"天苍苍，野茫茫，天似穹庐，笼盖四方"的辽阔草原，看到了白珍珠般洒落的羊群和舐犊情深的牛群，还看到了万马奔腾的壮观景象（见图1）。

图 4.14

例如，五年级的"小车赛跑"这一项目（见图4.15、图4.16），通过全体成员的合作大家对小车进行了多次改进，有一个小组的一位同学不仅给本组的小车设计了非常漂亮的外观，并且还在小组比赛中发挥了关键作用，这位同学虽然平时考试成绩并不突出，但在实验中表现出的团结和严谨让同学们都对他刮目相看，大大提高了学生学习科学的自信，同时也收获到非常理想的测评结果。另外，对于一些对知识掌握不太好的同学，也给他们机会进行"复活"，在此期间对掌握不牢固的知识点进行学习并最终掌握，顺利通过。

图 4.15   图 4.16

三、达到效果

虽然这样的测评方式需要进行大量的前期准备工作，如对内容的筛选和整合处理，对测评过程和方式等细节点的充分关注、提前预判，对测评标准的提前预设和规范……整个测评内容覆盖面广、持续时间长，但是能感受到学生在这样的测评过程中充分且愉快的参与，思维在不断发生着碰撞、升华、超越，极好的促进了学生学习的主动性，学生们体验到了学习的快乐和成功的喜悦，提升了学习兴趣，表现出的情感更丰富、态度更积极、更自信。同时这样的测评方式也推动教师学生观的科学认识，促进教师对教学的反思。

四、反思改进

就像科学实验一样，任何发现和成功都不是一蹴而就的，需要不断的实践和反复练习，通过观察，结合学生的发展规律和学科特点思考，我发现这样的测评方式也有很对需要改进之处：

1. 需要继续完善评价标准，细化各项细则：对于科学测评过程中一些突发问题应提前有预设，有方案，保证公平和科学。

2. 细化考评的标准，方便考官操作，继续大力发扬学生和家长的共同参与，并且可以参考他们的指导意见作为改进参考并注意资料留存。

3. 在课堂练习、试卷讲解中培养孩子认真审题的能力，教给他们方法，培养他们认真检查的习惯并在测评中充分考虑结合方式。

4. 设计题目要重视引导学生积累生活经验，从学生熟悉的生活情境出发，有意识的引导学生观察生活，留心生活中常见的科学现象和背后的原理，不断积累生活经验。

5. 培养学生自主学习的习惯，学生懂得如何主动利用资源掌握知识；培养学生探究性学习的习惯，使学生懂得如何积极利用知识和资源思考、探索未知的领域；还要培养学生仔细观察、善于倾听、遵守纪律、认真思考、质疑问难、收集信息等良好的习惯。

6. 点滴积累促成江河，平时要督促学生在细致、细心上下功夫，测试中一些操作可以看出平时学习过程基础的不扎实，今后应加大培养学生良好的实验操作意识和习惯。

通过这样多元化的测评方式，孩子们喜欢测评，享受测评，在测评中不断进步成长。就像反思中的几点思考，对于科学学科的评价方式还有很多可执行的方面，我们仍需继续实践探索。未来不是我们要去的地方，未来是我们要创造的地方。在这样的测评活动中，我们才能够高扬创新的翅膀，不断推陈出新，成就着幸福满满的科学之光。

附：刘涵煦《关于草原生态的初步探讨》

类别	科技小论文	班级	五年二班
作品名称	关于草原生态的初步探讨	作者	刘涵煦
作品介绍	作者通过在暑假期间草原旅行的见闻，通过查阅资料以及自己的思考，对草原沙漠化的成因、治理进行了总结，同时独立提出自己的沙漠治理方法。		

关于草原生态的初步探讨

五年二班　刘涵煦

今年暑假我和爸爸妈妈奶奶一起去内蒙古乌兰布统草原旅游，看到了"天苍苍，野茫茫，天似穹庐，笼盖四方"的辽阔草原，看到了白珍珠般洒落的羊群和舐犊情深的牛群，还看到了万马奔腾的壮观景象（见图4.17）。

图 4.17 草原美景

　　但是我们也看到了人工种草的大面积的草原围栏，还有一些部分出现沙漠化的地段（见图4.18），以及在某些地段还发现了大量的土拨鼠，另外草场的草比较矮，并没有看到古代"风吹草低见牛羊"的景象，这些都是我所始料不及的事情。不过我发现在这些沙漠化地区也有正在种植的草苗和树苗。而且我还发现在草原植被上竟然有很多中草药。这引起了我的思考，我决定寻找一些资料好好看看，对草原的生态进行初步的探讨。下面我将从三个方面讲述。

图 4.18 草原沙漠化

1. 草原沙漠化形成的原因

　　我们旅游的乌兰布统草原位于内蒙古克什克腾旗西南部，属于大陆性季风气候，由于近年来旅游项目的开发，距北京仅432公里，有"北京后花园"之称。从查阅的资料显示，这个草原也是京津风沙源治理的重要区域。其中红山军马场和将军泡子，以及后期开发的影视基地，都是人们经常光顾的景点。

　　我在红山军马场看到，整个马场地面都是光秃秃的，从马场到将军泡子的路上，也是植物稀少。所以旅游的过度开发是导致草原沙漠化的原因之一。另外我跟当地的牧民叔叔聊天，发现沙漠化的原因还有几个。比如对于一些地段，如河流、湖泊和古河道及居所附近，由于定点放牧和半定点放牧，牲畜频繁践踏采食，车辆频繁压碾和过度樵采，草场逐渐退化，在沙质草原区使土壤风蚀加剧，进而沙漠化发生并不断发展。而且我们开车每到一个地点，都能发现很多土拨鼠在草地上挖洞，所以鼠害对植被也造成了巨大的损害。总之随着人类活动以及自然环境变化等因素的影响，草原沙漠化始终处于一个蔓延与短暂稳定相互交替的复杂过程中。

2. 草原沙漠化的治理

从查阅的资料中 [1] 发现可以从几个方面防治和治理沙漠化。首先必须严禁在地层为砂质沉积的区域过度放牧或进行农垦。其次保护和利用深层地下水资源。由于牧民往往选择有河流、泡沼的地段或是地下水水位埋藏很浅的地方进行放牧，很容易造成这些区超载放牧。而另一些地区牧草长得较好，但是缺少地表水，并且地下水埋藏深，牲畜数量远远低于合理的载牧量。第三，保护好区内的湖沼、河流。这样既能保持本区的生态平衡，又能防止河湖相砂质沉积进一步扩展。

在农业部发布的《2016年全国草原监测报告》中提到，草原植物资源是草原资源的主体。在人类的生存和发展中，草原植物资源发挥了关键性的作用。根据20个世纪80年代全国草地资源调查结果，草原植物中，可作为药用、工业用、食用的常见经济植物有数百种，如：甘草、麻黄草、冬虫夏草、苁蓉、黄芪、防风、柴胡、知母、黄芩、紫草等。通过搜集整理资料，我了解了几种草原中药材的种植特点和市场分析（典型中草药见图4.19、图4.20、图4.21）。

---

[1] 聂浩刚，岳乐平，杨文. 呼伦贝尔草原沙漠化现状、发展态势与成因分析 [J]. 中国沙漠，2015（5）.

图 4.19　甘草图片

图 4.20 黄芪图片

图 4.21 柴胡图片

3. 保护草原植被之我见

我想，除了以上的沙漠化治理方式外，还可以从以下两个方面来着手。

（1）大力发展草原的中草药种植，增加牧民收入。现在牧民主要靠养殖马牛羊，再从旅游业中增加收入。如果能把中草药种植也发展起来，就能充分调动牧民种植的积极性，有效保护草原植被。以下三种中草药的生长特点非常适合在草原上种植。而且它们除去药用的部分，剩下的部分可以晒成干草，成为牲畜过冬的饲料。

其中甘草是草原上最常见的中草药，本性耐旱耐寒喜光。随着近年来国家启动野外中草药保护计划，草原上自然生长的甘草也属于珍品。甘草亩产达 600 ～ 800 公斤。

紫草多年来价格稳定，并畅销全国中草药市场，而且内蒙古产的紫草备受青睐。紫草适应性很强，一般土壤可生长，没有病虫害，生长一两年可采收。所以紫草也是草原可以重点种植的品种。

黄芪喜欢沙质或半沙质土壤，在全国中药材市场上属于大宗常用品种，还出口韩国、日本、东南亚。黄芪在草原上生长两年可采收，亩产达 300-400 公斤。如果通过种植黄芪绿化荒漠，可以长期发展下去。

还有很多常见的中草药适合在草原上种植，这里就不一一赘述。

（2）我建议把草原中草药培育引进到内蒙古各个小学中去，建立兴趣社团，让我们从小就重视草原中草药培育和种植，对草药品种的改良可以形成长年的延续性观察，对中药发展有良好的支撑作用。这样可以切实保护草原植被，减缓和防治沙漠化。

近年来，国家通过实施草原围栏、补播改良、人工种草等措施，工程区内植被逐步恢复，生态环境明显改善，植被高度和鲜草产量明显增加。我觉得，如果我们能再推行中草药种植，也能有效改善草原植被，防治沙漠化。让我们都行动起来，为草原生态建设出谋划策，建设绿水青山！

类别	科技小制作	班级	五年二班
作品名称	地震仪	作者	刘涵煦
作品介绍	如果地震发生，震动导致摆球的线接触到套圈，使电路导通，蜂鸣器产生鸣叫。		

小学美术

美术也会有测评？如何让每一个学生感受到美育的快乐？如何构建学生的艺术成长档案？如何构建科学的评价体系，让学生了解艺术、开发想象培养更强大的动手能力？

美术教育评价改革的新方式，游戏闯关式测评。画画可以不用画在纸上，彩泥还可以大变身。创意式绘画，开展无限的想象力。你想知道更多的美术小知识吗？在"美术知识我最懂"的考核中就可以更牢固的记住各种艺术大师和名画鉴赏的知识啦！

提高美术素养，开阔艺术眼界，开放式的展评模式，你想走进小学校园里，欣赏一场别具一格的艺术展览吗？想知道如何助力学生提升艺术素养，增加学生的荣誉感与欣赏艺术的实际体验感吗……

莫让"一画"定成绩，快乐测评更多彩

蒋杉

【摘要】美术教育评价改革新方式，湾豆收货季闯关式测评，为学生创设发展空间，寓教于乐。这种评价方式不仅丰富了考评内容、调整评价标准；还增加形成性评价考核，关注学生平时课堂发展，规范学生日常学习态度；对不同的年龄阶段更是有不同的要求，灵活处理设计测评内容，让测评也成为一次学习机会，进一步的提高学生美术素养，开阔艺术眼界。成果展示也采取艺术馆开放式展评模式，创设情境，增加学生的荣誉感与欣赏艺术的实际体验感。

【关键词】评价改革　　形成性评价　　终结性评价　　艺术素养

随着教育改革的不断深化，美术教育对培养全面发展的高素质人才所起到的作用越来越被人们所重视。在美术教学过程中，评价是一个不可或缺的组成部分，在新的教学改革浪潮中，评价被广大教育者重新审视，对其重新注入了新的意义，赋予了新的含义。

一、"湾豆收货季"评价改革新模式

放眼当下，大部分学校的美术期末成绩考核，内容还是较为片面，且形式单一。或者有些并不重视副科的学校，并不设置美术的期末测评。为此，我们站在人文观和发展观的立场上，看待重视评价过程的积极意义，探寻为学生创设发展空间而形成可持续发展的评价方式。我校开展的"湾豆收获季"期末综合测评正是基于此，而开展的对美育评价新模式的尝试。

（一）丰富考评内容、调整评价标准

"湾豆收获季"期末美术测评，不再和往常的美术期末测试一样仅仅单一地让学生根据书本内容，以有主题的一张美丽图画形式出现。而是在设置上，紧贴美术课程的核心目标，并以学生的发展为本，全面考查课程内容所涉及的情感态度与价值观、过程与方法、知识与技能方面的要求。其中我们将评价主要分为形成性评价和终结性评价（实践操作评价、理论知识评价）两大类，进行综合测评，其中实践操作评价为主占80%，理论知识评价为辅占 20%。评价方法也多样丰富，会运用多种方法，如：问答、课堂观察、操作性作品等多方面科学的评价学生。

我们还会涉及学生的美术与相关文化的认识、理解的考察，如每年的美术知识我最懂中，不仅会设置书本中的相关艺术知识，还会涉及课堂中老师科普相关大师作品、名画鉴赏等艺术知识，从知识与能力、过程与方法、情感、态度和价值观等三个维度多方面进行评价。评价内容的设置既强化了传统评价方式中容易忽略的感受与欣赏、创造、表现等内容，还包含了对学生在美术创作活动中的参与程度、合作愿望及协调能力，美术作品的表现与想象能力等评价，有利于真正地实现学生的全面发展。

（二）涉入课堂表现、规范学习态度

"湾豆收获季"期末测评，是定量与定性评价相结合，课堂绘画创作、手工创作与现场知识技能考核相结合，形成性评价与终结性评价相结合，打破了以往单一的笔试"一画"定成绩的考察方式，丰富了美术学科的知识与能力的呈现形式。有利于学生的美术学科素养真正地得到锻炼与提升，以及学习能力的运用，在考核项目中，形成性评价正式一种实时评价学生课堂表现，良好规范学生学习态度的一种评价方式。

学生在每一节课的学习表现，我们都会全程式的进行评价。从课标的标准在感受与欣赏、表现、美术与相关文化、创作等方面中，看学生日常美术课堂活动再进行特定评价，我们还制作了相应的美术课堂记录表，依据学生课堂的表现进行评价，及时用美术记录表记录孩子们每天课堂表现，到期末进行折算，计入形成性评价分数之中。

（三）考虑年龄特征，灵活设计内容

《义务教育美术课程标准》把 评价分为"造型·表现""设计·运用""欣赏·评述""综合·探索"四个学习领域加以描述，然而不同阶段、不同层次、不同能力的学生会有不同的性格和状态，我们不仅按照学科的具体情况，灵活的给予学生不同的评价标准，以及灵活的设计艺术表现的内容与形式，比如低年级学生创新和动手能力较弱，而绘画色彩能力较强，我们在设置测评内容时会相应地选择绘画为主，简易手工创作为辅的测评内容，而中段年级的孩子对手工创新等内容兴趣更大，也更熟练，我们也会相应地在评价内容中进行调整，选择"造型·表现"手工为主，绘画创作为辅的内容考核儿，高年级的学生，技法水平都有了明显的增长，因此在评价内容的选取上，会安排更多倾向于"设计·运用"的相对复杂的内容进行测评，并且在评价过程中，我们还恰当根据学生的学习情况，用心去发现他们的优点和不足，帮助他们取长补短，通过复活创作、找帮手等方式最终让所有的学生都能获得成功的体验，从而增强学习美术的自信心。

由于每个年龄段，学生特征存在差异，在测评内容的选取上我们不仅分段设置，甚至评价比例我们也会相对应的进行调整，如：形成性评价与终结性评价一、二年级分别占比为 40% 和 60%，而三、四占比为 35% 和 65% 五、六年级占比为 30% 和 70%。而其中形成性评价包括课堂表现、美术与相关文化、感受与欣赏以及创造想象。终结性评价包含了主要为表现性测评，活动主要呈现在"湾豆收获季"期末测评活动中展示考核项目，其中一、二年表现性测评占 60%，三、四年级表现性测评占65%，五、六年级表现性测评占 70%。

（四）提高美术素养，开阔艺术眼界

"湾豆收获季"中终结性评价内容中主要分为实践操作评价和理论知识评价。其中实践操作主要以各类不同的艺术作品创作考核为主，而在这些创作考核中，我们设计的内容不局限于课本内，也不单单局限在绘画技能中，传统模式下教师指导学生练习、从练习到练习的机械死板的单一教学模式，已远远不能适应学生对知识的需求和全面发展的需要，甚至在某种程度上遏制了学生的学习积极性、主动性和创造性。我们通

过新模式的评价改革，激发学生学习兴趣的同时，使学生掌握技能要领、拓展艺术视野、增强评价意识、获取理论知识，并在此基础上使其艺术潜能得到开发，创造思维得到发展，艺术个性得到张扬。

因此每一次的测评项目，或是与中国传统的二十四节气、剪纸。年画等传统文化内容相关，又或者与国外名人名画相关联，多欣赏课本中没有的大师作品，让孩子们通过测评项目来更加深入地了解让学生感受到中国传统艺术的魅力，领略更加多姿多彩的艺术文化，开阔孩子们的艺术审美和眼界。

（五）作品创意展览，直观视觉欣赏

每学期在评价项目结束后，学生都会有大量的优秀作品，我们不再单一使用传统方式，在班级进行欣赏展示评价。而是会设置相对应的艺术展区，向布置艺术展馆一样，挑选优秀作品，在校园的公共艺术空间，进行装置和展览，让学生在校也能体会在画廊的氛围和感觉，而荣登展览榜的同学，也可以体会到当小小艺术家的感受，在未来，通过对自己艺术创作作品的解读，也将计为一项目，列入评价考核成绩中。

二、结语

爱因斯坦认为，学校的目标应当是：青年人在离开学校是作为一个和谐的人，发展他们独立思考和独立判断的一般能力，对学习的对象采取研究的态度，这应当始终放在首位，给空间，就是发展，抛弃传统的"一画"论，激发学生参与自我评价的积极性，起到了帮助他们发现自己、发展自己。让学生从别人推着走，强制性上较单一绘画作品，转变为内力驱动，积极参与艺术创作游戏评价模式。给学生机会，在"湾豆收获季"这种游戏新型的游戏型可持续发展的评价方式下，让他们自己去比较、去发现、去反思，成就更好的自己。

参考文献：

[1] 陈慧.莫让"一画"定成绩 [J].《新课程（中学）》，2015（02）.

多材料综合运用的乐趣

——荔湾小学湾豆收获季美术期末测评

徐暄

【摘要】传统的美术课堂内容片面，教学内容单一，学习材料单一，学生在长时间在单一的学习方法内容中容易感到疲倦厌烦，学生的主体体验不佳。本篇从多角度讲述多种材料在美术期末测评的运用。美术课堂内容添加新的材料，激活学生的学习积极性和内在潜力。本篇以美术期末测评为例，展示荔湾小学多元评价的魅力与特色。

【关键词】多元评价　　评价改革　　美术测评　　综合材料运用

素质教育是以全面提高全体学生的基本素质为根本目的的教育，它不仅主张智慧潜能的充分开发，而且主张个性的全面发展，重视心理素质的培养。为能充分关注小学生在美术学科关键能力的学业水平评价路径，坚持"以生为本"，坚持以"促进学生发展"为目的，我校开展了以关注学生的学习过程，与在活动中所表现出来的情感、态度、价值观的期末综合测评——"湾豆收获季"。以学生学习的过程性评价和阶段性的评价改革为突破点，将评价的着力点定位在促进学生综合能力的提高和发展上，使评价激励每一个学生，让学生在测评中收获成长与快乐。

在此我以2019年下半学年的一年级美术学科湾豆收获季为例，讲述如何开展美术类期末测评活动。

一、方案贴身定，测评更贴心

评价方案总共分为两大类，形成性评价来源于孩子们平时的课堂表现，终结性评价是基于一年级美术学科课程标准，设置的两项评价，一是"创意剪纸年画"，二是"美术知识我最懂"。

创意剪纸年画的评价目标是为了让孩子了解中国民间艺术，体验剪纸手工，学习现代剪纸的技法，提高孩子们的审美素养和鉴赏能力。考虑到一年级孩子的学习情况，纯绘画对于一年级的学生显得相对枯燥，绘画基础不好的学生容易产生厌烦、抵触等情绪。手工与绘画相结合的期末测评，即充分考虑到他们的年龄、心理特征及认知水平，又充满了趣味性。测评内容又能引起学生的兴趣，完成难度不会过高导致学生出现为难情绪。

美术知识我最懂是根据本学期美术课讲解的基本知识，准备十道小问题，所有的题目都来源于书本，以教师问学生答的方式进行评价。我们的评价目标不仅是考察孩子们对美术小知识的了解，更是从问答之中发现孩子在日常习惯、上课状态、对学科知识点的理解等来综合性的进行评价。每回答出多少问题，学生获得相应的豆数。还可以根据评选结果，评选"美术知识小达人"整个测评活动让孩子保持自信，调动孩子学习的积极性，让孩子体验学习的过程，努力的价值，保护了学生学习的兴趣。这远远优异于传统的纸笔测试。

二、方案实施困难重重

（一）创意剪纸年画趣味多

实施方式：教师来到本班，讲解美术测评的测评规则，发4开大小的纸，剪纸材料（保证每一位孩子都有自己的材料），教师讲解测评内容重难点，播放剪纸演示视频。

优点：趣味性强，难度低，孩子的积极参与度高，作品完成度高，剪纸与绘画相结合的作品效果好。

缺点：在最开始，我们将作品篇幅尺幅设置为 4 开大小，目的是考虑到孩子剪出来的窗花够大，能够有更多的地方给孩子展示他们设计的细节，增强孩子的动手能力。后期考虑到尺幅太大，孩子完成作品时间较长，容易出现疲倦，厌烦等情绪，后期改成 8 开大小的纸张。这告诉我们，在方案实施的时候应该根据学生的实际情况来合理安排作品尺寸与篇幅，而不是一味的追求效果，要从学生的实际情况出发，坚持"以生为本"，坚持以"促进学生发展"为目的，一味的追求效果是不可取的。

（二）美术知识我最懂

实施方式：教师备好课件，提前一周为学生逐一讲解考试的题目，复习课堂上讲过的美术知识。在进行剪纸年画的过程中，教师点名学生到讲台上单独问答。

优点：小学生识字量还不够准确阅读试卷题目，需要教师念题，问答的方式可以立刻对学生的回答进行打分，不会出现遗漏缺考，教师不需要额外再批改作业，测评结果比较准确，老师也能更好的掌握每个学生的真实掌握情况。

缺点：学生回答问题慢，测评推进慢，一个班整体测完需要花两节课的时间，教师要重复很多次问题，带来了很多负担，效率不高。

三、测评反思价值多

这是我对一年级湾豆收获季的初步尝试，其中在很多地方对传统的考试进行了突破和创新。

作品方面：画面层次更加多原丰富。剪纸与添画相结合的方式，使得原本平面的作品多了一个层次，单层的纸张变成了有窗花和纸张的两层，视觉上更加耐看。缤纷的色彩和油蜡纸光滑的材质相结合，产生奇妙的美学反应。高纯度、花纹丰富的窗花样式和彩铅、蜡笔、水彩笔相结合，画面材质看起来更丰富。这样多元化的作品咱展示的时候有非常强的视觉冲击力，既与学校传统文化元素相结合，有锻炼了孩子的动手能力，突破了孩子对于美术作品单纯是画画的思维。

儿童在绘画或做手工活动的过程中，总是用眼睛观察用脑思考，用双手去参与活动，为了使他们尽快地掌握在造型活动中所必需的各种技能和技巧，就必须训练他们一些专门的动作，并使这些动作尽可能做到准确，有一定的方向性，一定的速度和力度，因为手的活动关系到脑的发育，手指动作的训练对脑细胞可产生良好的刺激作用。

手的动作又是思维活动直接相联系的，信息由手传导给大脑，又由大脑传导给手，手的活动越多，动作越复杂，就越能刺激大脑皮层上响应的运动区域的生理活动，从而使思维活动的水平也越来越高。因此，手的动作对发展思维起着积极的作用。这样的美术期末测评美对于增强儿童手和脑的协调性和灵巧性有很大的帮助。

各种研究表明，人的大脑左右之间功能有很大的差异，这主要表现在二者神经活动的不同方式上，大脑左半球主要是记忆、语言、计算、书写、逻辑推理和求同思维等智力活动控制区域，而大脑右半球则是视知觉、空间关系、音乐、舞蹈、身体协调、直觉和求异思维等神经心理功能的控制中枢。

那种只让儿童注重语言、计算、背诵些外语单词的学习和训练都是围绕着发挥大脑左半球功能而进行的，如果同时注意儿童画画、唱歌、跳舞来加强动作、空间知觉的训练，那么，将有助于大脑右半球功能的发展，这样，对两半球给予同样的磨炼，会有助于他们的大脑发育。

各种事实反复证明，儿童画画，动手制作与学习其他知识不仅没有矛盾，而且会相辅相成，互相促进。美术教育和其他各学科的活动教育有着密切的内在联系，彼此互相促进。常识、语言类教学为美术教育活动提供了认识和理解事物的基础，而美术活动所反映的内容反过来对其他学科的教学活动有复习、巩固和提高的作用。其中需要改进的地方有：

1. 剪窗花对于一年级学龄过于难，要设计适合该学年段的测评。

2. 美术知识我最懂应该设计更合理的测评方式，让美术知识测评既有效率又有质量。

四、结语

人的审美能力不是天生的，而是在后天从小逐渐培养起来的，生活中我们不难发现几乎所有的人没有一个不爱美的，学生也是如此。大自然五光十色的景物和多姿多彩的变化，都能引起儿童的注意，激发他们的审美情感，使他们受到美的陶冶。但学生在日常生活中受到的美育是发散的和有限的。所以，有计划地引导儿童参加美术实践的各种活动，可以更有效地促进儿童对美的表现力、感受力和理解力的发展。在美术教育中，培养儿童积极的观察能力是非常重要的。这一时期儿童绘画的重要特点，就是依靠表象来作画，而表象又取决于感知，感知最重要的一点就是观察，记忆和想象。

例如，教师准备让儿童画一个临摹大师色彩的画，教师首先让儿童观看有关图片信息，并不断地提示他们：你看大师用的颜色是什么样有什么特点，这样就能促进儿童去观察，给孩子们讲大师的历史，那么回来之后，再经过自己的回忆，这样的训练过程同时也发展了他们的记忆力，如果在该动物身边再添上其生存的一些物品，或儿童根据自己的生活经验把这个独立的动物置身于一个自己设计的小环境中，再涂抹上相应的颜色，又使他们的想象力和创造力得到了发展。

美是无处不在的，我们应该充分利用一切可以利用的条件，多渠道，全方位地对幼儿实施美育，才能够促进幼儿全面和谐地发展，以提高未来社会的人才素质，也祝福每个湾豆在有趣的湾豆收获季中都能健康快乐地成长！

小学音乐

　　这个学期的音乐、舞蹈课我们学习了什么？怎样展示学到的知识？你知道音乐课、舞蹈课学完后在我们的生活有什么联系和作用？荔湾小学音乐组老师根据每个学期的学习内容在"湾豆收获季"搭设不同项目展示平台，让湾豆儿们大显身手，展现荔湾学子的综合学习能力。

　　看！"声入人心"项目里同学们大展身手，"没有问题，我都会唱""我还能唱得更好听，更有表现力呢""那我还喜欢吧歌曲唱给爸爸妈妈、爷爷奶奶听呢"，"我是小小歌唱家"就此诞生啦，学生的演唱、综合性艺术表演能力得到大大提升；"音乐风暴"正面来袭！感受与欣赏、音乐情绪与情感、音乐的题材与形式、风格与流派等音乐综合素养能力，这个项目可是说明我的综合表现力更全面啦，"我是小小音乐家"当之无愧！"综合测评显身手"感受与欣赏、音乐情绪与情感、音乐的题材与形式、风格与流派等音乐综合素养能力不一般的我自然可以荣誉当选为"我是小助教"啦！"玩转口风琴"可是荔湾小学的特色项目哦，一至五年级的孩子们从零开始学习口风琴吹奏，年级不同，曲目不同，要求不同，但是大家都以"小小演奏家"的专业身份和专业要求来要求自己啊，我也要是全校中的一分子。"奇舞飞扬"那可是在舞蹈方面很有信心的我积极争取的"我是小小舞蹈家"哦。

　　疫情期间，结合线上教学的实际内容，还有"玩转杯子""我是唱做小能手"等测评项目的开展……请您和我一起去看看音乐教师怎样在湾豆收获季里将这些好玩的测评项目与音乐学科素养与教学、教育理念智慧融合吧！

小学阶段多元评价改革对音乐学科学习的作用

王建玲

【摘要】随着素质教育和音乐学科课程改革的不断推进，小学生音乐学科改革也成为教学改革的重点。在音乐学科众多的改革工作中，小学阶段多元评价改革工作尤为突出，由于旧的、传统的评价体系仍然存在，严重制约了小学阶段多元评价改革工作，严重影响了小学生学习音乐的兴趣、全面发展和课程教学质量的提高。笔者通过分析现阶段音乐学科小学阶段多元评价工作存在的问题，剖析小学阶段多元评价改革对小学生音乐学科学习的作用。

【关键词】小学阶段　　多元评价　　音乐学科

完善和建立小学阶段多元评价体系是小学音乐学科的重点工作，也是音乐学科改革的重要组成部分。只有遵循以人为本的指导思想，深刻认识到当前小学生音乐学科期末学业水平评价体系存在的问题，并进行反思，才能建立一个更加完善的音乐学科小学阶段多元评价体系，为下一步的教学工作提供经验。

一、小学音乐学科多元评价体系存在的问题

（一）对教学目的理解错误

受传统评价体系的影响，很多小学音乐老师在教学的过程中都比较重视课程知识点和技能的传授，忽略了引导小学生去真正感受音乐、表现音

乐和创造音乐。很多小学音乐老师没有意识到音乐学科不是技能和知识培训大会，而是通过音乐教学培养小学生的审美情感，引导小学生去感受音乐。因一些小学音乐教师对教学目的有错误的理解，导致小学音乐老师习惯运用一般学科考试的方式方法对待音乐学科的考试，背离了音乐学科教学的初衷。

（二）对小学阶段音乐学科多元评价不重视

因实践中对小学生音乐学科评价的考查方式没有统一的规定，很多小学音乐教师根据自身喜好确定考查方式，对学生的要求也很不统一，随意性比较大。比如：有的小学音乐教师就直接要求学生在学期末选一首歌来唱，完成期末学业水平考查评价工作；有的小学音乐老师直接根据学生平时上课表现打分，即印象分；有的小学音乐老师则参考其他学科考试的面试进行笔试，分数见高低，等等。长期这样下去，不仅不能够达到培养学生全面发展的目的，还会严重影响学生对音乐学科的兴趣，引起学生对音乐学科的不重视感，认为音乐教学就是随便应付了事的。

二、小学阶段多元评价改革对小学生音乐学科学习的作用

（一）有利于促进小学生的学习兴趣

小学生处在人生的初级阶段，任何一个学科的学习都需要正确的引导，音乐学科也不例外。针对小学生的特殊年龄阶段，兴趣是小学生学习的重要因素之一，对学生的要求不能太高，重点还是应当放在兴趣培养方面，为下一步的学习奠定基础。

小学阶段多元评价改革，涉及老师评价、学生的自我评价、家长评价等多方面的评价，主要依据学生的个人或集体表现，课堂中进行的即时、即兴创编创造，课堂感受与欣赏，课堂上对音乐以及相关文化做出的反应，具有非常重要的导向性功能。引导学生通过音乐学科课堂的学习活动，培养学生的兴趣和好奇心，为学生的应用感受和鉴赏能力、创造力等奠定基础，为小学生下一步掌握音乐表现要素、体验音乐情绪与情感、了解音乐体裁

与形式，初步感受音乐风格与流派等做铺垫，进一步提高音乐综合素质、高尚情操的陶冶夯实根基。把重视知识、技能教育的教育理念换成中是音乐教育本身的审美功能教育，以审美教育为音乐教学的核心，促进学生的学习兴趣，使小学生能够乐学、爱学。

（二）有利于小学老师有目的性、有针对性地不断学习、改进、提高音乐教学质量

根据小学阶段多元评价改革的要求，小学音乐老师在教学中不仅要改变传统单一的评价体系，还要从以人为本的理念出发，针对学生个体进行具体教学，及时调整教学计划，帮助小学生逐步认识自我，逐步建立自信，最终提高音乐教学质量。小学阶段多元评价改革要求，音乐老师要重视过程性评价，关注教学目标、方法策略的制定，构建评价内容多元化。通过多元评价改革，教师在教学过程中能够及时诊断自身教学的问题，并根据实际情况进行及时修改，通过小学阶段多元评价改革，能够及时鉴定音乐老师的教学态度、教学质量、工作能力、专业水平等，对整体小学生音乐学科教学起到监督指导的作用。

此外，小学音乐课教学中不能单纯是传授音乐知识技能，还应当关注学生的思想素质、心理素质、文化和审美素养等，打破传统的以唱一首歌来确定期末学业水平、一张试卷定成绩等模式，允许学生采取多样化的方法来展现自己，主要关注学生正确演唱的能力、简单小乐曲演奏的能力、与他人合作表演的能力，识读乐谱的能力。同时，还应当参考学生参与音乐活动的积极性，运用肢体或色彩线条来简单表达感受的能力，运用音乐与日常生活联系的能力。比如：根据实际上课时数与当下疫情情况音乐学科的担当，分别逐层开展声入人心、一"锤"定音、漫游"星"际、奏创未来、奇舞飞扬、"我是小小歌唱家""我是小小音乐家"等项目，促使学生了解音乐与其分支学科的联系，扩展音乐文化视野，让学生能够更多的展现其在音乐学习过程中的所学、所思、所想。

在学生评价过程中，考虑到低年级小学生的表达能力，可以让学生通过发言的方式对自己喜欢的进行评论，或通过非文字的方式，比如：笑脸、五星好评等方式进行评价。

（三）有利于突出音乐学科学习评价的激励功能

对小学生期末学业水平的多元评价，能够使得小学生在他评、互评、自评过程中，对自己的优点和确定都有一个比较直观的认识，有利于从正反两个方面去激励小学生，能够进一步激发学生学习音乐的积极性和主动性。小学生在学习音乐课程中，心理和精神上得到满足和鼓舞，能够激发他们向更高的目标去努力，适当的正反向评价，能够引起学生适度的紧张感和自信心，不断鼓励小学生勇敢地表现自己，评价别人和让别人评价自己，提高自我肯定度，也透过别人的赞赏激励自己。小学生在音乐学科学习中能够得到充分的鼓舞，有利于学生身心健康，为小学生未来的成长教育奠定良好的教学基础。

三、总结

新一轮的小学阶段音乐学科期末学业水平多元评价改革为小学生音乐教师提供了施展才能的舞台，同时也是小学音乐教师面临的挑战，对当前小学音乐老师提出了更高的要求。小学生音乐老师应当秉承锐意进取的改革精神，认真学习新理念新知识，通过期末学业水平多元评价改革，让小学生不断"树立自信，培养学习音乐的兴趣"，努力达到教学的最佳效果，让社会和家长满意和放心。

参考文献：

[1] 王姗姗. 中小学教育质量评价的误区检视与矫正策略 [J]. 教育导刊，2019，5(04)：16—17.

[2] 杨彩云. 新课程标准指导下的小学音乐课程评价 [J]. 小学时代（教师版），2020，2(01)：142—144.

[3] 张文星. 浅谈教育信息化下的音乐学科教学 [J]. 课程教育研究，2018，11(37)：23—24.

[4] 楼其东. 小学音乐学科期终评价的一点体会 [J]. 中小学音乐教育，2019，13(05)：178—179.

[5] 钱建良. 小学音乐学科的综合 [J]. 小学教学研究，2019，14(02)：66—68.

成长，不止在书本和课堂

——荔湾小学 "湾豆收获季" 音乐学科期末评价有感

黄瑾

时间的车轮晃晃悠悠，转眼，"湾豆收获季"到了第三个年头。初识"湾豆收获季"是在 2018—2019 学年初，那时的我对于"湾豆收获季"还有些不解，学生的形成性评价该如何评定？在已有评价项目的基础上如何开发新项目？怎样让每一个孩子在音乐世界里成为最好的自己？我们能做好吗？

打消疑虑的最好办法就是行动起来！形成性评价如何评定是首要解决的问题，它与学生、与课堂息息相关。以我所教的音乐学科为例，学生的形成性评价包含了学生在音乐学习和课堂中的情感、态度、方法、知识和技能发展等多个方面，而教师则主要采用观察、谈话、提问、讨论、演唱、演奏等方式对学生进行考核。通过形成性评价，教师能够随时了解学生的学习情况，关注学生的人格成长，强化学生音乐学科的学习态度和学习习惯，并着重针对每个学生的不同特点对学生进行音乐学科关键能力的培养。

基于形成性评价的重要性，我们结合学校办学特色，根据湾豆儿们的实际情况，着重对过程性评价表中的每日课堂、倾听与发言进行了深度细化，最终形成了以"感受与欣赏""创造力""音乐与相关文化""表现"四个维度的现行评价方案。同时，为方便学生家长与其他教师共同了解学生的音乐课学习情况，我们请学生家长将过程性评价表打印出来贴在音乐书首页，以此形成了"多学科教师＋学生家长"共同针对性提高学生学习能力的教学模式。针对课堂上表现优秀的学生，教师以画音乐记号、盖荔湾赞、奖励贴纸或班币等方式进行个人或小组加分，在每学期期末进行集中统计后，举办荔湾期末音乐超市为学生兑换相应奖品。

为全面贯彻教育部《义务教育音乐课程标准》及学生核心发展目标，落实学校"教育就是成就"的办学理念，丰富音乐学科的评价考核形式，拓展音乐学科的深度文化。在原有音乐评价项目上，我们增加了一"锤"定音（听歌识曲）、漫游"星"际（乐理识记）、奏创未来（音乐创编）、奇舞飞扬（形体）等项目。该评价内容的设置既强化了传统评价方式中容易忽略的感受与欣赏、音乐创造力等内容，又包含了对学生在音乐实践活动中的参与程度、合作愿望、音乐的表现与创编能力等评价。声入人心、一"锤"定音、漫游"星"际、奏创未来、奇舞飞扬等项目的开发，不仅能够考查学生对音乐与相关文化的认识、理解，还能对学生音乐学习能力、审美情趣的形成以及掌握知识、技能的实际水平等方面的评价进行考察。以此促使学生了解音乐与其分支学科的联系，扩展音乐文化视野。

每学期末的"湾豆收获季"都是孩子们收获的季节、成长的季节。孩子们能收获多少？成长多少？如何才能让每一个孩子在音乐世界里成为最好的自己？

一、尊重差异，培养自信心

"湾豆收获季"以学生为出发点，始终坚持"以生为本"原则。如同世上没有两片相同的树叶一般，每个孩子的智力、性格、知识储备和思想基础不同，所受的外部环境影响和家庭教育也不同，因而形成了各具特色的学习方式，不同的学生学习同一内容的速度及所需要的帮助也不尽相同。无论处在什么年龄阶段、具备何种个性，我们都会赋予学生受尊重的权利。尽量为不同的孩子量身定制不同的评价方式，尤其是多关注有学习障碍的学生。大多数有学习障碍的学生比较自卑，需要老师以融融爱心温暖孩子的心房，因此，在评价方式上我们有针对性地设置了延迟性评价、复活式评价、自主申请式评价。通过不同的评价方式让所有学生找到自己在音乐学科中的"闪光点"，不断赞赏、反复激励，树立、培养学生的自信心，从而更好地激发学生的音乐兴趣。

二、快乐考试，激活创造力

给学生一碗水，教师要有一桶水，教师的主要功能虽不是将拥有的知识简单灌输给学生，但也需通过引导激发学生有所思、有所悟、有所感，从而提高学生探索、创造音乐知识的能力。音乐学习领域中的创造能发挥学生想象力和思维潜能，是学生进行音乐创作实践和发掘创造性思维能力的过程和手段。运用以开发学生潜能为目的的即兴音乐编创活动以及运用音乐材料进行音乐片段创作尝试与练习，我们总会收到如下反馈："老师，考试真好玩，我还想再考一次！""老师，我最喜欢奏创未来这个项目，我满豆！"每每听到孩子们发自内心地说出对于"湾豆收获季"的真实评价，我也会向他们回答"谁说不是呢？很有趣吧？请继续期待下一次的'湾豆收获季'吧。"毕竟爱玩是孩子的天性，而将考试创造性的游戏化、趣味化不仅巩固了课堂所学知识还进一步激活了学生的音乐创造力。

三、自我反思 焕发生命力

诚如开头所述，"湾豆收获季"走到了第三个年头，我们收获、成长，获益良多。毋庸置疑，它会伴随着学校的发展一直走下去。我们在反思收获的同时更需要反思难点、突破点，如何让它更稳、更好、更远地走下去，需要我们不断进行反思。如何让"湾豆收获季"准备工作更细致、评价过程更有序、评价方式更多元、评价平台更丰富都需要我们更多的探索和挖掘、更多的聆听学生心声，因为只有在音乐实践活动中不断反思、完善才能让"湾豆收获季"焕发茂盛、持久的生命力。

教育无小事。于学生而言，"湾豆收获季"是生动有趣的，是将学期所学内容游戏化考试的一次评价；于教师而言，我们期望通过日常音乐课程的学习和引导学生参与丰富多样的艺术实践、测评活动，真正带孩子们探究、发现、领略音乐的艺术魅力，涵养美感、和谐身心、陶冶情操，让每一个孩子感受到成长不止在书本和课堂，更在于感受生活的每一处细节，为让孩子们在音乐世界里成为最好的自己而不懈努力！

开始"音乐测评"，开放音乐之花

——以"荔湾小学湾豆收获季"音乐学科期末测评为例

李玮

【摘要】音乐课程作为义务教育阶段的必修课之一，在培养及提升学生良好的艺术审美和人文素养上发挥了极大的作用。本篇针对多元化评价与实践，以荔湾小学"湾豆收获季"为例，从激发学生主动性、促进学生表现力、培养学生审美感、鼓励学生创造力等四个维度来分析了多元化评价体系与日常教学中实践的成果。

【关键词】新时代　　音乐教育　　多元化评价

"教育就是成就"是由荔湾小学校长李莹所提出的教育理念。作为一个新时代的老师，如何激发学生的自我学习性、如何针对性的指导每一个学生、如何成就自己与学生，都成为我们不得不面对的新难题。相对于"一股脑"向学生灌输知识、一张考卷或一场表演定终身的传统音乐学科教育模式，在新时代教育理念引导下的音乐学科更多需要充分发挥每个教师的作用：教师需要根据每个学生的实际情况，针对性的制定指导及评测方案。结合《义务教育音乐课程标准（2011年版）》中的评价建议，在南山区教育科学研究院冯静老师指导下，荔湾小学音乐学科的"湾豆收获季"评价方案孕育而生。通过制定有趣的测评项目进行测试的方式，激发学生在音乐学科学习的主动性及表现力，从而去培养学生的音乐审美感和创造力。

一、用兴趣激发学生的主动性

《课程标准》的小学学段强调："激发和培养学生对音乐的兴趣；保持学生对音乐的兴趣，促使学生乐于参与音乐活动"。我们如何调动学生的学习音乐的兴趣呢？

在一年级的音乐教学中，在音乐课堂中通过创编，使孩子们能够感知自然界和生活中的各种声音，能够用自己的声音和打击乐器打击出正确的节奏型，将自己所编创的歌词配上乐器进行表演，使每一个学生的音乐潜能得到开发，并在音乐课堂上找到成就感，如：一年级音乐上册《过新年》的这首歌曲，歌曲欢快、有趣，我将多媒体上的图形谱设计成"咚"拍桌子，"锵"拍手，学生可以边唱边打节拍。这种活动设计运用奥尔夫教学法中嗓音、声势、图形谱相结合的方法，我还尝试将奥尔夫乐器带进来，像双响筒、手摇铃、铃鼓、响棒，等等，让学生选择乐器，为歌曲伴奏，提高学生的乐感与节奏感的同时，也学的有趣，更"乐"于主动学。

二、用评价促进学生的表现力

第斯多惠说过："教学的艺术不在于传授本领，而在于激励、唤醒、鼓励。"有极个别孩子比较内向害羞，他们更喜欢集体展示，我通过全班、小组、自由组队的方式进行合作表演，给予她一个善意肯定的眼神、亲切的笑容，经过一段时间的成长，这些孩子更自信，也更善于表现自己了。

（一）学生交流式的互评

在课堂创编阶段，开展简短的"小小湾豆歌唱家""小小乐器表演家"等活动。让孩子们以小组为单位，在活动中树立自信心，克服紧张心理，请同学们做评委，让他们在评价中提高对音乐的感受与欣赏能力，提升自我表现力。评价方式为自评、他组评和教师评价，表演过后，请欣赏小组成员以"我欣赏……我建议……"的方式表达。

（二）反思式的自评

在表演小组展示过程中，要求欣赏小组的各小组长管理好本小组学生纪律，表演小组和欣赏小组分别有表演分和欣赏分，表演分和欣赏分会折算成荔湾赞，每表演一次盖一个荔湾赞。表演组的同学可以自我点评优点与不足，如果课堂表演中，欣赏组的同学在吵闹，则可以在展示后请欣赏组的同学进行自我反思，相应的"贴纸"或"荔湾赞"可以进行扣除。

（三）过程性评价和终结性评价

我在学生自评、互评的基础上，进行有针对性的评价。评价中我通过在音乐课堂评价表上"盖荔湾赞"或者是"贴贴纸"的方式进行综合性评价，过程性评价包括感受与欣赏、表演力、音乐与相关文化的掌握程度以及创造力，针对不同学生的特长进行评价，期末计算相应的贴纸数量和荔湾赞。期末测评则通过制定每学期的演唱、音乐素养、表现力进行考核。

三、用爱培养学生的审美感知

学生的世界是充满感性的，而音乐的魅力就在于传递作品的魅力，从作品的形式到歌词内容的整体审美感知、体验和领悟去表现作品的形态，律动是无声的语言，在平时的课堂中，重视他们的体验，通过各种音乐活动，在游戏中感受和体验音乐的力度、节奏、旋律线，从而在测评和课堂中，促进学生审美力的发展。

四、用体验鼓励学生的创造

教师的鼓励会给孩子们带来满满的能量，每一位学生的潜力都是无穷的，"罗森塔尔效应"就是当老师把学生当作聪明的学生，并且用对待聪明学生的方法对待他们时，这些学生就会成为聪明的学生，教师的眼里就无"差生"可言。

五、结语

  在音乐课堂中，重在学习的过程，教师对学生的正向鼓励与引导，可以点燃学生学习音乐的热情，如果孩子音准不好，我们可以这样说："宝贝，你的节奏感真好，你再认真听一听，你的音准也会更棒的。"如果孩子对音乐学习没有兴趣，我们可以不断引导，发现他的闪光点再加以点评，因势利导地肯定，也会促使孩子对你任教的学科产生兴趣。曾经有一位导师告诉过我，要给孩子贴上"好标签"，学会赏识学生，他才会打开内心，向你靠近。

让评价更"给力"

——小学音乐期末多元评价的探究

张赛勤

"假如我们能在一个孩子身上唤起对音乐的一种强烈的热爱，假如我们能把这种兴趣延长若干年并且稳步地把它提高到更高水平的话，那么即使他永远成不了一个文艺名家，他也将通过音乐找到他个人的幸福！"这是美国著名教育家穆塞尔和格连在其《中小学音乐课教学法》中的一段话。是的，音乐就是这样的一种美的艺术，而作为一名音乐教师在音乐期末测评中该如何不断探索、研究更适合孩子的测评方式、方法，才可以让学生享受音乐，成为终身爱好音乐的快乐人呢？

音乐教学要测评一个学生的全面发展，光靠一首歌曲，一个舞蹈是远远不够的。有的学生唱歌跑调，可是乐器演奏或舞蹈特别棒，所以学生在音乐方面的发展情况是多元化的　，因此，我们对学生的评价手段也应该是多元的。根据加德纳教授的多元智能理论，结合《义务教育音乐课程标准（2011年版）》我们在实践中积极探索了过程性、主体性、终结性。

我们是怎么做的呢？搭建多元化展示平台，完善"湾豆收获季"音乐素质评价制度。借助于比赛、表演、项目式展示等不同平台采用多元化的评价方式，特别强调过程性评价，通过自评、互评等评价方式，更好地激发学生在特色项目学习中的主体地位，激发学习热情，完善"湾豆收获季"音乐素质评价制度。

案例片段：

本学期我们展开了"幸福抗疫在云端家庭音乐会"活动，孩子们通过录制视频展示自己的才艺，在这个过程中我发现了很多平时不怎么起眼的孩子，原来他们的歌声是那么动听，于是在以后的教学中我进行有针对性的教学，多鼓励他们歌唱，并且通过歌唱来培养他们活泼开朗的性格。前段时间，"中国童话节"有个小歌手比赛，我选了二年级中几个有唱歌天赋但性格比较内向的孩子，鼓励他们积极参加比赛，并且适时地给予指导。结果出乎意料，三个孩子全部通过初选，冲进复赛，获得银奖和铜奖的好成绩，虽然没有拿到金奖，但我知道，那定是为他们下一次的进步做好铺垫，获得好成绩的同学也信心大增，更加热爱音乐了。

通过云端音乐会表演的方式，我发现了有许多埋没的"小小歌唱家"，接下来在上课过程中多关注他们，并让他们在比赛中获得成功的体验，让他们更爱音乐。两种方式的结合，即达到了鼓励学生的作用又起到了测评的作用。

特殊时期我们无法开展口风琴教学，未来我计划继续在现有的"湾豆收获季"增加口风琴测评项目。原因是长期的教学实践让我们深深感受到，音乐课仅仅学唱歌曲、欣赏乐曲远远满足不了学生们的求知欲望，精通一门小乐器能带给学生们综合能力上质的飞跃。根据我校学生的现状和特点，应因时、因人制宜课堂乐器主要在穿插在音乐课堂中进行，对二年级新生进行为期一学期的科学、系统训练，使学生愉快、轻松地掌握口风琴的演奏技巧和方法。

课程评价采用多元化的评价方式，通过自评、互评等评价方式，可以更好地体现学生在口风琴学习中的主体地位，激发孩子的学习热情，让他们享受学琴的乐趣，充分发挥器乐教学评价的激励、调整、反馈功能。

学生交流式的互评，通过组织一些"小小演奏会""作品欣赏会"等活动，让孩子们在活动中树立自信心，克服紧张心理，请同学们做评委，让他们在评价中提高对音乐的评价和鉴赏能力。

反思式的自评，让学生在展示后听完同学对自己的演奏评价后，从旋律、节奏、演奏表现等进行自我反思，总结成功经验，反思存在不足，从而更好地调整自己的演奏行为，提高自己的演奏水平。

综合式的教师评价，教师在学生自评、互评的基础上，进行有针对性的评价。一月一次对孩子音乐成长袋中的"演奏技能形成卡""表演才能形成卡"进行综合性评价，写上激励话语和建设性意见，评选"欣赏大王""演奏新星""小小演奏家等"来鼓励学生。

"湾豆收获季"评价的启示：

音乐测评方式要讲究多样性，我认为音乐教学是为了培养学生对音乐的喜爱，不是为了培养音乐家。音乐课堂教学的评价方法要多样化，切忌单一化。　所以二年级学生使用"声入人心""音乐风暴"测评方式更不是独立的个体，而是要根据学生的学习情况相互融合，多样性使用。

音乐期末测评要讲究时效性，曾经看过这样一句话："信息反馈越及时，教育的效果越好。"为了使学生始终保持积极向上、不断进取的精神，为此测评一定要及时，才能取得良好的效果。小学生在学习音乐的过程中，由于其自身特点的因素，存在着共性和个性的不同。我们要把过程性评重复利用起来，在平时上课过程中及时测评，及时反馈。

音乐测评要讲究公正性，不公平的测评会拉开师生间的距离，使学生对教师产生隔阂、冷漠、消极甚至反抗的情绪。有时，还会引起班里其他同学的冷落、孤立，使学生精神上受到伤害。所以，教师要公平、公正地对待每一位学生，不偏爱优秀学生，不冷落后进生。

教师只要本着"一切为了每一个学生的发展"的理念，用爱心正确评价，那么，激励性评价将会是恰如其分的表扬、充满关怀的批评、满怀希望的 鼓励，学生的多元潜能才能得以开发，才能张扬个性，和谐、自主、全面地发展。

小学体育

　　君可曾见一群阳光灿烂、活力无限的孩子跟着节奏鲜明的音乐舞动,脸上充满了愉悦、幸福?这是体育测试项目之"酷炫童年"。"酷炫童年"是学校体育音乐教师自创的由街舞、京剧和交谊舞三者结合的体操运动。

　　可曾见一群追风少年如脱缰的野马,相互追赶、超越,奔跑者击掌欢庆,轮候者跃跃欲试?这是体育测试项目之"风驰电掣"。

　　可曾见篮球场上一群湾豆两人一组,手里拿着跳绳,一人计数,一人试跳,试跳者飞快地舞动着手上的短绳,计数者聚精会神,唯恐漏记?这是体育测试项目之"彩绳飞扬"。远远望去,整个场面如同千军万马疾驰而来,热闹非凡。

　　这就是荔湾小学期末体育测评,终结性评价和形成性评价相结合,全面评价与多元评价相结合,不同的年龄阶段不同的评价标准,因人而异,全面施测,面对期末测评学生们不再是害怕,而是踊跃参加,让我们一起来看看体育学科期末测评的具体操作吧。

多元教学，共增效果

——浅论体育教学多元化的开展途径

杨楚盈

【摘要】当前，我国义务教育阶段的体育课程的基本出发点是促进学生全面、持续、和谐地发展。立足这个出发点，就要求在体育课堂教学中，本着体育自身的特点，遵循学生学习体育的心理规律，探索学生学习体育的行为规律，同时要联系实际，从学生实际出发，综合运用多元化学科知识，创造性地设置合理的教学情景，让学生在情景活动中获得多元化发展，同时在思维能力、情感态度与价值观等多方面得到进步和发展。因此，在小学体育教学中，我们必须从学生发展方向出发实施多元化的教学方法，积极提高学生的体育学习效果。

【关键词】小学体育　　多元化　　教学模式

体育教育作为基础教育内容之一，有助于增强学生体质，提高学生身心健康水平，为学生的健康成长打下良好的基础，是促进学生全面发展的重要途径之一。为提高学生参与体育锻炼的积极性，教师在体育教学中应进一步丰富教学内容，采用多元化的教学方法满足学生的学习需求。在小学体育教学中通过开展符合学生特点的体育学科评价活动，有助于提高学生的学习效果。本篇以学生期末水平多元评价作为测试基准，以风驰电掣50米跑、彩绳飞扬1分钟跳绳、炫酷童年特色广播操以及坐位体前屈四个特色项目为主体，以 50 米跑等基础项目为辅助，给予学生多元性测评，同时拓宽教学方法和教学模式，有效激发学生学习的热情和兴趣，扩展学生学习的视野，使学生感受体育学科的魅力，进而培养学生在日常生活中应用体育学科知识加强锻炼的能力以及树立终身体育意识。因此，体育教师要积极发挥教学能动性，创设更多有趣的教学模式，才能吸引学生参与进来，打造快乐有趣的体育课堂。

一、身随律动，乐在其中

小学体育教学中总会有一些学生既喜欢又惧怕的项目，有的学生比较胆小，想要参加高难度的运动项目，但又害怕身体会受伤，带来疼痛。为了解决这一问题，增强学生参与体育运动的信心，我们可以采用的有效方法之一就是热身主导，以音乐辅助学生参加运动，使学生在音乐营造的快乐氛围中忘记害怕，敢于完成练习。爱玩好动，是儿童的天性。在小学时期的学生，兴趣广泛，好奇心强，坐不住冷板凳，喜欢探究新奇事物，常常以直接兴趣为动力去做自己想要做的事情。这就要求体育教学应从学生的兴趣特点出发，选择适合其参与的运动项目，采取热身＋音乐的形式，寓教于玩，寓学于乐，这样既能增强学生参加体育活动的兴趣，又能在娱乐游戏中体现体育教学内容，达到体育教学目的。例如在进行日常跑步练习时，如果学生单纯是跑步的话，等时间一长，就会产生厌倦的心理，也不会认真去进行重复性的跑步动作。因此，教师可先按音乐节拍做热身练习，用音乐的音量高低、开始暂停去变换动作形态，控制一定运动量，改变单一的运动形式。如音乐开始时即起跑，音乐节奏快时，学生可以跑快一些；节奏慢下来时，学生也可以放慢脚步，让学生跟随着音乐的节奏去热身、跑步，将简单的跑步赋予更多的趣味性内容，使学生在跑步中不会感到枯燥厌倦。由此可见，多元化复合型的体育教学模式更能刺激学生的参与兴趣，增加练习的乐趣。

二、分组互补，团结互助

为了在满足教学要求的同时，提高学生的学习积极性，我们可采用分组教学法。分组教学法体现了小组内各成员之间的配合与协作，可以起到集思广益、凝聚力量的积极作用。具体的分组方式如下：一是自由结合的分组。在体育教学中，改变过去一般按男女、高矮分成四组的形式，让学生自由组合，但组合的人数不宜过多，以七人一组为佳，从而让兴趣一致、关系良好的学生结合在一起，更容易营造一种愉快和谐、团结互助的课堂气氛，增强小组的凝聚力，有利于体育竞赛的顺利进行。二是互帮互学的分组形式。在教学中，由老师根据学生身体素质及对体育动作、技能掌握程度的不同，按照互补互助的原则调整小组成员的组合，适当安排优秀和稍差的学生在同一个小组，鼓励他们相互帮助与学习，营造积极互助的学习氛围，促进学生之间融洽相处。

三、因材施教，分层兼顾

长期以来小学体育教学由于受到班级授课制的束缚，教师从备课、授课、辅导、考察到评价，很难尊重各个学生的差异性，因此极大地限制了学生的学习积极性。目前，小学体育课堂教学面临的一个难题就是如何科学地对待学生之间客观存在的差异，如何全面提高学生的身体素质，实现教学素质化目标，同时又使体育教学能够适应学生的个体差异。我们认为，首先应当重视学生差异的存在，开展课堂分层教学研究，针对学生的特点，满足不同学生的心理发展需要，在班级授课中把集体教学与个体化教学结合起来。体育教学分层的依据是学生个体的差异，根据学生个体的差异设定课堂教学目标，课堂教学分层目标要求教学必须采取与学生学习可能达到的水平相适应的方法进行分层施教，面对高运动水平的学生可以增加运动难度与强度，但面对身体素质与运动能力较差的学生则要考虑其身体承受力，适当减少运动量，降低运动难度，同一个教学内容要根据学生的实际情况划分不同层次的教学目标，这样才能从整体上推动学生的进步。

四、游戏教学，其趣无穷

游戏是一种规则宽泛、有一定弹性空间的运动，可以自由调整动作的难易与数量。在体育教学中，游戏与教学结合是一种常见的教学方法，也是一种比较受学生欢迎的教学方法，例如双人摇绳跳，只规定不能踩死跳绳，而进出的方向、跳动的次数均不加限制；"三个字"游戏规定在一定范围内运动，而跑直线还是折线、曲线，是急停急起还是跑跳结合均不加限制，只要跑动者不被围捕者逮住即可。体育课中使用游戏法，可以激起学生的运动兴趣，提高学生的运动热情；但如果学生过于活泼好动，又必须保证教学任务的完成，这时可采用集中学生注意力的游戏，以游戏规则来约束学生的行为，如基本的身体素质训练在长时间的练习中容易显得枯燥乏味，可用游戏法进行调节，通过游戏转变一下运动的形式，多形式、多途径开展运动，使学生感受体育运动的多种乐趣，在运动的趣味中增强身体素质。

五、多元评价，全面了解

评价是各学科教学中常用的教学方式，通过对学生学习行为作出科学的评价，以指导学生及时纠正错误，使学生养成良好的学习习惯。在以往采用的小学体育教学评价方式中，教师并不关注学生参与学习活动的过程，只根据学生期中或期末达标测验的成绩来对学生进行评价。这种评价方式是片面的，并不能全面了解一个学生的学习情况，教师容易忽略了学生自身客观存在的身体素质、体育学习能力以及身体形态等诸多方面的差异，以至于身体素质与学习能力基础好的学生往往能够不用认真学习、锻炼就可轻易达标，无法充分调动其体育学习的积极性；而身体素质与学习能力基础差的学生虽然付出了很大的努力，但也很难取得理想的成绩或者很难达标，以致严重影响了其进行体育学习的信心，降低了其参与体育锻炼的积极性。

小学体育课堂想要实现真正意义上快乐学习的教学效果，就必须从提高学生的学习兴趣入手，而学生的学习兴趣需要通过丰富有趣的课堂教学去实现。在小学体育教学中，我们应注重课堂教学方式的多元化，充分利用好小学体育课的时间，创设适合小学生参与锻炼的教学方法，并丰富体育课堂的学习内容，在传统体育运动项目的基础上进行创新，构建和营造快乐体育课堂氛围，培养学生对体育课的兴趣，从而带给学生新颖有趣的学习体验。

参考文献：

[1] 宋旭 . 中小学体育教育开展状况评估体系研究 [J]. 吉林体育学院学报 ,2014(03).

[2] 孙鑫 . 中小学体育教育中体育保健教学的运用效果研究 [J]. 当代体育科技 ,2015(17).

[3] 殷丹 . 对中小学体育课程改革的再思考 [R].2009 第十届全国中学生运动会科学论文报告会暨第五届中国学校体育科学大会

[4] 赵晓刚 . 重庆市中小学体育与健康课程改革现状调查 [R].2009 第十届全国中学生运动会科学论文报告会暨第五届中国学校体育科学大会

[5] 刘谋新 . 构建培养学生终身体育意识与能力模式的研究 [R].2007 第四届中国学校体育科学大会

多元评价对小学体育的启发

温 馨

【摘要】随着时代的一天天发展，教育改革不断深化。在素质教育的要求下，教育的评价标准发生了很大的变化，评价不再只看学生的成绩，而是向着多元化的方向发展。在这种评价体系的要求下，教师更要关注学生的个性差异，满足学生的各项需求。学生能够全面发展是体育教学的最大目标，学生整体能力的提高，可以展现体育教学功能的有效性。

【关键词】多元评价　　全面发展

随着新课改的进行，教学评价成为教学过程的关键环节，它对新课改的实施有着重要的作用，根据现代教育理论：评价是维系教师与学生关系的重要纽带，课堂评价要讲究对学生的整体评价，要全面考察学生的学习情况，激发学生的学习热情，促进学生的整体发展。新时代党和国家的教育大政方针是为建设有中国特色的社会主义事业，大力培养合格的劳动者和接班人，这就是我国教育事业发展的"初心"。我们必须坚持"不忘初心"，"一切为了孩子、为了一切孩子"，不忘初心坚持多元评价，切实提升学生综合素养。通过认真践行《湾豆收获季》，结合自己工作经验教训，进行理性思考，现将自己的经验总结如下。

一、期末收获季的评价模式

（一）评价目的

通过开展符合学生特点的体育学科评价活动，激发学生学习的热情和兴趣，扩展学生学习的视野，感受体育学科的魅力，培养学生在日常生活中应用体育学科知识和终身体育意识。

（二）评价依据

观测落实健康第一的指导思想，切实加强学校体育工作。促进学生积极参加体育锻炼，养成良好的锻炼习惯，提高体质健康水平。

根据《国家学生体质健康标准》的要求对在校学生从身体形态、身体机能、身体素质和运动能力等综合评定学生的体质健康水平，是促进学生体质健康发展、激励学生积极进行身体锻炼的教育手段。

根据《国家学生体质健康标准》划分为以下组别：一、二年级为一组，三、四年级为一组，五、六年级为一组。

根据学校特色课程的开展和学生个性发展，激发学生学习的热情和兴趣，感受不同体育运动的激情和魅力，给学生们提供锻炼能力的机会和展示才华的舞台。

（三）评价方式

本评价方式分为两种形式，分别是形成性评价和终结性评价。

1. 形成性评价

每日课堂：根据学生的课堂表现，建立评价表格；每天（或每次）课后进行评价；每月一次贴在学生课本第一页；定期进行统计，与家长反馈；期末根据获赞总数进行折算。

每日练习：根据学生课堂作业完成情况，建立评价表格；每天进行记录；定期与家长反馈。

小组合作：根据学生参与小组活动的具体情况进行评价。

兴趣特长：参加体育类荣誉社团的同学加1分；体育竞赛；参加市级比赛获奖每项加2分，区级比赛获奖每项加1分，校级比赛获奖每项0.5分。

2. 终结性评价

风驰电掣（50米跑）：50米跑是测试学生速度、灵敏素质、爆发力及神经系统灵敏性的发展水平。

彩绳飞扬（一分钟跳绳）：跳绳是一种全身运动，锻炼心肺功能和全身协调性也可以让人体各个器官和肌肉以及神经系统同时受到锻炼和发展，跳绳时候的全身运动及手握绳对拇指穴位会造成刺激，这会大大增强脑细胞的活力，提高思维和想象力，同时还检测耐力。

酷炫童年（广播操）：在广播体操运动中，不仅全身大块肌肉要保持一定的张力，甚至连平时锻炼很少的短、小肌肉群也发挥作用，检测身体的协调性和节奏感。

荔湾力弯（仰卧起坐）：检测腰腹部肌肉力量，提升有氧运动的能力，刺激腹股沟肌肉群改善血液循环，检测平衡和协调性。

耐力之王（50米×8）：检测速度、耐心、协调等能力的发展以及检验学生克服困难的能力。

王国竞争（国际象棋）：考核时坐姿端正，遵守行棋规则和下棋礼仪，检验同学们这一学期棋艺的进步与否。

坐位体前屈：测量在静止状态下的躯干、腰、髋等关节可能达到的活动幅度，主要反映这些部位的关节、韧带和肌肉的伸展性和弹性及身体柔韧素质的发展水平。

（四）评价结果

表 7.1 一（1）班期末测评结果折算表（体育）科节选

形成性评价（70%）						终结表现性评价（30%）						总分	等级
每日课堂	每日作业	小组合作	兴趣特长	总豆数	折算成绩(70分)	跳绳	50米	广播操	王国竞国王	总豆数	折算成绩(70分)		
4	5	5	5	19	66.5	5	3	4	5	17	25.5	92.0	A
4	5	5	5	19	66.5	5	5	5	5	20	30.0	96.5	A
2	5	5	5	17	59.5	2	3	3	5	13	19.5	79.0	B

（五）评价分析

1. 主要成绩：课堂上排队，快静齐，不打闹；小组合作认真练习，踊跃提问；玩游戏时积极配合，气氛良好；认真完成老师上课布置的任务，可以与老师积极配合。

2. 存在问题：纪律遵守方面，还需要反复强调，个别学生要加强纪律意识的提升；技能方面，部分学生跳绳不太连贯，广播体操的动作不太熟练；在玩游戏时每个学生都很兴奋，但课堂纪律需要再强调一下。

3. 改进措施：教师要加强对学生的管理不清楚游戏规则的同学；要求同学们天天跳绳和做广播体操，养成爱运动的好习惯；教师在讲解游戏时可以找学生出来示范，清楚游戏规则。

二、设置合理的评价目标，促进学生的健康发展

在进行评价的过程中，不仅要关心学生掌握的知识和技能的情况，还要看他们是否提高了身体素质；不仅要重视学生发现问题和解决问题的能力，也要关心学生的情感变化；不仅要关心学生的学习结果，还要关心他

们的学习过程；不仅要考虑学生的个体差异，也要保护他们的自尊心。

总之，教师的评价目标要设置得合理，不能只以笔试的分数为主要着重考察学生的理解和运用能力，让他们明白学以致用的道理。合理的评价目标是促进学生身心发展的手段之一，学生身体素质各异、能力各异，性格各异，对知识理解和掌握速度各不相同，老师要注意学生的这种差异，为学生设置合理的评价目标，引导他们努力学习。

三、利用评价语言的启发性，激发学生的学习情感

教师的评价一般以语言的形式出现在学生面前，所以教师的语言不能太随便，有的时候太生硬语言不能激发学生的学习情感，让他们更好地投入到体育学习当中，对于小学生来说，一些激励性的语言能够引导学生积极主动地参与到体育活动中去，顺利地完成体育教学任务。

例如，在进行跳绳教学时，学生们容易出现这样一个错误：小腿后踢，跳绳出现间断，对教学效果非常不利。面对这样的情况，我除了做正确的动作示范，也会用一些激励性的语言鼓励他们继续练习。学生的信心建立起来了，学动作自然也就大胆也顺畅了很多。

评价语言除了要具有启发性，教师的语言还要真诚和蔼，否则学生不能感到教师的亲切和真挚，就不会有学习的热情，更没有成功的自信，体育教学效果肯定会不好。

一切评价只是手段，目的是促进学生全面健康的发展，在新课程理念的指导下，我们一定要关注学生的学习潜能，促进学生的整体发展，在评价过程中不断探索，不断总结，不断优化发挥评价在小学体育教学中的作用，展现评价的有效性。

对于学生的学习引导来说，评价是重要的手段，也能够最大深度地提升学生学习效果的有效方式。对于学生学习过程的正确评价能够引导学生学习的方向，对于他们的学习生活能够起到很大程度的激励作用，同时能够帮助他们对自身的学习进行总结，深入了解自身所学习到的知识。而在学习的过程中，一个适当的评价能够在很大程度上促进学生心理的变化，

让他们充分体验到学习的乐趣。因此，多元化的评价能够最大程度照顾到学生的心理情绪。同时一个适当的评价能够发挥诊断作用，在很大程度上避免学生踏入思维误区，让他们能够不断反省自身的缺陷，形成一种自我学习的能力。评价是一面镜子，学生能够通过评价，对自身的学习过程进行全面的了解，同时对自身的学习过程做出一个准确的判断，从而不断优化自身学习过程，实现自我进步的目的。

参考文献

[1] 宋清芳. 浅析小学体育教学的学习评价策略 [J]. 亚太教育，2019(07)：143.

[2] 姚勇. 浅谈体育学习评价中存在的问题及对策 [J]. 安徽文学（下半月），2008，(3).

小学信息技术

　　知识卡片抽一抽、过往经历聊一聊……荔湾小学信息技术学科到了学期末会一反常态，孩子们将不再对着电脑"考试"，而是与老师面对面地坐着，以"抽盲盒游戏"的形式抽取"考试题目"开启话题，进行"信息知识我来答"测评项目，话题涉及网络陷阱、信息真伪辨别方法、使用电脑习惯养成，等等，孩子们口若悬河，滔滔不绝地向老师展示着他们的知识储备。为了好好给老师"上一课"，孩子们四处收集信息，做好了充分的准备，甚至有三年级的学生提前请教了爸爸妈妈如何上网查找资料，又获取了一项新技能。信息技术学科穿越时空长河，回到教育原点，用最原始的谈话法开启测评项目，极大地提高了学生对期末测试的兴趣与期许，在评价学生信息素养的同时，进一步促进了信息素养的发展。此外，信息技术学科还设置了其他测评改革项目，针对不同学情、年龄情况，做到了个性化部署，评价改革进展地如何？请您接着往下看……

信息素养导向下的多元化评价实践与探究

——以"荔湾小学湾豆收获季"信息技术学科期末测评为例

郑雅楠

【摘要】多元化评价改革切实学生全面发展的目标，根据信息技术学科特性，为培养学生信息素养，激发学习兴趣，使评价真正起到激励和导向的作用,本篇针对多元评价法在期末测评中的应用进行分析和研究,以"荔湾小学湾豆收获季"为例，首先深入地分析了信息技术学科信息素养开展评价的意义,接着分析了目前信息技术学科评价体系存在的主要问题;然后,介绍了信息技术学科多元化评价体系的具体实施方法。

【关键词】小学信息技术　　多元化评价　　信息素养

教育目的最终能否实现、教学能否顺利地发展，教学评价是一个非常重要的衡量依据。传统的评价方式以教师评价为主、考试为中心，一考定终身，这种固定的单一化评价手段限制学生的自身发展，更降低学生学习的兴趣和积极性，分数制的教育削减了学生的创造力和个性的发展，单一地吸收和固定地输出，使得学生的学习单调且枯燥，无法发挥出自身潜力，更不利于学生自信的培养，所以，建立多元化评价体系是教学实施中不可忽视的要点。结合国家新形势下提出对学生信息素养的培养目标，荔湾小学信息技术学科开展了一系列评价改革的探索，基于三年的实施历程，做出进一步的思考与探究。

一、基于信息素养导向下开展评价的意义

当前的中国正处于一个前所未有的高速发展阶段，大数据、云计算、人工智能席卷全球，信息化时代来临了。在新浪潮的席卷下，提升小学生信息素养对实现促进人的全面发展至关重要。

（一）信息素养顺应时代发展

科技的创新推动了社会的发展，我国正由工业社会转型向信息化社会，不仅是科技高新企业的蓬勃发展，在荔湾校园中也引进了许多信息化设备设施，如一体机普及、荔湾云存储、安保系统、互联网＋校园环境等，信息化已深入各行各业，成为新时代的标配，因此，应对信息化环境下的生活、学习、工作要求所必须具备的核心素养之一，提升小学生的信息素养能促进教育现代化，增强学生的国际竞争力。

（二）具备信息素养是学生的内在需求。

为了更好地适应未来社会环境，信息素养是学生不可或缺的一部分组成。大部分学生对手机、电脑等电子产品并不陌生，甚至有学生在入学前就会使用手机，因此如何快速、高效的收集、提取信息，如何甄别信息真伪等能力是学生发展的内在需求。

（三）提升信息素养是新形势下的政策要求。

《2012 年 3 月，教育部颁发了《教育信息化十年发展规划（2011—2020 年）》，规划明确指出要帮助所有适龄儿童和青少年平等、有效、健康使用信息技术[1]。2017 年 1 月，国务院印发了《国家教育事业发展"十三五"

---

[1] 中华人民共和国教育部．教育部关于印发《教育信息化十年发展规划（2011—2020 年）》 的 通 知 [EB/OL]. http://old.moe.gov.cn/publicfiles/business/htmlfiles/moe/s3342/201203/133322.html，2012-03-13.

规划》，提出"加强对学生科学素质、信息素养和创新能力的培养"这一主要任务[1]。此外，国家中长期教育改革和发展规划纲要（2010—2020年）》提出"为每个学生提供适合的教育"。为实现这一目标，深圳市教育局在国内率先出台《关于进一步提升中小学生综合素养的指导意见》，提包括信息在内的"八大素养"提升为素质教育的主要任务[2]。

二、创设多元化评价体系的具体策略

（一）信息技术学科建立多元化评价手段的意义

信息技术学科作为综合实践活动课程之一，其特点是实践性、开放性、自主性和生成性的，学生需要积极地通过亲身经验，在一系列活动中发现和解决问题，学习方式更提倡个性化和学习体验的过程，因此更多的是一种探究性和开放性的学习模式，单一形式的考试只能检测记忆类的知识，对于操作技能和信息素养的考核几乎无法涉及，而多元化评价则是根据学生个体差异及多样的评价内容，充分衡量教学是否达标。这种多途径的评价方法可以有效降低学生的心理负担，并且能鼓励学生发挥所长，更好地理解授课目的，激发他们情感、意志、毅力、兴趣、自信等多方面的非智力心理因素，这些心理因素是提升学生学习动力的保障[3]。荔湾小学将评价的目的定位于让学生喜欢评价，激发每个学生的潜能，

---

[1] 中华人民共和国中央人民政府.国务院关于印发国家教育事业发展"十三五"规划的通知 [EB/OL].http：//www.gov.cn/zhengce/content/2017-01/19/content_5161341.htm，2017-01-10.

[2] 中华人民共和国教育部.教育部关于印发《教育信息化2.0行动计划》的通知 [EB/OL].http：//www.moe.gov.cn/srcsite/A16/s3342/201804/t20180425_334188.html，2018-04-18.

[3] 黄勇.多元评价法在高中信息技术教学中的应用 [J].科教导刊（上旬刊），2013，12：101—102.

从而实现成就更好的自己，所以，建立多元化评价手段不仅是巩固教学成果，提高学生学习兴趣的保障，更是素质教育进一步提升发展的基础。

（二）多元智力理论及启发

1983 年，美国教育家、心理学家霍德华·加德纳出版了《智力的结构》，书中提到，每个人必需的能力包括语言智力、数理逻辑治理、音乐智力、空间智力、人际交往智力和自我认知智力，他认为，评价学生应该从多角度，这八种智力在地位上是一样的，不分轻重，学生可以利用自己的优势智力发展其他智力，从而得到全面的发展[1]。因此，笔者认为，在评价学生时，要做到因人而评，促进学生潜能的开发。同时，评价的目的是让学生意识到自己的优势，并且激发其学习兴趣，从而带动其他方面的发展，教师应制定不同的教学目标，对不同的学生进行不同标准的评价，以鼓励学生发展成为更好的自己。

三、荔湾小学测评体系的构建和实施

（一）梳理评价体系存在的问题及解决办法

1. 主体地位被忽视

在过去的小学教育评价中，整个评价过程并没有学生的充分参与，学生处于被动的学习、被动被评价的地位[2]，评价标准统一，采用考试、分数的形式评定学生，教师有绝对威严，在评价中占绝对主体地位，轻

---

[1] 屈胜春. 多元评价法在高中信息技术教学中的应用研究 [J]. 中国教育技术装备，2014，11：72—73.

[2] 贺艳辉. 多元评价法在高中信息技术教学中的应用研究 [J]. 考试周刊，2014，27：114—115.

视学生的自我评价，忽视了学生应该是教育评价中最大的受益者。因此，在湾豆收获季中采用课内评价与课外评价并驱，课内评价由师评和小组评价完成，课外评价基于学生的社团活动参与程度与信息类参赛情况，由学生自评与同伴互评组成。多元评价主体不仅更客观、全面地反映了学生真实的表现情况，更激励了学生积极参与到竞赛中，做到学以致用。

2. 评价内容片面化

过去的评价基本上都是只看重学生期末的考试成绩，并将成绩的高低作为评价学生学习情况的唯一标准。这种方式只注重学习结果，忽视了学习过程，更无法体现出学生成长的变化。一纸试卷无法体现出知识的全面考量，更限制了学生创新能力的发展，因此这样的评价是片面、不具备说服力的。湾豆收获季为学生提供充分发展的舞台，评价中设置了多个非传统的测评项目，项目以动手操作类和实践探究类为主，如六年级的"Flash 故事秀"、四年级的"生活中好玩的数据（WPS 表格）"，基于书本知识又超越书本知识，极大的充实了评价内容。此外，学生平时的表现也被列为其中。过程性评价贯穿学期始终，学生每节课的纪律情况、回答问题情况、提问情况、课上练习完成情况、机房使用情况、打字技能掌握情况都做详细的记录，并按比例折合成期末分数。

3. 评价方式单一化

分数衡量学生学习的好坏方式简单、单一，学生的行为、思想、品行考量不得而知，教学过程本身就是复杂、灵活的，再学习过程中美育、德育等方面的发展对学生也尤为重要，以湾豆收获季五年级测评项目"我来发明机器人"为例，评价标准中不仅有需要依托课本知识完成的机器人功能的实现，还有学生的创意想象分及手绘机器人的美工分，以此激励学生展开大胆的想象与追求事物的美感体验。除了常规"写一写""画一画"，在测评中还增加了"说一说"的项目，用问答题的形式对学生网络安全思想等方面进行评价。丰富的评价方式增添了评价的趣味性，使得学生盼期末、爱期末，同时引导学生具有知识非万能论的价值观，健康的思想、良好的行为和知识一样重要。

（二）多元评价法在信息技术湾豆收获季的构建流程

1. 评价目标是灵魂

教学目标是一切活动的出发点和落脚点，评价目标的确定要基于教学大纲和国家培养人才的目标。在湾豆收获季方案中，以四年级下册"WPS表格"软件操作为例，教师要先明确教学重点：要求学生会独立的使用WPS表格，使用WPS表格解决生活中基本的数据处理问题。此外，教师要突出学生教学主体地位，教师是学生的引导者，尊重学生的个性化理解。通过任务驱动法，鼓励学生自行收集生活中的数据，自我开展科学的探究，然后对其制度的图表进行评价。

2. 评价方法是核心

（1）多个评价主体。

充分发挥学生的主观能动性，充分调动起学生的自我意识和自我评价是构建信息技术学科教学多元化评价体系的重要意义所在。因此在湾豆收获季中加入了学生自评和学生互评的办法，在过程性评价中，加入了每节课课上练的自评和他评，他们既是学生，也是小老师，实现了学生思想的碰撞，同时培养了学生善于合作与欣赏他人的美德。

（2）丰富评价内容。

基于信息素养对人才的培养目标，在湾豆收获季中的评价内容中，设立了四方面的评价维度。

①　信息意识与认知。

信息意识与认知维度主要考察中小学生对信息的敏感程度、对信息的认识、观念、应用意识和保健意识等[1]。例如湾豆收获季四年级知识问答项目："通过这张WPS演示"制作的海报，你能获取什么信息？老师制作的海报中还缺少什么？"

---

[1] 钟启泉.基于核心素养的课程发展：挑战与课题 [J].全球教育展望，2016，(01)：3—25.

② 信息科学知识。

信息科学知识维度主要考察中小学生对信息基础知识（如基本的信息理论知识）和信息应用知识（如信息技术和工具的基本方法）的理解和掌握程度。

③ 信息应用与创新。

信息应用与创新维度主要考察中小学生利用信息技术查找、获取、加工、处理、交流、评价和创新信息等方面的能力[1]。例如四年级的"WPS演示"项目中，即要求学生熟练的操作软件，还能通过网络根据个人需求获取有关资料。

④ 信息道德与法律

信息道德与法律维度主要考察中小学生对信息社会道德、法律法规和安全的认知与应对能力。湾豆收获季在三、四年级中的测评项目中增加了信息问答环节，如是否可以在未经过别人允许的情况下用 u 盘拷贝被人电脑上的资料？这类涉及法律和道德意识的题目。

（3）扩大评价范围。

信息技术的评价除了在课内，还可以拓展至课外、校外。深圳教育局每年会举办许多关于信息技术类的比赛，为了鼓励学生参赛和培养课外兴趣，湾豆收获季扩大了评价的范围，增加了社团表现和竞赛表现，除了期末的终结性评价，还加入了考量学生学习过程的过程性评价，包括上课回答问题情况、纪律情况、完成课上练习情况，等等。

3. 评价反思是关键

在多元化评价过程中，教师要对评价结果进行科学整理，并且开展评价反思，对其中不足之处进行完善。例如在第一年的开展中，发现在知识问答题项目中，开展的有些不顺利，学生思考时间过长，在教师组织问答题时，等待学生纪律问题；项目测评没有制作量表，评价等级模糊。在第

---

[1] 赵洁 . 核心素养下中职信息技术多元化评价探究 [J]. 亚太教育，2019，10：157—159.

二年的测评过程中，更换了几个项目，制定了更科学的量表评价标准，项目的设立给了学生更多自我发挥的空间，灵活性更高了。根据前面的不足，从细节出发，不断完善项目的种类和评价标准，为之后的教学起了导向作用，也为评价改革提供了有力的参考数据。

四、结语

综上所述，信息技术课程评价改革是社会发展的必然趋势，变更评价主体、扩大评价内容、更改评价方式是关键环节，小学评价改革的发展依然需要得到社会的支持和家长的理解，只有改变单一的评价方式，以学生的发展为核心目标，构建科学、合理的评价体系，才能实现对学生学习情况和学习质效的全面评价，才能有效激励学生、让评价成为指引学生前进的灯塔，实现学生成就最好自己的目标。

遇见，了解，期待

李啸臻

【摘要】荔湾小学研究探索学生激励性评价方式。重视评价过程，建立有效的荔湾小学学生激励性评价体系。学校制定学科多元评价的原则、方法和操作细则，纳入教师工作考核要求和学生成长档案。对家长进行多元评价思想的宣传，指导家长参与，形成家校合作、互动分享的发展性评价体系。这种激励性评价方式在校园中称为"湾豆收获季"，在本篇中均用"湾豆收获季"代指荔湾小学学生激励性评价。

　　笔者入职荔湾已有两年，参与了四次"湾豆收获季"，见证着这种评价方式，经历着人数规模增加的考验，从4个班，到19个班，再到27个班。参与过活动设计、物资准备、家长培训、集豆册制作、游园线路安排、现场活动协调等与"湾豆收获季"相关的细节工作。对于"湾豆收获季"感悟良多，在此与君分享。

【关键词】湾豆收获季　　过程性评价　　小学　　考核

一、遇见——形式吸引

　　初次接触"湾豆收获季"，是在荔湾实习的时候，2018年7月，仅有四个班级体量的荔湾小学，在深大附中借地办学，当时我主要是设计参与数学学科的期末测评活动，我对于"湾豆收获季"的了解就此展开。

当我得知学生用活动、游戏的方式进行期末测评的时候，我脑海中闪现出来的第一个词就是"趣味"，这样的测评，像玩游戏闯关一样，先不说内容如何，这个形式孩子们就一定会非常喜欢。我在大学时参与、策划、组织过许多次心理活动，对于这种游园类型的游戏再熟悉不过，把有趣的游戏融合进数学的相关知识点，再加上相应的评分标准，就可以完成一次期末测评活动的设计，第一次的游园活动，在预想中圆满完成，孩子们果然都很开心，第一次见到孩子可以如此开心地"考试"。

然而在实际操作中，还是有些问题是无法仅通过"纸上谈兵"时候可以预想到的：

（一）游戏难度适当把控

设计游戏之前，还是要找高中低不同学习水平的学生，进行充分的试玩，严格把控每个游戏的时间。

（二）现场协调灵活安排

事前虽然要有整体的分组、路线规划，但现场的临时调整也十分必要，看到有的游戏堵塞人数过多，马上转移活动；有的活动相互影响，马上改变场地，这就需要有总指挥整体把控各组学生的大致进度，做到心中有数。

（三）个别学生单独处理

第一次的"湾豆收获季"，让我印象最深刻的是一个学生，我们暂且把其化名为小A，小A在平时对自己的情绪控制能力不是很好，在进行期末活动中的一项游戏环节时，因为自认为无法完成，而突然生气，不想参加了，但不参加又得不到相应的奖励，无法进行礼品的兑换，即参加觉得自己无法完成，不参加无法兑换礼物，两个选项都不开心，当时便情绪失控，我们几位老师在整体活动都结束以后，单独再次为小A创设了活动情景，让其在想对难度更低的情况下完成活动获得奖励，这也是我对"激励"一词，十分深刻的一次体会，成就每一个孩子，是一条艰难的阳光大道。

二、了解——注重过程

正式入职后,开始教授心理课,又经历了三次"湾豆收获季",我对于"湾豆收获季"有了更深的理解,它不仅仅是在期末测评的形式上更加有趣味性,其核心亮点是在于过程性的评价,即平时的学习与考核,虽然心里没有期末测评,然而抓住"过程性"这关键词,我制定了平时课堂的"心理笔记"考评,让五、六年级的孩子在课堂上用思维导图的形式记录课堂知识,并在期中期末定期收上来加以考核,这样的方法,有以下几点优势:

第一,认真对待"心理笔记"用的是素描本,用本子是为了孩子们有一个固定的学科笔记本,是一种长期的记录,并且素描本的可发挥程度更大、笔记更自由,可以写字、画图、画画还可以贴贴纸等,现在的孩子们很热衷于做手账,做"心理笔记"的过程,有点像做手账,当上完几节课,看着自己制作的笔记,孩子们会更加认真对待每一堂心理课。

第二,记忆深刻。虽然心理课往往两周一节,而且没有固定的教材,但有这样一个"心理笔记",短期来看,孩子们写一写、抄一抄绝对比看一看、听一听记得要牢固,长期来看,一个"心理笔记"就是孩子们本的心理课本,把零散的知识点串联起来,构建出自己的心理认知体系,这种过程性的学习、评价、考核,逐步让心理学的种子广泛播撒下去。

第三,深入思考。相较于知识的学习,自我的思考往往更加重要,在记录的过程中,孩子们往往能够对于知识的概念、方法的理解有更深入的思考,而且心理相关的疑问,对于孩子们来说往往难以口头表达,用文字书写的方式,会更有助于他们提出自己的问题,我也会鼓励孩子在笔记本上写下自己的困惑、不解,当我收上来进行考核的时候,我会逐一解答相关问题,孩子们也慢慢养成思考提问的习惯,有时候课下也会写一些提问的纸条给我,这样的学习方式培养,好过于任何知识的学习。

第四,核对信息。课堂时间往往比较有限,有时候无法确保孩子们是否对于知识完全的掌握,或者在课堂上孩子们还没有反应过来要提出什么问题,而当把这些"心理笔记"收上来进行批改的时候,不仅仅是解答疑问，还可以看看孩子们的笔记哪里是有错误的，有误的地方就是他们掌握不扎实的地方，语数英的知识尚且需要巩固、训练，心理的相关知识技能，也需要不断完善，"心理笔记"是一个渠道，让我更了解学生的学习情况，有助于对自己的课程进行及时的调整、补充。

在更多次参与"湾豆收获季"后，我看到它不仅仅有期末测评形式变化或是兑换奖励，等等，可以外化的那一部分，更重要的部分，是一种"注重平时"的理念和教育观，"过程性评价"具体是打分、盖章、发班币还是"复活赛"，其实本质上都是注重孩子们平时学习报以这样的教学理念去设计平时的课程，既可以让孩子们学得更扎实、更深入，也可以获得更真实的、更一手的反馈，去掌握孩子学情、了解孩子心理，这个观念上的转变，认知上的升级，是我在"湾豆收获季"中，取得的最大收获。

三、期待——体系整合

任何事物的初始状态，一定都不是完美呈现的，事物都需要发展，"湾豆收获季"亦是如此，它还并不成熟，在这几次体感的"湾豆收获季"中，我在以下一些问题进行了思考。

（一）如何平衡奖励与挫折？

"过程性激励评价"中的"激励"固然是好事，也是我们实践者中许许多多老师正在践行的，然而这个"激励"是否有一个衡量的度，有一个适可而止的标准？我看到许多学科都是以5颗荔湾豆为最高限，低于3颗就要进行"复活赛"（也就是重新考核），这里面的激励逻辑是，一定要及格，不考过就一直激励你及格，然而面对不及格、面对自己没有发挥好而产生的遗憾方法，如何去学习呢？我曾看到一个孩子，暂且把其化名为小B，因为在"湾豆收获季"中小B一个考核中只得到了4颗豆，没有拿满，但却无法参加"复活赛"，小B当时就情绪失控，或许悲伤、或许愤怒，直接把自己收集的湾豆章全都撕毁了，我相信这种让孩子产生如此强的"功利性"绝非"湾豆收获季"的初衷，然而无限制的激励，如何能让学生掌握应对挫折的能力，无限激励的背后，隐藏着两个"不允许"，"不允许失败"和"不允许放弃"，我觉得在以后的"湾豆收获季"中，应该给"激励"加上一定的束缚条件，以防过犹不及。

（二）改变了考评方式，没改变学习方式

"湾豆收获季"注重过程评价、注重期末考核的趣味性、多样性，然而其核心还是围绕各个学科的知识点，也就是考点进行的，"湾豆收获季"是把枯燥的答卷子，转变成形式各样的活动，这点很吸引孩子，我在前面已经论述过，然而孩子们的学习、复习方式并没有改变，例如背诵古诗、生字仍然是课余时间不断地反复练习，数学的公式应用也是大量习题计算累积的结果，学习基本技能、掌握基础知识，本身就是需要一定的刻意练习，而刻意练习往往就是给学生带来负担的地方，只要考评还在，考评的内容是学习的知识点，不论何种形式，学生的压力并不会有所减轻，高趣味性不代表低压力，所以我觉得"湾豆收获季"是让孩子可以更多元的展示自己的知识，而非给孩子平时的学习减负，可能在涉及一些表演类的期末测评，还可能会给一些比较内向的孩子带去一定的压力。

（三）各科融合，统一任务（导师制）

我们学校一直倡导学科融合，在于"湾豆收获季"应该可以有更好的体现，但现在的"湾豆收获季"都是分学科，把各个知识点剪切化地放进一个个游戏中去，各个学科在考评的时候还是比较分裂的，这可能是因为现在的"湾豆收获季"还是一种趣味化的"期末考试"，还是要落实一个个的知识点，尤其是小学低年级（1～3年级的学生），落实知识点尤为重要，但对于高段学生来说，"湾豆收获季"可以作为一个学科融合的大平台，而非一个简单的"趣味化期末考试"，高年级的孩子仍然可以用传统的卷子方式落实相应的学习知识点，因为这种方式虽然牺牲一定的趣味性，但还是最简单、高效的考核方式，而"湾豆收获季"对于高年的孩子来说，期初给一个课题，让他们寻找导师，或者学校组建导师团，用一学期的时间，让孩子们协作共同完成一个任务，例如：规划放学路线、消防逃生演练、设计一节班会课、组织一场辩论赛、做一个校园介绍的短视频等，然后让

孩子们在期末前，展示他们的成果或者实施他们的方案，在任务中完成学科融合，这样更能发挥"湾豆收获季"最大的效能。

四、尾声——携手共进

"湾豆收获季"让我耳目一新，它加深了我对荔湾的理解，伴随我在荔湾成长，它让我看到期末测评的多样性，让我领悟到学习过程的重要性，希望在未来，在大家的共同努力下，伴随着经验的积累以及创意的叠加，"湾豆收获季"会更加丰富、成熟，能让孩子在收获中学会面对失败，在学科融合的同时，兼顾各科学习知识点的掌握，"湾豆收获季"绝不仅仅是孩子们的收获季，放眼未来，我们都是受益者。